KB139878

독일 재량행위 이론의 이해

독일 재량행위 이론의 이해

이은상李殷相 저

경인문화사

서 문

이 책은 필자가 2014년 2월에 서울대학교 법과대학에서 받은 박사학위논문인 "독일 재량행위 이론의 형성에 관한 연구 — 요건재량이론에서 효과재량이론으로의 변천을 중심으로 —"를 일부 수정하고 편집한 것이다. 주지하다시피 재량행위 이론은 행정법 총론의 중심축을 형성하고 있음에도 그 해명이 쉽지만은 않은 주제이다. 특히 재량에 관한 각 쟁점별로 우리나라의 학설과 대법원 판례의 견해 차이가 작지 않았던 것이 사실이다. 이러한 난제(難題)인 재량의 문제를 이해하고 해결하는 데에 도움이 되고 싶은 바람에서, 독자들에게 한걸음 더 쉽게 다가가기 위해 위 박사학위 논문을 책으로 출간하게 되었다.

필자는 2001년부터 행정법을 공부해 온 학자로서, 그리고 3년 간 서울행정법원과 수원지방법원에서의 행정재판을 포함하여 약 10년 간 재판실무를 해 온 판사로서의 경험을 바탕으로, 본 연구에서 실무적인 관점과의 연결점을 찾아가면서도, 또한 이론적 밀도와 깊이 면에서 부족하지 않은 재량에 관한 논의를 하기 위해 노력하였다. 본 연구가 재량에 관한 학설과 판례 사이의 상호 존중과 이해를 통한 발전적 상관관계를 형성할 수 있는 데에 조금이나마 보탬이 될 수 있기를 희망해 본다.

먼저 한국 공법학을 개척한 선도자이신 고 김도창 선생님과 행정법학의 거목이신 고 서원우 선생님의 정신적 영향과 행정법 연구의 기반 아래에서 행정법을 공부할 수 있었던 것을 큰 영광으로 생각한다. 그리고 필자에게 행정법에 대한 관심을 이끌어 주시고 학문적 토양을 마련해 주신 김동희, 최송화 선생님께 감사의 말씀을 드리고 싶다. 행정법학에 첫 발을 내딛게 해주셨고, 박사학위를 취득하고 이 책을 발간할 수 있기까지 독려해주시고 세심한 배려와 헌신적인 지도를 해주신 지도교수님이신 박정훈 선생님의 학은에 깊이 감사드린다. 또한 논문이 완성되기까지 아낌없는 격려와 건설적인 지적을 해주신 백윤기 학장님, 비교법적 방법론과 역사적 관점에서의 재량 논의에 관해 고견을 주신 이원우 교수님, 재량을 바라보는 새로운 관점을 시사해주신 김종보 교수님, 사려 깊은 조언으로 자상하게 논문지도를 해주신 최계영 교수님께도 진심으로 감사드린다. 그리고 행정법에 대한 열정과 꿈을 키우고 이루어 나갈 수 있도록 도와주신 행정법이론실무학회의 여러 선·후배님들께도 심심한 고마움의 뜻을 전하고 싶다.

마지막으로 박사학위 취득과 이 책의 발간이 있기까지 일일이 열거할 수 없을 정도로 지원을 아끼지 않고 애써주신 자애로우신 양가 부모님과 가족들에게 무한한 감사의 마음을 전하고 싶다. 애정을 가지고 손수 이 책의 표지 디자인을 해 준 필자의 큰 누나에게도 특별한 고마움을 전하고 싶다. 특히 논문이 진척되지 않고 난관에 부딪쳤을 때마다 어려움을 경청하며 토론을 통해 해결의 실마리를 제공해주고 심리적 위안과 용기를 북돋워 준 학문적 동료인 사랑하는 아내에게 이 책을 바친다.

2014년 6월
이은상

국문 초록

    본 논문은 19세기 후반부터 20세기 초반까지 독일 재량행위 이론의 형성에 기여한 주요 학자인 베르나치크(Bernatzik), 테츠너(Tezner), 라운(v. Laun), 옐리네크(Jellinek)의 이론에 대한 분석과 검토를 대상으로 한다. 이 시기를 지나 체계화된 독일의 효과재량이론은 그 틀과 내용 면에서 큰 변화 없이 현재까지도 독일에서 통설적인 위치를 차지하고 있고, 이것이 우리나라의 재량행위 이론의 형성에도 적지 않은 영향을 미친 것이 사실이다. 비유컨대, 독일 재량행위 이론의 '뿌리'에 해당한다고 할 수 있는 주요한 이론을 원전(原典)의 분석을 통해 직접 살펴보고 그 의의를 재음미하고 연구하는 것은, 재량행위 이론의 기초와 배경에 관한 보다 깊이 있는 이해를 하는 데 일조할 수 있을 것이라 생각한다. 이러한 역사적·회고적 연구방법론은 '기초학문적' 성격을 가지는 동시에, 역사성을 본질로 하는 공법학의 기본적 방법론에도 부합하는 것으로 볼 수 있을 것이다.

    본 논문의 구성은 다음과 같다. 먼저 본격적인 논의에 앞서 기초적인 검토로서, 제1장에서는 앞으로의 논의에 필요한 범위 안에서 독일 재량행위 이론의 역사와 그 발전과정에 대해 개관한다. 특히 왜 19세기 후반에 독일이 아닌 오스트리아에서부터 자유재량에 관한 논의가 본격화 되었고, 제2차 세계대전 이후 독일에서 효과재량이론이 통설적 지위를 차지하게 되었는지를 살펴보는 것이 그 중심적인 내용이다. 제2장에서는 재량을 본격적인 법학적 논의의 장(場)으로 끌어들이고 법이론적으로 접근을 한 선구자라 할 수 있는 베르나치크(Bernatzik)의 요건재량이론을 다룬다. 특히 그가 법률요건 부분에 사용된 '모호한 영역'(vage Kategorie), 즉 추상적·불확정 개념에서 재량수권의 착안점을 발견하고 또한 '제3자의 심사불가능성'으로서 재량의 본질을 파악하게 된 논리적인 흐름을 살펴보는 것이 이 장의 목적이다. 제3장에서는 당시 통설이었던 요건재량이론을 비판하면서 효과재량이론을 창시한 테츠너(Tezner)의 견해를 살펴보고자 한다. 그는 법정책적인 이유에서 재량의 인정 영역을 법률요건에서 법률효과로 이동시켰다. 즉, 그는 행정에 대하여 강한 불신을 가지고 있었고, 시민적 자유주의에 따라 점점 증대되는 공법관계에서의 권리보호 요구에 대하여 행정재량에 대한 사법통제가 강화되어야 한다고 주장하였다. 테츠너는 이러한 목적을 달성하기 위해 법률요건에 대한 행정재판관의 광범위한 사법심사를 주장하면서 법률요건에서의 재량을 부정하였고, 대신 법률효과 선택의 자유를 재량의 본질로 보는 효과재량이론을 제시하게 된 것이다. 제4장에서는 효과재량이론을 보다 체계화하고 발전시킨 라운(v. Laun)의 견해를 검토한다. 종래 재량의 행사를 법적용으로 보았던 베르나치크와 테츠너의 견해에서 벗어나 재량의 행사를 정치적·행정편의적인 합목적성 판단으로 보았던 라운은, 재량의 본질을 입법자의 영향을 받지 않고 행위목적을 선택할 수 있는 자유로 파악하였다. 한편 그의 재량행위 이론은 특히 독일에 비해 상대적으로 행정법의 발전이 앞섰던 프랑스의 예를 모범으로 재량의 '한계'(Grenze)를 체계화하는 한편, 기속재량의 개념을 도입하여 행정재량에 대한 사법심사의 확대를 추구하였다는 점에서 그 의의가 있다. 제5장에서는 법률이 의도한 '다의성'(Mehrdeutigkeit)을 재량의 본질로 보면서 추상적·불확정 개념에 대해 날카로운 언어학적 고찰을 시도했던 발터·옐리네크(W. Jellinek)의 이론을 검토한다. 그는 입법자가 법률규정에 언어적으로 모호한 표현을 의도적으로 사용한 경우에는, 그러한 모호한 표현이 법률요건 측면에서 사용되든지 법률효과의 측면에서 사용되든지 간에 양자에서 모두 재량이 성립될 수 있는 것으로 보았다. 이러한 옐리네크의 재량행위 이론은 일견 재량의 인정범위를 넓혀 권리구제에 소홀한 것으로 비춰질 수도 있다. 그러나 그는 한편으로는 법률요건에 있어서 법률해석에 의해 일의적으로 확정 가능한 불확정개념은 재량으로 승인하지 않았고, 다른 한 편으로는 광범위한 재량하자를 인정함으로써 재량에 대하여 실질적인 사법 통제의 확대를 시도하였다. 마지막으로 제6장에서는 먼저 각 이론에 대하여 종합적으로 분석하고, 논의 결과를 정리한다. 다음으로 우리나라 재량행위 이론의 현황과 문제점을 살펴보고 이론과 실무의 조화점을 찾아본다. 나아가 앞서 정리한 바와 같이 독일 재량행위 이론의 형성기적 논의가 현재의 우리나라의 재량행위 이론의 문제해결에 어떠한 영향을 미칠 수 있고, 향후 우리의 재량행위 이론의 발전을 위해 어떠한 의미와 기능을 가지고 시사점을 제공해 줄 수 있을 것인지를 생각해 보고자 한다.

본 논문은 독일의 재량행위 이론이 체계화되기 시작한 19세기 후반 입헌 군주제 시대의 베르나치크(Bernatzik)의 요건재량이론과 20세기 초 테츠너(Tezner)의 효과재량이론의 대립에서부터, 20세기 초 바이마르 공화국 시대의 이론인 라운(v. Laun)과 발터·엘리네크(W. Jellinek)의 각 재량행위 이론에 이르기까지, 독일 재량행위 이론의 '뿌리'이자 형성 과정의 핵심이라고 할 수 있는 주요 이론에 그 연구범위를 한정하였다. 이 시기에는 아직 재량행위와 기속행위의 구별 문제가 행정소송의 대상적격 문제에 머물렀다. 즉, 기속행위만이 행정재판소의 심사대상이 되었고, 재량행위의 경우에는 명문의 법률규정 또는 재판실무에 의해 소송대상에서 제외되었던 것이다. 그러나 제2차 세계대전 이후 독일 연방 행정재판소법 제114조 제1문에서 재량행위에 재량권의 일탈·남용이 있으면 위법성이 인정되어 쟁송취소가 될 수 있음이 명문화되면서 이제 재량의 문제는 '본안심사의 방법' 내지 '심사강도'의 문제가 되었다. 본 연구가 독일 재량행위 이론의 형성기에 있었던 재량의 본질에 관한 논의에 초점을 맞추기로 한 이상, 효과재량이론이 통설이 되고 재량이 심사강도의 문제로 전화(轉化)된 제2차 세계대전 이후의 논의는 본 연구의 논의 대상에서 제외하기로 한다.

베르나치크, 테츠너, 라운, 엘리네크의 각 재량행위 이론을 연구한 결과를 통해 다음과 같은 재량행위 이론의 변천 내용을 도출할 수 있다. 첫째로, 재량의 행사를 바라보는 시각이 변화하였다. 베르나치크와 테츠너는 재량의 행사를 모두 법질서의 지배를 받는 '법적용'으로 보았으나, 라운과 옐리네크는 재량의 행사를 정치적·행정적 편의에 의해 지배되는 '합목적성 판단'으로 파악하게 되었다. 둘째로, 행정청이 법률요건에서 사용된 추상적·불확정 개념을 구체화 한 수 있는 권능을 처음에는 재량의 문제로 보아 요건재량이론이 성립되었으나, 점차 효과재량이론이 득세하면서 이는 법률해석의 문제로 취급되었다. 셋째로, 이러한 법률요건에서의 해석 기능의 확대에 따라 재량의 인정영역이 법률요건에서 법률효과로 이동하게 되었다. "어떠한 경우에 재량이 성립되는 것으로 볼 것인가"라는 재량의 인정영역의 문제는 베르나치크와 테츠너의 재량에 관한 논쟁에서 두드러졌다. 베르나치크는 입법자가 법률요건에 추상적·불확정 개념을 사용하면서 행정청으로 하여금 이를 구체화할 수 있도록 수권을 한 경우에 재량이 성립된다고 본 반면, 테츠너는 법률요건에서의 불확정개념의 구체화는 법해석의 문제로서 행정청의 재량을 인정할 수 없고, 단지 법률효과에서 행정청에게 선택의 자유가 주어진 경우에 재량이 성립된다고 보았던 것이다. 넷째로, 국가공권력으로부터 시민의 자유와 재산을 보호해 달라는 시민적 자유주의의 요청은 행정재량에 대한 사법통제의 확대 요구로 이어지게 되었고, 이에 따라 재량행위 이론은 한편으로는 법률요건 측면에서 법해석을 통한 추상적·불확정 개념의 일의적 확정가능성을 근거로 하여 요건재량의 성립 여지를 점차 줄여나갔고, 다른 한편으로는 재량을 소송대상으로 포착할 수 있는 근거가 된 '재량하자론'을 발전시키는 방향으로 나아가게 되었다.

현재 우리나라의 재량행위 이론은 효과재량이론이 다수설로 정착된 것으로 보인다. 그러나 독일 재량행위 이론의 역사적 맥락과 그 초기 형성과정을 분석하고 검토해 보면, 독일의 특수한 역사적 경험의 산물인 '효과재량이론'의 논의가 우리나라에서도 그대로 타당한 것인지는 다시 한 번 생각해 볼 필요가 있음을 알 수 있다. 특히 우리나라 대법원 판례는 현재까지도 법률효과뿐만 아니라 법률요건의 측면에서도 재량을 인정하고 있다는 점에서도 그러하다. 급변하는 현대사회의 새로운 수요와 변화상에 대응하기 위해서 행정에게 재량을 인정하는 것은 필수불가결하고, 또한 과거에 비해 더 강한 민주적 정당성을 가진 행정의 자율성과 효율성이라는 가치 또한 중요하다는 점에서도 행정의 재량은 존중되어야 할 것이다. 그러나 여전히 행정의 위법한 재량행위에 대한 국민의 권익보호에도 소홀함이 없도록 재량에 대한 효과적인 사법통제가 가능해야 할 것임은 물론이다. 따라서 앞으로 양자가 조화를 이룰 수 있는 재량행위 이론의 발전이 요청된다. 독일 재량행위 이론의 형성기 논의에 관한 본 연구는 그 자체로 과거와 현재를 연결하는 역사적 기능을 가진다고 볼 수 있을 것이다. 또한 학설과 판례 사이의 상호 존중과 이해를 통한 발전적 상관관계가 형성될 수 있기 위해서, 본 연구가 재량행위 이론의 현재를 반성하고 미래를 계획하는 데에 조금이나마 보탬이 될 수 있기를 기대해 본다.

주요어 : 재량행위 이론, 재량의 역사, 요건재량, 효과재량, 재량하자, 재량남용, 베르나치크, 테츠너, 라운, 옐리네크

목 차

약어표(Abkürzungsverzeichnis)

a.a.O.	am angegebenen Ort (전게서·전게논문)
AöR	Archiv des öffentlichen Rechts (법학잡지)
BVerfGE	Entscheidungen des Bundesverfassungsgerichts (연방헌법재판소 판결집)
ders.	derselbe (同人, 앞의 책, 앞의 논문과 동일 저자)
Diss.	Dissertation (박사학위논문)
DVBl.	Deutsches Verwaltungsblatt (법학잡지)
ebd.	ebenda (同人의 전게서·논문)
f., ff.	folgende Seite, fortfolgende Seiten (다음 면, 그 다음 면)
Fn.	Fußnote (각주)
Habil.	Habilitation (교수자격논문)
JZ	Juristenzeitung (법학잡지)
Rn.	Randnummer (갓번호)
S.	Seite (면, 페이지)
VwGO	Verwaltungsgerichtsordnung (행정재판소법)
VwVfG	Verwaltungsverfahrensgesetz (행정절차법)

연구의 목적

지금까지 우리나라 재량행위 이론에 관한 논의의 기본적인 틀은 일본을 통해 들어온 것이든 아니면 직접 수용된 것이든 간에, 독일의 재량행위 이론에 크게 영향을 받았다. 특히 독일 내에서도 통설적 지위를 차지하고 있는 '효과재량이론', 즉, 법률요건에서는 재량이 발생할 여지가 없고 법률효과의 측면에서 입법자에 의해 행정에게 자유로운 선택이 주어진 경우에만 재량이 성립된다는 내용의 견해가 역시 현재 우리나라에서도 우위를 점하고 있는 것으로 보인다.1) 그러나 이와 같이 다수를 차지하고 있는 효과재량이론 위주의 우리나라의 재량행위 이론은, 오랜 기간 동안의 비판적·단계적인 연구를 거쳐 형성된 것이라기보다는, 특정 시점의 독일의 재량행위 이론을 다소 성급하게 도입하여 받아들인 것으로 볼 수 있다. 그 결과로 현재까지 우리나라 학설에서는 재량에 관한 개념의 혼선과 이해의 곤란이 적지 않게 발생하였고, 재량행위 이론을 통일적·체계적으로 정립하는 데에 어려움이 있는 것으로 보인다. 나아가 재량에 관한 각 쟁점별로 학설과 대법원 판례와의 견해 차이가 작지 않았고, 상호 이해와 존중 속에서 양자의 견해를 수렴해 나가려는 노력이 부족했었다는 비판이 가능할 수 있는 상태였다.2)

이와 같은 이론적 문제 상황을 해결하기 위하여 첫 단추부터 제대로 꿴다는 의미에서, 우리나라 재량행위 이론의 형성에 지대한 영향을 미친 독일 재

---

1) 김동희, 행정법 I, 2011, 258, 266면; 김남진·김연태, 행정법 I, 2010, 199면 등.
2) 재량행위 이론에 있어서 그간 법학과 실무의 상호 이해와 존중의 부족을 지적하면서, 앞으로의 행정법과 재량행위 이론의 바람직한 발전방향을 제시하는 견해로는 박정훈, "행정법에 있어 판례의 의의와 기능", 행정법학(창간호), 2011, 35-69면.

량행위 이론의 형성 초기 논의, 즉 재량 문제에 관한 가장 기초적이고 출발
점에 해당하는 논의인 "재량의 본질은 무엇인가", "어떠한 경우에 재량이 인
정되는가", "재량은 사법심사의 측면에서 어떻게 취급해야 할 것인가" 등에
관한 연구를 시도하는 것은 현재의 재량행위 이론에 대한 진지한 반성이자,
미래의 재량행위 이론의 건전한 발전을 위한 토대를 마련하는 '기초학문적
성격'이 있다고 할 것이다. 그러나 지금까지 우리나라 재량행위 이론의 연구
성과를 돌이켜 보면, 그 이론적 원류(源流)에 해당하는 독일 재량행위 이론
이 어떠한 역사적 배경과 맥락에서 시작되고 발전되어 왔고, 실무상 어떠한
문제점을 해결하기 위해 재량행위 이론이 전개되었으며, 그러한 재량행위
이론은 행정법 전체의 체계에 있어서 어떠한 의미와 위상을 가지는지 등에
관하여는 심도 있는 연구가 부족했던 것으로 보인다.

따라서 본 논문은 독일 재량행위 이론의 형성기에 해당하는 19세기 후반
부터 20세기 초반에 이르기까지의 주요한 재량행위 이론을 연구하는 것을
목적으로 삼는다. 이러한 연구를 통해 현재의 우리나라 재량행위 이론에 대
한 보다 깊이 있는 이해가 가능하게 될 것이고, 비판적 관점에서 현재의 이
론 상황을 살펴볼 수 있는 계기를 마련할 수 있을 것이다. 또한 과거의 독일
재량행위 이론의 변천 경향을 검토함으로써 간접적으로나마 향후 우리나라
재량행위 이론의 올바른 발전방향을 위한 시사점을 적지 않게 제공받을 수
도 있을 것이다.

이와 같은 독일 재량행위 이론의 형성기에 관한 역사적 맥락에서의 연구
는, 향후 독일과 우리나라 재량행위 이론을 연구하려는 사람에게 또다시 반
복하여 역사적·회고적 연구를 해야만 하는 수고를 덜어준다는 의미에서 적
어도 최소한의 가치는 있을 것으로 생각한다. 나아가 역사적 관점에서 초기
의 재량행위 이론을 연구하는 것은, '재량'에 관한 이해가 과거부터 어떠한
과정을 거쳐서 형성되어 왔는지를 살펴볼 수 있게 해주고, 이러한 연구 성과
는 행정법에서 쉽게 해명되기 어려운 난제(難題) 중의 하나인 재량의 문제를

해결하는 데에 조금이나마 도움이 될 수 있을 것이다. "인간 지성(知性)은 비록 시간을 직접 지배할 수는 없지만 시간과 시간의 흐름을 이해하는 데에서 완성된다."[3] 그리고 "자신이 어디서 왔는지를 아는 사람만이 지금까지의 길을 그대로 갈 것인지 아닌지를 확실히 결정할 수 있다."[4]

---

3) 박정훈, "행정법에 있어서의 이론과 실제", 행정법의 체계와 방법론, 2005, 7면.
4) Wahl, Herausforderungen und Antworten: Das Öffentliche Recht der letzten fünf Jahrzehnte, 2006, S. 14.

연구의 범위와 방법

　본 논문은 독일의 재량행위 이론이 체계적으로 등장한 19세기 후반 입헌 군주제 시대의 베르나치크(Bernatzik)의 요건재량이론과 20세기 초 테츠너 (Tezner)의 효과재량이론의 대립에서부터, 20세기 초 바이마르 공화국 시대의 이론인 라운(v. Laun)과 발터·옐리네크(W. Jellinek)의 각 재량행위 이론에 이르기까지, 독일 재량행위 이론의 '뿌리'이자 형성 과정의 핵심이라고 할 수 있는 주요 이론에 초점을 맞추어 그 연구범위를 한정하였다. 본 논문은 "재량의 본질이 무엇인가", "어떠한 경우에 어느 범위에서 재량을 인정할 것인가" 등의 쟁점에 관한 독일의 재량행위 이론이 초기부터 어떻게 변천되어 왔는지를 살펴보는 것을 목적으로 한다. 먼저 베르나치크의 요건재량이론에서 연구를 시작한다. 물론 베르나치크 이전에도 재량에 관한 논의가 있었지만,5) 그 논의들은 주로 현실적인 개별 문제의 해결을 중심으로 한 견해들로서 아직까지 법이론의 차원에서 재량의 본질 등에 관하여 본격적으로

---

　5) 독일에서는 18세기 초에 이미 '재량'(Ermessen)이라는 용어가 등장하였고, 19세기 중·후반에 법치국가적인 관점에서 법기속과 대별되는 '행정재량'(Verwaltungs- ermessen)에 관한 초기적 논의가 있었으며 그 중 대표적인 것은 프리드리히 프란츠 마이어(F. F. Mayer)의 견해인데, 이에 관하여 자세한 설명을 한 것으로는 Held-Daab, Das freie Ermessen, 1996, S. 79-84; Ehmke, „Ermessen" und „Unbestimmter Rechtsbegriff" im Verwaltungsrecht, 1960, S. 10-12; 정하중, "행정법에 있어서 재량과 판단여지 그리고 사법심사의 한계", 행정법의 이론과 실제, 2012, 193-194면 등 참조. 그러나 19세기 후반에 오스트리아를 시작으로 한 행정재판소법의 제정과 행정재판소의 설립이 본격적인 재량행위 이론의 형성에 있어서 결정적인 요인이라고 할 수 있으므로, 본 논문에서도 그 이후 시점부터의 독일 재량행위 이론을 다루고자 한다.

다룬 것으로 보기는 어렵고, 또한 재량행위 이론이 활발하게 논의가 된 결정적인 시발점은 각국에서 행정재판소가 설립되기 시작한 1875년 이후로 보는 것이 대체적인 견해이기도 하다.[6] 연구범위의 종점은 옐리네크의 재량행위 이론까지로 한다. 다시 말해서, 독일에서 효과재량이론으로 재량의 본질에 관한 이론이 고착되기 전까지의 시기를 연구의 대상으로 삼고자 한다. 한편 우리나라 학계에도 이미 요건재량과의 구별 문제로 상세히 소개되고 논의된 바 있는 '판단여지설'을 다루어야 할 것인지가 문제될 수 있을 것이다. 옐리네크의 재량행위 이론 뒤로 등장하게 된 '판단여지'에 관한 학설은 법률요건에서는 재량이 성립될 수 없다는 효과재량이론의 기본적인 명제를 전제로 하여 법률요건에서의 불확정개념에 대한 사법심사가 약화되는 원인을 밝힌 이론이다. 이에 대해서는 기존의 연구성과가 적지 않은 편이고, 판단여지설은 이 논문에서 밝히고자 하는 재량의 본질 문제 면에서는 효과재량이론과 다를 바가 없기 때문에, 앞서 살펴 본 연구의 목적에 비추어 연구의 범위에서 제외하였다.

연구방법은 주로 해당 시기를 대표하는 학자의 주된 저술을 분석하고 의미를 도출해내는 역사적·문헌적 고찰방식을 취하고자 한다. 또한 본 논문의 구성체계는 다음과 같다. 먼저 본격적인 논의에 앞선 기초적인 검토로서 제1장에서는 앞으로의 논의에 필요한 범위 안에서 독일 재량행위 이론의 역사와 그 발전과정에 대해 개관을 한다. 특히 왜 19세기 후반에 독일이 아닌 오스트리아에서부터 자유재량에 관한 논의가 본격화 되었고, 제2차 세계대전 이후에 독일에서 효과재량이론이 통설적 지위를 차지하게 되었는지를 살펴본다. 제2장부터 제5장까지는 주요한 학자들별로 그 견해를 분석·검토한다.[7] 우선 제2장에서는 재량을 본격적인 법학적 논의의 장(場)으로 끌어들이

---

6) 같은 취지로 Schindler, Verwaltungsermessen, 2010, S. 13; Ehmke, „Ermessen"
und „Unbestimmter Rechtsbegriff" im Verwaltungsrecht, 1960, S. 7, 12; Hofer-
Zeni, Das Ermessen im Spannungsfeld von Rechtsanwendung und Kontrolle,
1981, S. 10.

고 법이론적으로 접근을 한 선구적인 학자라고 할 수 있는 베르나치크
(Bernatzik)의 요건재량이론을 다룬다. 특히 그가 법률요건 부분에 사용된
'모호한 영역'(vage Kategorie), 즉 추상적·불확정 개념에서 재량수권의 착안
점을 발견하고 또한 '행정청의 판단에 대해 행정재판소를 포함한 제3자가
옳고 그름을 심사할 수 없다'는 점에 재량의 본질이 있다고 보았던 논리적인
흐름을 살펴본다. 제3장에서는 법률요건 측면에서 재량을 부정하고 법률효
과 측면에서만 재량을 인정함으로써 재량의 인정영역을 법률요건에서 법률
효과로 이동시킨 테츠너(Tezner)의 견해를 살펴보고자 한다.[8] 테츠너는 효과

---

7) 이와 같이 인적(人的) 단위에 따라 각 학자별로 검토를 하지 아니하고, 독일 재량
행위 이론 형성기에 논의되었던 쟁점별로 각 학자의 견해를 정리해 보는 논문체계
도 생각해 볼 수 있다. 그러나 첫째 본 논문의 특징이 바로 고전(古典)적인 학자들
의 견해를 본격적으로 분석한다는 점에 있고, 둘째 만약 각 쟁점별로 논의를 전개
하는 경우 각 학자별 특성이 제대로 드러나지 않을 우려가 있으며, 셋째 한 학자를
두고 이론적 배경에서부터 최종 결론에 이르기까지 설명을 해나가게 되면 수미일
관(首尾一貫)되게 논의가 전개될 수 있는 장점이 있고, 넷째 각 학자별로 서로 조
금씩 논리전개방식이 다른 상황에서, 공통된 쟁점을 도출하여 쟁점별로 논의를 하
는 것이 반드시 쉬운 작업만은 아니라는 면 등을 고려해 볼 때, 학자별·인물별로
논의를 전개하기로 결정하였다. 같은 취지에서 다수의 학자들의 견해를 소개함에
있어서 인물별로 설명하는 것의 유용성을 서술한 견해로는 Schindler, Verwaltungs-
ermessen, 2010, S. 2.

8) 한편, 행정재량 이론에 관한 테츠너의 저술 중 최초로는 1888년에 출간된 'Zur
Lehre von dem freien Ermessen der Verwaltungsbehörden als Grund der
Unzuständigkeit der Verwaltungsgerichte, Wien 1888'이 있다. 그 후의 저술로는
'Über das "freie Ermessen" der Verwaltungsbehörden als Grund der
Unzuständigkeit der Verwaltungsgerichte, in: Grünhuts Zeitschrift 1892, S.
327-411'과 'Die deutschen Theorien der Verwaltungsrechtspflege: Eine kritisch-
orientierte Studie(Teil VIII), in: VerwArch 9(1901), S. 515-610', 그리고 아래에서
살펴보는 바와 같이 테츠너의 견해가 집약적으로 제시되어 있는 'Das freie
Ermessen der Verwaltungsbehörden: Kritisch-systematisch erörtert auf Grund der
österreichischen verwaltungsgerichtlich Rechtsprechung, Leipzig/Wien 1924'가 있
다. 그런데 라운(v. Laun)의 재량이론이 담긴 'Das freie Ermessen und seine
Grenzen, Habilitation Wien, Leipzig/Wien 1910'의 발간연도가, 본 논문에서 주로

재량이론의 창시자로서, 베르나치크의 견해를 강하게 비판한 것으로 유명하다. '법률효과 선택의 자유'를 재량의 본질로 본 테츠너의 효과재량이론은 나중에 제2차 세계대전 이후 독일에서 통설적 지위를 차지하게 된다는 점에 주목할 필요가 있다. 제4장에서는 효과재량이론을 보다 체계화하고 발전시킨 라운(v. Laun)의 견해를 검토해본다. 라운은 종래 재량의 행사를 법적용으로 보았던 베르나치크와 테츠너의 견해에서 벗어나, 재량의 행사는 정치적·행정편의적인 합목적성 판단에 해당한다고 보았다. 그는 '행정청이 입법자의 영향을 받지 않고 행위목적을 선택할 수 있는 자유'로 재량의 본질을 파악하였다. 특히 그의 재량행위 이론은 재량에 대한 사법심사의 확대를 위해 '기속재량' 개념을 고안하였고, 프랑스 행정법학을 모범으로 하여 재량의 한계를 상세히 논했다는 점에 특색이 있다. 제5장에서는 법률이 의도한 '다의성'(Mehrdeutigkeit)을 재량의 본질로 보면서 추상적·불확정 개념에 대해 날카로운 언어학적 고찰을 시도했던 발터·옐리네크(W. Jellinek)의 이론을 검토한다. 그는 입법자가 법률규정에 언어적으로 모호한 표현을 의도적으로 사용한 경우에는 그러한 모호한 표현이 법률요건에서 사용되든지 법률효과에서 사용되든지 구별하지 않고 양자에서 모두 재량이 성립할 수 있다고 보았다. 옐리네크는 법률요건 측면에서 법해석을 통해 일의적으로 의미확정이 가능한 경우에는 요건재량을 인정하지 않는 방식으로 재량의 인정범위를 줄

다루게 되는 Tezner, Das freie Ermessen der Verwaltungsbehörden, 1924의 발간 연도보다 앞서 있어서, 테츠너의 재량행위 이론에 앞서서 라운의 재량행위 이론을 순서상 먼저 다루어야 하는 것 아닌지 의문이 들 수도 있다. 그러나, 테츠너의 효과재량이론이 최초로 발표된 것은 1888년이어서 1910년에 발표된 라운의 재량행위 이론에 비해 시기적으로 앞서고, 독일 학계에서도 일반적으로 테츠너를 효과재량 이론의 창시자로 인정하면서 라운의 재량행위 이론보다 앞서 논의하는 것이 일반적인 경향이므로(Schindler, Verwaltungsermessen, 2010, S. 11-85; Hofer-Zeni, Das Ermessen im Spannungsfeld von Rechtsanwendung und Kontrolle, 1981, S. 9-63 등), 본 논문에서도 테츠너의 견해를 라운의 견해보다 먼저 소개하고 분석하기로 한다.

여 상대적으로 사법심사를 확대해 나갔고, 법률효과 측면에서 광범위한 재량하자를 인정하여 재량사건을 행정재판의 대상으로 포착함으로써 재량에 대한 사법심사의 범위를 넓혀 나갔다. 마지막으로 제6장에서는 각 이론에 대하여 종합적으로 분석을 하였고, 여기에서 이루어진 논의 결과가 우리나라의 현재 재량행위 이론이 겪고 있는 어려움을 해결하는 데 어떠한 유용성을 가지는지를 분석하였다.

제1장 예비적 고찰

제1절 서설

　우리나라의 현행 행정소송법 제27조나 독일 행정재판소법 제114조 제1문
은 명문으로 재량행위에 재량권의 일탈·남용이 있으면 위법성이 인정되어
쟁송취소가 될 수 있음을 규정하고 있다.[1] 따라서 현행법에 의하면 행정재
량이 행정소송의 '심사대상'이 됨에는 의문이 없고, 오히려 현재의 '재량'
이라는 논제는 행정쟁송법상 행정재판소의 본안에서 어떠한 방식으로 어
느 정도의 사법심사가 미칠 수 있을지에 관한 '심사방식' 내지 '심사강도'
(Kontrolldichte)[2]의 문제라고 할 수 있다.[3] 그러나 현재의 재량에 관한 법규

---

1) * 행정소송법 제27조 (재량처분의 취소): 행정청의 재량에 속하는 처분이라도 재량
　　권의 한계를 넘거나 그 남용이 있는 때에는 법원은 이를 취소할 수 있다.
　　* 독일 행정재판소법 제114조(§114 VwGO): 행정관청이 재량에 따라 행위할 권
　　한이 있는 경우에, 행정재판소는 재량의 법적 한계를 넘거나 수권의 목적에 일치하
　　지 않는 방법으로 재량을 행사하였기 때문에 행정행위 또는 그 거부나 부작위가
　　위법한 것인지에 대하여 심사한다. 행정관청은 행정소송의 절차에서 행정행위에
　　대한 재량적 판단을 보완할 수 있다(Soweit die Verwaltungsbehörde ermächtigt
　　ist, nach ihrem Ermessen zu handeln, prüft das Gericht auch, ob der
　　Verwaltungsakt oder die Ablehnung oder Unterlassung des Verwaltungsakts
　　rechtswidrig ist, weil die gesetzlichen Grenzen des Ermessens überschritten sind
　　oder von dem Ermessen in einer dem Zweck der Ermächtigung nicht
　　entsprechenden Weise Gebrauch gemacht ist. Die Verwaltungsbehörde kann ihre
　　Ermessenserwägungen hinsichtlich des Verwaltungsaktes auch noch im
　　verwaltungsgerichtlichen Verfahren ergänzen).
2) '심사강도'라는 표현은 독일어인 'Kontrolldichte'의 번역으로 우리나라 학설에서도
　　대체로 통용되고 있는 용어이다. '심사밀도'라고 달리 표현되기도 한다. 독일에서
　　도 마찬가지로 유사한 표현으로서 'Kontrollintensität', 'Schärfe der richterlichen
　　Kontrolle', 'Grad der gerichtlichen Kontrolle', '(Nach)Prüfungsintensität',

정이나 이를 뒷받침하는 재량행위 이론이 애초부터 재량을 이러한 심사강도의 문제로 보았던 것은 아니고, 역사적 흐름과 발전을 통해 재량이 심사'대상'의 문제에서 심사'강도'의 문제로 전환된 것임을 유의할 필요가 있다. 또한 현재 독일이나 우리나라에서는, 법률요건의 해석·포섭에는 재량이 있을 수 없고 권한행사 여부와 그 행사 내용의 선택에 관하여 법률효과에 대해서만 재량이 인정된다는 소위 '효과재량이론'이 다수설의 지위를 차지하고 있는데, 이 역시 역사적·경험적 결과에서 비롯된 것이다. 이러한 점을 염두에 두고, 이하에서는 역사적 맥락에 비추어 독일의 재량행위 이론이 어떻게 전개되어 왔는지를 후속 논의에 필요한 범위 내에서 간략하게 그 핵심적인 내용을 위주로 살펴보고자 한다.

'Reichweite verwaltungsgerichtlicher Kontrolle', 'Umfang der gerichtlichen Kontrollbefugnis', 'Nachprüfungsradius der Verwaltungsgerichte', 'Kontrollbefugnis der Verwaltungsgerichte' 등이 사용된다고 한다(Ibler, Rechtspflegender Rechtsschutz im Verwaltungsrecht, 1999, S. 1-2).

3) 이를 달리 표현하면, 재량행위에 관해서는 행정소송이 배제된다는 의미에서 행정소송의 대상적격 차원에서 재량을 논할 경우를 소위 '심사배제형 재량'으로, 일단 행정소송의 대상이 되고 본안심사의 강도가 약화된다는 의미에서 재량을 논할 경우를 소위 '심사제한형 재량'으로 칭할 수도 있을 것이다. 본 논문에서 다루는 베르나치크부터 옐리네크까지의 학자들이 논하는 '재량' 내지 '자유재량'은 모두 전자와 같이 대상적격이 배제된다는 의미에서의 재량을 말한다.

제2절 재량개념의 변천

독일에서 '재량'(Ermessen)이라는 용어는 18세기 말엽까지는 대체로 동사의 형태로 나타났다고 한다.[4] '재량'이라는 용어 자체에는 결정 과정에서 '형량'(Abwägung)이 이루어지고, 주관적 견해에 의한 판단이지만 자의적 결정과는 구분되는 것이라는 개념표지가 인정되었다고 한다.[5] 그때까지의 재량 개념은, '법 이전의'(vorrechtlich) 그리고 법적으로 완전하게 규율될 수 없는 군주의 '주권'(Souveränität)이 가지는 당연한 특성으로서 받아들여졌고, 따라서 사법심사 자체가 면제되는 '정치적 결정'을 의미하였다.[6] 당시 이러한 행정재량의 개념을 설명하기 위해 대비되는 개념으로 논해졌던 것이 바로 기속적 성격을 강하게 띠는 '재판관의 재량'(richterliches Ermessen)에 관한 논의였다.[7]

그 이후에도 '재량'은 여전히 법 이전의 포괄적인 국가권력의 특성으로서 이해되기도 하였으나, 형식적 법치국가 이념의 정립에 따라 점차적으로 종래의 아무런 제한이 없는 자유라는 재량의 징표는 사라지게 되었다.[8] 따라서 재량은 법적인 제한의 대상이 되었고, 더 나아가 이러한 모든 법적인 제

---

4) Held-Daab, Das freie Ermessen, 1996, S. 21; Rode, § 40 VwVfG und die deutsche Ermessenslehre, 2003, S. 7 참조.
5) Held-Daab, Das freie Ermessen, 1996, S. 68 참조.
6) Held-Daab, Das freie Ermessen, 1996, S. 68 참조.
7) 당시 재판관의 재량에 관한 비교적 상세한 논의로는 Held-Daab, Das freie Ermessen, 1996, S. 47-52 참조.
8) 따라서 19세기 말에 이르러, 재량에 대한 행정재판소의 사법통제를 저지하기 위하여 '주권'(Souveränität)이라는 개념이 원용되지는 않게 되었다고 한다. Held-Daab, Das freie Ermessen, 1996, S. 123 참조.

한을 고려하더라도 인정될 수 있는 행정의 '결정여지'와 '활동여지'를 의미하게 되었다.9) 또한 재량은 실정법적인 관점에서 파악해 보자면, 아직 법적으로 확정되거나 규율되지 않은 '잔여 영역'(Restbereich)으로서의 행정작용을 의미하기도 하였다.10) 여기서 해당 수권법률에 의하여 내용이 확정된 '법적 기속'(Rechtsbindung)과 행정재량의 구분·대조가 나타나게 되었다.

---

9) Held-Daab, Das freie Ermessen, 1996, S. 93.
10) Held-Daab, Das freie Ermessen, 1996, S. 93.

제3절 자유재량 논의의 시발점

앞서 본 재량의 개념은 점차 법외적인 영역에서 법의 내부로 들어오는 과정 중에 있었으나, 아직까지 온전히 실정법상의 개념으로 규정되지는 않았다. 재량에 관한 논의가 보다 심화되고 촉발된 결정적인 계기는 바로 아래에서 살펴보는 행정재판소법의 제정과 그 결과인 행정재판소의 설립이다.[11] 즉, 행정재판소법의 제정·시행을 통해 한 걸음 더 나아가 '재량'이 실정법상의 개념으로 들어오게 된 것이다. 이하에서는 오스트리아와 프로이센 등 당시 각 지역별 행정재판권의 도입과 그에 따른 자유재량 이론의 형성 과정에 대해 간략히 살펴보기로 한다.

I. 행정재판소 설립 배경[12]

시민 계급의 성장과 사회 환경의 변화에 따라 행정에 관련된 공법 사건에 대한 재판권의 요청이 법치국가 옹호자를 중심으로 점차로 강화되기 시작하

---

11) Schindler, Verwaltungsermessen, 2010, S. 13; Ehmke, „Ermessen" und „Unbestimmter Rechtsbegriff" im Verwaltungsrecht, 1960, S. 7, 12; Hofer-Zeni, Das Ermessen im Spannungsfeld von Rechtsanwendung und Kontrolle, 1981, S. 10-11; 정하중, "행정법에 있어서 재량과 판단여지 그리고 사법심사의 한계", 행정법의 이론과 실제, 2012, 193면 참조.
12) 이에 대한 주요한 내용은 Tezner, Das freie Ermessen der Verwaltungsbehörden, 1924, S. 14-28 참조.

였고, 급기야 1848년 혁명기에 이르러서는 전(全) 독일과 오스트리아에서 공법에 관한 재판권이 주요한 요구사항으로 제기되었다.[13] 즉, 19세기 중반 무렵에 '헌법'(Verfassung)을 갈망하는 시민들이 행정에 대한 재판통제를 요구하였던 것이다. 그러나 이러한 움직임과 반대로, 여전히 보수적인 행정 옹호자들을 중심으로 하여, 행정이 자유롭게 발전해야 할 필요성이 있다는 시각이 지배적이었다. 이에 따라 설령 그 상황에서 공법(公法) 재판권이 도입된다고 하더라도 그 형태와 내용은 제한적일 수밖에 없었다.[14]

1875년 이후부터 오스트리아를 시작으로 각국에서는 행정의 영향력으로부터 기능적으로 독립된 행정재판소가 도입되기 시작하였다. 공통적으로 오스트리아와 독일에서 모두 '행정통제'(Verwaltungskontrolle)가 비록 행정조직의 일부이기는 하지만 그 기능과 역할에서 독립적인 '사법행정청'(司法行政廳, Justizbehörde)에게 맡겨져 있었다.[15] 이러한 사법행정청은 민사재판이나 형사재판을 담당하는 일반재판소와는 구별되는 것으로서,[16] 그 담당 업무가 사법(司法)적인 것에 해당될 뿐, 그 인적·물적 시설과 조직은 모두 행정에 속하는 것이었다. 이와 같이 행정 내부에서 행정에 대한 사법통제와 권리구제가 이루어지는 형태를 '행정사법'(行政司法, Administrativjustiz)이라 한다.[17] 이러한 독일의 행정사법의 모델은 프랑스의 초기 행정법을 모범으로 한 것으로서,[18] 독일의 행정법의 형성과정을 깊이 이해함에 있어서는 초

---

13) Tezner, Das freie Ermessen der Verwaltungsbehörden, 1924, S. 15.
14) Tezner, Das freie Ermessen der Verwaltungsbehörden, 1924, S. 15.
15) Schindler, Verwaltungsermessen, 2010, S. 11.
16) Schindler, Verwaltungsermessen, 2010, S. 11 참조.
17) Ehmke, „Ermessen" und „Unbestimmter Rechtsbegriff" im Verwaltungsrecht, 1960, S. 9 참조. 행정사법(行政司法)은 동의어로서 "Verwaltungsjustiz" 또는 "Verwaltungsrechtspflege"라는 용어도 함께 통용되는 것으로 보인다. 이에 관해 Hilgruber, Maunz/Dürig, Grundgesetz-Kommentar 66. Ergänzungslieferung 2012, Rn. 23-24 참조.
18) Schindler, Verwaltungsermessen, 2010, S. 11 참조.

기 프랑스 행정법에 대한 이해가 적지 않은 역할을 한다고 볼 수 있다.

Ⅱ. 타협의 산물

19세기 중반 이후에 시민들이 행정에 대한 재판통제를 요구하였고, 이에 따라 각국에 행정재판권이 도입되었음은 앞서 본 바와 같다. 이때 행정의 자율성을 유지하기 위한 기존의 보수적인 입장이 만만치 않았던 관계로, 행정재판권은 제한적인 내용으로 도입되기에 이르렀다. 그 주요한 내용은, 첫째 조직상으로는 유일하고, 행정과 분리된 재판소를 설립하는 것이고, 둘째 기능적으로는 행정의 독자성과 책임성을 존중해야 한다는 것이었다. 여기서 두 번째의 기능과 관련하여서는 다시 ① 행정재판소는 행정청에 의해 확정된 사실관계에 원칙적으로 구속되고, ② 사법심사가 배제된다는 의미에서의 행정재량 개념이 인정되며, ③ 행정재판소의 역할이 행정행위의 '취소'(Kassation)에 제한되는 것으로 그 내용이 구체화 되었다고 한다.[19]

오스트리아의 경우를 구체적으로 설명하자면 다음과 같다. 즉, 레마이어(Lemayer)가 1871~1872년에 오스트리아에 행정재판소를 설립하는 것을 주요 내용으로 하는 법률초안을 마련함으로써 그 내용대로 법률로 입안·제정을 앞두고 있었다. 그런데 막상 행정재판소의 설립이 임박하자 오스트리아의 강력한 보수적 관료들과 정당들이 행정재판소의 설립에 대한 우려를 표명하게 되었고, 이에 따라 이러한 우려를 진정시키기 위한 전략적인 이유에서 자유재량에 대한 관할배제의 내용이 법안에 포함되게 되었다고 한다.[20]

---

19) 이러한 오스트리아 행정재판제도의 도입과 한계에 관해서 상세한 내용으로는 Jabloner, Verwaltungsgerichtsbarkeit in Österreich — 1867~2012 und darüber hinaus, 2013, S. 17 참조.

20) Tezner, Das freie Ermessen der Verwaltungsbehörden, 1924, S. 20-21 참조.

다시 말해서, 이러한 오스트리아 행정재판소법은 자유주의적인 권리보호 요청과 보수적인 기존 행정권력 사이의 '타협의 산물'이라고 평가할 수 있다.[21] 이러한 초안이 기초가 되어 입안·제정된 법률이 바로 1875년 10월 22일자 「오스트리아 행정재판소의 설립에 관한 법률」(이하 '구 오스트리아 행정재판소법'이라 한다)이다.[22]

이하에서는 구체적으로 당시의 재량에 관해 관할을 규정한 각국의 법조항의 내용과 재량에 대한 심사 상황 등을 검토해 보기로 한다.

Ⅲ. 자유재량에 대한 재판관할

1. 오스트리아 등

오스트리아에 도입된 행정재판권의 관할 형태는 유보적 개괄주의(概括主義) 방식이었다. '유보적 개괄주의'는 오스트리아와 독일 남부의 뷔르템베르크(Württemberg), 작센(Sachsen) 등의 일부 지역에서 취한 방식으로서, 원칙적으로 '일반조항'(Generalklausel)에 의해 행정작용에 대하여 행정재판소의 관할을 인정하되, 자유재량에 의하여 처리되는 사건의 경우에는 그 관할에서 배제하는 방식을 말한다. 즉, 원칙적으로 개괄주의를 취하되, 자유재량 사건을 관할대상에서 일부 배제한다는 의미에서 '유보적'이라는 표현을 사용

Schindler, Verwaltungermessen, 2010, S. 12, Fn. 32에서는 오스트리아 행정재판소법은 광범위하게 레마이어(Lemayer)의 법률초안에 기초한 것이라고 기술하고 있다.

21) Held-Daab, Das freie Ermessen, 1996, S. 99.

22) Gesetz vom 22. Oktober 1875 betreffend Errichtung eines Verwaltungsgerichtshofes(in Kraft seit dem 2. Juli 1876), Reichsgesetzblatt 36/1876.

한 것이다. 이와 같이 오스트리아는 개괄주의를 취한 관계로 보다 넓은 행정
재판관할을 인정할 수 있게 되었고, 또한 관할배제가 유보된 재량사건에 대
해서는 '자유재량'의 의미를 파악하기 위한 학설과 실무의 다각적인 논의가
가능한 조건이 마련되었다고 이해할 수 있다.

　구 오스트리아 행정재판소법은 제2, 3조에서 아래와 같은 관할 원칙 및
예외 규정을 두고 있었다. 먼저, 구 오스트리아 행정재판소법 제2조는 "행정
재판소는 누구든지 행정청의 위법한 결정이나 처분을 통하여 자신의 권리를
침해받았다고 주장하는 사건에 대하여 재판을 해야만 한다"[23]라고 하여, 행
정재판소가 행정사건에 대하여 원칙적으로 심판할 수 있는 '일반조항'을 통
해 전반적인 관할권을 규정하였다. 그러나 구 오스트리아 행정재판소법 제3
조는 제2조의 일반적 관할에 대한 예외규정을 두었는데, 특히 제3조의e에서
는 "행정청이 자유재량에 의하여 행위를 할 권한이 있는 사건과 그러한 권
한이 있는 한에서는 (행정재판소의 재판관할이 배제된다)"[24]라고 규정하여
자유재량 사건에 대한 재판관할의 배제를 명문화하고 있다. 뷔르템베르크의
경우는, 1876년 12월 16일자 법률 제13조 제2문에서 "행정청이 법률을 통해
자신의 재량에 따라 처분을 하도록 수권이 된 경우에는 …(재판관할이) 배제
된다"라고 규정하였다.[25] 작센의 1900년 7월 19일자 행정사법(行政司法)법
률의 관할 규정 역시 마찬가지로 규정하고 있었다.[26] 이와 같은 위 국가들의

---

23) § 2 des Gesetzes über den VwGH('Verwaltungsgerichtshof'의 약어)
　　Der Verwaltungsgerichtshof hat in den Fällen zu erkennen, in denen Jemand
　　durch eine gesetzwidrige Entscheidung oder Verfügung einer Verwaltungs-
　　behörde in seinen Rechten verletzt zu sein behauptet.
24) § 3e des Gesetzes über den VwGH
　　Angelengenheit, in denen und insoweit die Verwaltungsbehörden nach freiem
　　Ermessen vorzugehen berechtigt sind.
25) Held-Daab, Das freie Ermessen, 1996, S. 102-103; Rode, § 40 VwVfG und die
　　deutsche Ermessenslehre, 2003, S. 12; Schindler, Verwaltungsermessen, 2010, S.
　　26 참조.

법상태에 근거하여 행정재판소의 심사가 불가능하여 관할이 배제되는 '재량
문제'(Ermessensfrage)라는 개념이 등장하게 되었고, 이와 반대로 행정재판소
의 관할이 인정되고 심사가 가능한 '법문제'(Rechtsfrage)가 대립관계로 설정
되었다.

이와 같은 유보적 개괄주의 규정에 따라, 과연 재판관할이 배제되는 '자유
재량' 사건이란 어떠한 것을 말하며, 자유재량의 본질은 무엇이고 어떠한 경
우에 재량이 성립되는지에 관한 학설상·실무상의 논의가 촉발되었다. 먼저,
위 관할배제 규정은, 한편으로는 실무적 관점에서 볼 때, 오스트리아의 행정
재판실무상 행정재판소에 관할이 없음을 이유로 각하해야 할 자유재량 사건
이 무엇인지 가려내야만 하는 실정법 해석의 문제가 되었다. 다른 한편으로
는 위 관할배제 규정은 이론적 관점에서 볼 때, 자유재량에 대해 전면적으로
사법심사가 배제되어 시민의 권리구제에 취약점을 보일 수도 있는 상황이
예상되고, 따라서 학계에서도 이러한 문제점을 해결하기 위해 여러 방향에
서 재량의 범위를 실질적으로 줄이려는 이론적인 논의가 활발히 전개될 수
있는 기반이 마련되었다고 볼 수 있다.

2. 프로이센 등

뷔르템베르크, 작센 등을 제외한 나머지 독일 국가에서 도입된 행정재판
권의 관할 형태는 '열기주의'(列記主義, Enumerationsprinzip) 방식이었다. 열
기주의란 행정의 재판통제의 대상이 되는 행정작용을 한정적 열거의 방식으
로 규정하고, 나머지의 행정작용에 대해서는 사법심사를 허용하지 않는 방

---

26) Rode, § 40 VwVfG und die deutsche Ermessenslehre, 2003, S. 12; Held-Daab,
    Das freie Ermessen, 1996, S. 103, Fn. 169; Schindler, Verwaltungsermessen,
    2010, S. 26 참조.

식을 말한다. 개혁에 의한 자유주의적인 권리보호의 요청을 거스를 수 없었던 보수적 입장에서는 열기주의를 취함으로써 행정재판소의 관할범위를 축소 내지 제한하여 행정권력을 유지하고 보장받고자 하였던 것이다.[27] 그 결과 열기주의를 취한 국가에서는 원칙적으로 오스트리아와 같은 법문제와 재량문제의 구별이 초래되지는 않았다.[28]

먼저, 프로이센[29]의 경우는 한편으로는 행정재판관할이 열기적으로 규정되었고, 다른 한편으로는 재량사건에 관한 별도의 재판관할 배제의 유보가 없었기 때문에, 재량문제는 직접적으로 관할의 문제가 아니었다.[30] 법체계상 재량문제를 별도로 구별하지 않는 관계로, 실제로 경찰처분과 같이 재량행위에 해당하는 경우에도 재판관할의 대상에 포함되기도 하였고, 거꾸로 대표적인 기속행위인 영업시설의 허가를 위한 요건의 확인과 같은 실무상 중요한 법문제를 오히려 재판관할 목록에서 배제하는 경우도 있었다. 심사범위와 관련해서, 프로이센의 몇몇 실무 사안에서는 행정재판소의 심사범위가 '필요성'(Notwendigkeit)과 '상당성'(Angemessenheit) 및 '합목적성'(Zweckmäßigkeit)의 심사까지 확장되기도 하였다.[31] 또한 바이에른(Bayern)이나 헤센(Hessen)의 경우도 마찬가지로 열기주의를 취하였고, 법문제에 해

---

27) Tezner, Das freie Ermessen der Verwaltungsbehörden, 1924, S. 15 참조.
28) Schindler, Verwaltungsermessen, 2010, S. 26; Held-Daab, Das freie Ermessen, 1996, S. 103.
29) 프로이센은 독일제국의 2/3의 영토를 차지하였고 3/5의 인구가 거주하는 국가로서 독일제국과 바이마르 시대의 상황을 대표하는 예시가 될 수 있다는 점을 지적하는 견해로는 Ibler, Rechtspflegender Rechtsschutz im Verwaltungsrecht, 1999, S. 193-194 참조.
30) Ehmke, „Ermessen" und „Unbestimmter Rechtsbegriff" im Verwaltungsrecht, 1960, S. 16. 특히 Ehmke는 이러한 프로이센의 관할 구조는 그나이스트(v. Gneist)의 견해에 의해 결정적인 영향을 받은 것이라는 점을 지적하고 있다.
31) Rode, § 40 VwVfG und die deutsche Ermessenslehre, 2003, S. 12. 이 Rode의 글에서는 각주 70에서 그 구체적인 예로서 학교건축과 도로개설의 필요성에 관한 프로이센의 사법심사 사례를 들고 있다.

당할 수 있는 사건뿐만 아니라 재량문제에 해당할 수 있는 일부 사안에 대해서도 재판대상성을 긍정하면서 심지어 그 심사범위도 '합법성통제'에 한정되지 않았다.[32] 그러나 일부 재량문제에 대한 재판대상성이 긍정된다고 하더라도 항상 심사범위가 합법성통제를 넘어서 필요성 및 합목적성까지 확장되었던 것은 아니고, 특정 행정영역에 한정하여 '부분적인 일반조항'(Teilgeneralklausel)을 통해 재판관할이 확대되는 현상이 나타나기도 했다. 즉, 헤센(Hessen)이나 프로이센(Preußen)에서는 재량사건인 경찰처분에 대해서도 심사를 긍정하되, 그 심사범위를 '법문제'(Rechtsfrage)로 제한하였던 것이 그 예이다.[33] 하지만 시간이 지날수록 재량문제에 해당하는 사안에서는 점차적으로 재판소의 통제를 배제하여 나가는 재판 실무가 정착되어 갔다.[34] 이와 같이 어떠한 재량사건에서 관할이 긍정되는지 여부가 일률적이지 않고 통일되지 못한 상황에서는 어떠한 일정한 규칙이나 체계를 도출하기는 어려운 상태였다고 평가된다.[35]

---

32) Held-Daab, Das freie Ermessen, 1996, S. 105.
33) Schindler, Verwaltungsermessen, 2010, S. 26-27; Rode, § 40 VwVfG und die deutsche Ermessenslehre, 2003, S. 12-13; Ehmke, „Ermessen" und „Unbestimmter Rechtsbegriff" im Verwaltungsrecht, 1960, S. 17-18 참조.
34) Schindler, Verwaltungsermessen, 2010, S. 26-27; Held-Daab, Das freie Ermessen, 1996, S. 109-110에서는 이와 같은 재량사안에 대한 관할의 배제는 논리를 포장한 것일 뿐 그 실질에서는 '정치적인 문제'(Politikum)를 이유로 재판관할을 배제한 것이었다고 보았다.
35) Held-Daab, Das freie Ermessen, 1996, S. 104-105.

제4절 재량이론의 역사

I. 입헌군주제 시대

18세기 후반부터 독일은 프로이센을 중심으로 부국강병 정책을 실행해 나가며 부흥과 통일을 꾀하기 시작하였다. 프로이센은 1848년 3월 혁명과 프랑크푸르트 국민회의를 거쳐 시민계급의 요구를 부분적으로 수용하여 타협의 산물로서 전제군주의 권력이 유보된 '흠정헌법'(欽定憲法)의 형식으로 '입헌군주제'를 채택하기에 이르렀다. 그 후 1871년에 프로이센을 주축으로 하여 독일 통일이 이루어졌고 제2제국[36]이 형성되었다가 1918년 제1차 세계대전으로 패망하게 되었다.

앞서 본 바와 같이 재량행위 이론의 시발점이 된 것은 19세기 후반의 행정재판소의 설치였다면, 더 나아가 재량행위 이론이 구체화되고 체계화된 것은 20세기 초에 이르러서였다.[37] 그 이전까지도 독일에서 재량에 관한 논의가 없었던 것은 아니지만, 이론적·체계적인 면에서 논의가 성숙되지 못하

---

[36] 독일의 제정(帝政)은 상세히는 ① 오토1세가 황제를 대관을 받은 때로부터 프란츠 2세가 제위를 물러날 때까지의 '신성로마제국' 또는 '제1제국'(962~1806년)과 ② 비스마르크의 독일 통일에 의해 성립된 '제2제국'(1871~1918년), 그리고 ③ 히틀러가 권력을 장악한 시기로서 나치 지배체제인 '제3제국'(1934~1945년)으로 나뉜다. 일반적으로 '독일 제국'이라 하면 위의 '제2제국'을 말한다.

[37] Held-Daab, Das freie Ermessen, 1996, S. 113 참조. Held-Daab은 본격적으로 재량행위 이론을 논의한 학자들로 테츠너(Tezner), 라운(v. Laun), 옐리네크(W. Jellinek) 등을 들고 있다. Held-Daab, Das freie Ermessen, 1996, S. 113, Fn. 2.

였고, 재량 자체를 본격적으로 논한 것이 아니라 다른 개별논제를 논함에 있어서 재량에 관한 다소 산만한 의견이 부수적으로 표명되는 정도에 불과하였다고 평가된다.38) 이에 따라 본 논문은 20세기 초 무렵의 재량행위 이론부터 다루고자 한다.39)

  행정재판소의 설치 이후 19세기 말에서 20세기 초까지의 보수적인 학설의 입장에서는 법률상 일의적으로 확정되지 않은 모든 조치를 행정재량으로 보아 행정에 대한 행정재판소의 사법통제를 배제하기 위해 노력하였다.40) 즉, 일단 '재량요소'(Ermessenselement)가 포함되어 있기만 하면 해당 사안을 재량사건으로 보아 행정재판소의 관할을 부정하였던 것이다.41) 여기서의 재량요소에는 선택적인 법률효과가 규정된 경우뿐만 아니라, '공익', '필요성' 또는 '위생상의 위험'(Sanitätsgefahr)과 같이 구체화가 필요한 불확정개념이 사용된 경우도 포함되었다.42) 다시 말해서 법률효과의 측면에서뿐만 아니라

---

38) Held-Daab, Das freie Ermessen, 1996, S. 113 참조.

39) 물론 1862년경 프리드리히 프란츠 마이어(Friedrich Franz Mayer)의 재량에 관한 견해가 비교적 재량에 관한 일반적인 서술을 다루고 있다는 점이 간과되어서는 안 될 것이다. F. F. Mayer는 법률요건에 추상적·불확정 개념으로 규정된 법률의 적용문제를 재량으로 보면서 부당한 동기에 근거하여 결정을 해서는 안 되고, 선택된 수단들이 상당성이 있을 것 등 재량에 부과된 한계의 준수 여부에 관한 사법심사를 논하였다고 한다. 정하중, "행정법에 있어서 재량과 판단여지 그리고 사법심사의 한계", 행정법의 이론과 실제, 2012, 193-194면 참조. 그러나 F. F. Mayer의 견해는 행정재판소의 설립 이전에 입법론으로서 주장된 견해에 가깝고, 베르나치크에 이르러서야 행정재판소의 판례와 학문적 견해가 본격적으로 종합되고 체계화되었다는 점에서 본 논문에서는 F. F. Mayer의 견해는 다루지 않기로 한다. F. F. Mayer의 견해에 관해 소개한 대표적인 글로서 Held-Daab, Das freie Ermessen, 1996, S. 79-84; Ehmke, „Ermessen" und „Unbestimmter Rechtsbegriff" im Verwaltungsrecht, 1960, S. 10-12; 정하중, "행정법에 있어서 재량과 판단여지 그리고 사법심사의 한계", 행정법의 이론과 실제, 2012, 193-194면 참조.

40) Held-Daab, Das freie Ermessen, 1996, S. 122 참조.

41) Held-Daab, Das freie Ermessen, 1996, S. 122.

42) Held-Daab, Das freie Ermessen, 1996, S. 122. Held-Daab은, 여기서 일의적으로 확정된 것인지 여부, 다시 말해서 법적인 기속성의 정도는 당해 수권규범의 문언으

법률요건의 차원에서도 행정재량을 인정하였고, 행정재판소의 판례 또한 같은 견해를 취하였다.[43]

이 시기의 재량행위 이론을 논하면서 빠질 수 없는 핵심적인 부분이 바로 오스트리아에서 벌어진 베르나치크(Bernatzik)와 테츠너(Tezner)의 재량의 본질에 관한 논쟁이다. 먼저 베르나치크는 재량개념에 관하여 학문적으로 발전된 본격적인 견해를 정립한 선구적 학자로 평가받는다.[44] 그는 법률요건 부분에서 추상적·불확정 개념이 사용된 경우를 주목하고 이를 '모호한 범주'(vage Kategorie)로 지칭하였다. 그리고 입법자가 전문적 지식을 가진 행정청에게 법률요건상의 모호한 범주, 즉 불확정개념을 구체화할 수 있도록 수권을 한 경우에 행정재량이 존재한다고 보았다. 그의 견해에 의하면, 만약 공무원이 악의 또는 중과실로 재량을 잘못 행사한 경우에는 형사처벌 또는 징계처분의 제재가 가능하다. 이와 같은 베르나치크의 견해는 1960년대까지 오스트리아의 행정재판소 판례에 상당한 영향을 미쳤다고 한다.[45]

이러한 베르나치크의 요건재량이론에 대해 테츠너는 효과재량이론을 주장하면서 신랄한 비판을 가하였다. 테츠너는 어떠한 개념이 모호하거나 불확정적인지 여부는 상대적인 양적 차이에 불과하므로 행정재판관은 법률요건을 심사해야만 하고 법률요건 측면에서는 재량이 성립할 수 없다고 주장

로만 판단을 하였고, 이에 따라 행정재판소는 문언해석만을 할 수 있었으며, 발생적·역사적 해석이나 체계적 해석, 목적론적 해석 등은 행정에게 유보되어 있었다고 서술하고 있다.

43) Rode, § 40 VwVfG und die deutsche Ermessenslehre, 2003, S. 13 참조.
44) Rode, § 40 VwVfG und die deutsche Ermessenslehre, 2003, S. 13.
45) 정하중, "행정법에 있어서 재량과 판단여지 그리고 사법심사의 한계", 행정법의 이론과 실제, 2012, 194면. 실제로 제2차 세계대전 종전 후인 1952년에 설립된 독일의 '연방행정재판소'(Bundesverwaltungsgericht)와 그 후 각 지역에 순차적으로 설립된 '지방행정재판소'(Landesverwaltungsgericht)의 각 판례에서도 산발적이기는 하나 여전히 법률요건 측면에서의 재량을 인정하였다고 한다. Rode, § 40 VwVfG und die deutsche Ermessenslehre, 2003, S. 17 참조.

하였다. 오히려 행정재량은 입법자가 선택적으로 규정하고 있는 법률효과에서 성립된다고 보았다. 즉, 행정의 자유는 법률을 집행하는 여러 가능성 중에서 행정에게 그 선택을 할 자유가 수권이 되어 있는 경우에 허용된다고 본 것이다. 또한 행정행위의 하자는 그것이 객관적인 행정법 규범을 침해하고 위반하였기 때문이라고 하면서, 해당 공무원의 악의·중과실의 주관적 요소를 강조한 베르나치그의 견해를 강하게 비판하였다. 이러한 테즈너의 효과재량이론은 아래에서 보는 바와 같이 제2차 세계대전 이후에 헤르만·로이스(Hermann Reuss)의 견해로 이어지는 통설적인 독일의 재량행위 이론의 형성과 발전에 결정적인 기반을 제공하였다고 평가된다.

이와 같은 오스트리아에서의 재량에 관한 활발한 논의와는 달리, 프로이센의 정치적 상황은 오스트리아와 대조가 되었다. 프로이센의 행정은 황제와 그로부터 임명된 제국수상의 강한 영향력 아래에 머물러 있었고, 공무원 조직은 다수가 보수적인 귀족 출신으로 구성되어 있었다.[46] 한편, 당시의 의회에 대해서 제국수상이 어떠한 책임을 지지 않았고, 의회의 영향력은 입법에 참여하는 것으로 제한되었다.[47] 반면 당시의 교육을 받고 재산이 있는 독일의 의식있는 시민계층은 '법치국가'(Rechtsstaat)를 통한 개인의 자유와 재산권의 보호를 원했고, 이러한 요구를 실현할 수 있는 방법으로서 시민계층이 그 구성원이 될 수 있는 유일한 국가권력인 사법(司法)의 임무를 강조하게 되었다.[48] 따라서 재량에 관한 학설은 자신들의 권리보호와 함께 정치와 행정에서의 시민계층의 권력적 공백을 조정해 줄 수 있는 중요한 논의로 여겨지게 되었다.[49] 위에서 본 오스트리아에서의 시기적으로 앞선 행정재판소의 설립과 이에 따른 재량에 관한 학계와 실무계의 논의의 발전뿐만 아니라, 이와 같은 프로이센의 강한 군주제적인 행정과 당시의 취약한 의회의 지위,

46) Schindler, Verwaltungsermessen, 2010, S. 56-57.
47) Schindler, Verwaltungsermessen, 2010, S. 57.
48) Schindler, Verwaltungsermessen, 2010, S. 57-58.
49) Schindler, Verwaltungsermessen, 2010, S. 57-58 참조.

그리고 시민계층의 사법부 진출 등의 정치적·헌법적 상황도 하나의 원인이
되어, 독일이 상대적으로 발전된 오스트리아의 재량논의를 모범으로 삼게
되었다고 평가할 수도 있을 것이다.[50]

한편, 지금까지의 주류적인 재량행위 이론과는 전적으로 달리, 법실증
주의적인 관점에서 재량을 다루고 새롭게 근거를 부여하려는 시도가 오스
트리아에서 켈젠(Kelsen)과 메르클(Merkl)에 의해 이루어졌다.[51] 특히 켈
젠은 실정법에 근거하여 국가의 법질서를 체계상 새롭게 구성하였고, 재
량을 현행 법규범의 '집행'(Vollzug)의 문제로 파악하였다.[52] 다시 말해서,
재량은 '법규'(Rechtssatz)가 법을 집행하는 법적용자에게 허용하는 '활동여
지'(Spielraum)로 이해된다.[53] 켈젠과 메르클은 모두 법규범의 문언에서 모
호한 개념이 사용된 경우라면 그것이 법률요건이든 법률효과이든 구별 없이
동일하게 재량부여가 인정된다고 설명한다.[54] 해석규칙에 의하여 법률요건
에 사용된 개념이 더 이상 구별되고 확정될 수 없는 경우에는 법적용자에게
개념의 구체화가 맡겨지게 된다는 의미에서 법률요건 측면에 재량이 존재한
다고 보고, 또한 법적용자가 수권법률 및 법질서로부터 주어진 '재량의 한
계'(Ermessensgrenze)를 확인하고도 여전히 선택적이고 합법적인 법률효과
가 여럿이 존재하는 경우에는 규범집행의 과정에 있어서 법률효과의 측면
에 재량이 인정된다고 이해하였다.[55] 이에 따라 기속행위와 재량행위의 구
별을 상대적인 것으로 약화시켰고, 행정의 법적용을 재판관의 법적용과 동

---

50) Schindler, Verwaltungsermessen, 2010, S. 56 참조.
51) 이와 같은 켈젠과 메르클에 의해서 전개된 법실증주의적인 재량행위 이론에 관한
   상세한 서술로는 Held-Daab, Das freie Ermessen, 1996, S. 236-250.
52) Rode, § 40 VwVfG und die deutsche Ermessenslehre, 2003, S. 14; Held-Daab,
   Das freie Ermessen, 1996, S. 237 참조.
53) Rode, § 40 VwVfG und die deutsche Ermessenslehre, 2003, S. 14; Held-Daab,
   Das freie Ermessen, 1996, S. 237 참조.
54) Held-Daab, Das freie Ermessen, 1996, S. 238 참조.
55) Rode, § 40 VwVfG und die deutsche Ermessenslehre, 2003, S. 14-15 참조.

일한 것으로 보았으며, 행정재량을 규범의 집행에서 인정되는 '구체화여지'(Konkretisierungsspielraum)로 일원적으로 파악한 결과, 그 한계를 넘어서는 소위 '재량일탈'(Ermessensüberschreitung)의 경우만을 재량하자로 상정한다는 의미에서 통일적인 하자론이 존재하는 것으로 생각하였다.[56] 이러한 켈젠과 메르클의 법실증주의적인 재량론은 기존의 지배적인 재량행위 이론에 대한 의미있는 도전으로 평가되어야 할 것이지만, 실세로 당시 독일 내에서는 재량에 관한 새로운 논쟁을 촉발하지는 못하였다.[57]

II. 바이마르 공화국

비스마르크에 의한 통일 이후의 독일 제2제국의 종결시인 1918년까지도 독일의 법상태는 거의 통일되지 못하였고, 이러한 상황은 바이마르 공화국에 이르러서도 달라지지 않았다.[58] 그간에 이러한 혼란한 법상태를 통일하고 연방 차원의 '제국행정재판소'(Reichsverwaltungsgericht)를 설립하고자 하는 여러 노력이 있었지만, 그 시도는 행정의 독자성을 중시하는 보수적 세력에게 위협으로 여겨졌던 관계로 그들의 반대에 의해 번번이 실패로 돌아가고 말았다.[59] 이와 같은 정치적·법적 상황에 맞물려 독일에서의 재량논의는 오스트리아와 같이 통일적인 연결지점을 찾지 못하였고, 단지 통일되지 못한 실정법의 상태만을 반영하였을 뿐이었다.[60] 다시 말해서, 바이마르 공화

---

56) Held-Daab, Das freie Ermessen, 1996, S. 241-246; Rode, § 40 VwVfG und die deutsche Ermessenslehre, 2003, S. 15 참조.
57) Held-Daab, Das freie Ermessen, 1996, S. 250-251.
58) Schindler, Verwaltungsermessen, 2010, S. 27 참조.
59) Schindler, Verwaltungsermessen, 2010, S. 27.
60) Schindler, Verwaltungsermessen, 2010, S. 27.

국 시대의 재량행위 이론은 어떠한 새로운 방향도 형성하지 못했고, 의미 있
는 발전도 이루어지지 않았다.[61] 다만, 이론적인 면에서는 행정재량을 더 이
상 법적인 규율과 사법통제로부터 완전히 자유로운 군주의 주권 영역으로
이해하지 않고 그 정당성을 법률에서 찾기 시작하였고,[62] 실무적인 면에서
는 바이마르 공화국 말기 무렵에는 대체로 행정사건에 대한 행정재판소의
일반적 재판관할에 찬성하되, 행정재판관에 의한 합목적성 통제는 반대하는
경향이 감지될 수 있었다고 한다.[63]

이 시기에 등장한 재량행위 이론 중 주목할 만한 것은, 라운(v. Laun)과
옐리네크(W. Jellinek)의 재량행위 이론이었다. 먼저 오스트리아의 학자인 라
운은 재량 문제를 법적용의 일종으로 보지 않았고, 행정이 법률효과 측면에
서 누리는 다양한 목적선택의 자유가 재량의 본질이라고 파악하였다. 따라
서 법률요건 측면에서는 비록 추상적·불확정 개념이 사용된 경우라 하더라
도 법해석을 통해 일의적 확정이 가능하다는 이유로 원칙적으로 요건재량을
인정하지 않았다. 그는 특히 '기속재량'이라는 개념을 제시하여 '재량'의 영
역 내에서도 다시 사법통제가 가능한 부분을 포착함으로써 사법심사의 확대
를 위해 노력하였다. 이러한 기속재량의 개념은 바이마르 공화국 시대에 일
반화되었지만, 학계에서 제2차 세계대전 이후에 강한 비판이 제기되었으며
결국 오늘날 독일에서는 학계와 실무에서 기속재량의 자취를 찾아보기는 힘
들다고 한다.[64]

---

61) Rode, § 40 VwVfG und die deutsche Ermessenslehre, 2003, S. 15; Schindler,
 Verwaltungsermessen, 2010, S. 58 참조. Schindler는 그 원인으로 여전히 계속된
 제국시대의 인력정책과 공무원조직의 반동적인 특성을 들고 있다.
62) 정하중, "행정법에 있어서 재량과 판단여지 그리고 사법심사의 한계", 행정법의 이
 론과 실제, 2012, 195-196면.
63) Schindler, Verwaltungsermessen, 2010, S. 27; Ibler, Rechtspflegender Rechtsschutz
 im Verwaltungsrecht, 1999, S. 282-285 참조.
64) 정하중, "행정법에 있어서 재량과 판단여지 그리고 사법심사의 한계", 행정법의 이
 론과 실제, 2012, 198면.

바이마르 공화국 시대에는 옐리네크의 재량행위 이론이 일반적으로 받아들여지고 확고한 지위를 차지하였다.[65] 옐리네크는 법률요건과 법률효과의 구별 없이 양측에서 모두 재량의 성립을 인정하였다. 그는 입법자가 법률효과에서 행정에게 선택의 자유를 부여한 경우뿐만 아니라, 법률요건에서 추상적·불확정 개념을 통해 행정에게 그 구체화의 여지를 준 경우에도 모두 재량이 인정될 수 있다고 보았다. 다만, 그는 해석의 자유와 요건재량을 구별하면서, 만약 법률요건에 사용된 추상적·불확정 개념이 법해석에 의해 일의적으로 그 의미가 확정될 수 있다면 이는 요건재량에 해당되지 않는다는 견해를 취하였다. 동일한 법개념이라고 하더라도, 그 개념의 일의적 확정가능성 여부는 입법자가 자신의 의도에 따라 개별 법령과 사안별로 달리 규정할 수 있다고 설명된다. 예를 들어 '필요성'이라는 불확정 개념이 법률에 규정된 경우에도 항상 절대적으로 자유재량에 해당하는 것이 아니라, 각 개별 법령과 사안별로 상대적으로 보아 재량에 해당할 수도 있고, 단순히 해석의 자유가 좀 더 넓게 인정된다고 볼 수도 있다는 것이다. 옐리네크는 특히 재량사안에 해당한다고 하더라도 행정재판소의 사법심사가 가능한 재량하자의 유형을 구체화하고 체계화하여 '재량하자론'(Ermessensfehlerlehre)을 정립하였다. 이와 같이 법률요건과 법률효과 양측에서 재량을 모두 인정하고 추상적·불확정 개념이 일의적 확정가능성 여부에 따라 법개념 또는 재량개념으로 나뉠 수 있다고 본 옐리네크의 재량행위 이론은 당시의 학계의 다수설이 되었다고 한다.[66] 한편, 옐리네크는 '법치국가'(Rechtsstaat)를 널리 '재판소국가'(Gerichtsstaat)와 동일시하였고, '행정의 법률기속성'(Gesetzesbindung der Verwaltung)을 강조하되, 입법의 측면에서 행정법의 '법전화'(法典化, Kodifizierung)를 추구한 것이 아니라 사법(司法)의 측면에서 가능한 한 흠결

---

65) Rode, § 40 VwVfG und die deutsche Ermessenslehre, 2003, S. 15; Schindler, Verwaltungsermessen, 2010, S. 58-59 참조.

66) 정하중, "행정법에 있어서 재량과 판단여지 그리고 사법심사의 한계", 행정법의 이론과 실제, 2012, 197면.

없이 행정이 사법통제의 대상이 되어야 한다고 주장하였다.[67]

이와 같은 사법권력의 강조를 통하여 형성된 법치국가의 상(像)은 다른 한 편으로는 의회에 대한 강한 회의감으로 나타났다.[68] 독일의 공법학계가 의 회에 대해 비판적인 견해를 가진 것은 이미 독일제국 시대에 시작되었고, 바 이마르 공화국 시대에 더욱 강화되었다고 이해된다.[69] 이와 같은 의회주의 에 대한 비판은 또한 1930년대 이래로 점차로 자유주의적인 시민계층에서도 나타나게 되었다.[70] 물론 그와 반대로 행정의 합법성의 근거로서 의회의 역 할을 강조하는 프릿츠·플라이너(Fritz Fleiner)나 울리히·쇼이너(Ulrich Scheuner)와 같은 학자들의 견해도 등장하였으나 널리 받아들여지지는 못했 다.[71] 한 마디로 독일에서의 심각한 의회주의의 위기였다.

Ⅲ. 나치 시대

국가사회주의 시대의 행정법학과 현행법에 있어서 재량에 관한 이해는 점 점 초기입헌주의 시대로 회귀하는 모습을 보였다고 평가된다.[72] 즉, 강력한 국가공권력 행사에 대해 재판소가 실질적인 기능을 제대로 하지 못함으로써, 행정의 어떠한 조치도 재량적 성격을 가지는 것으로 보아 사법심사의 대상 에서 배제된다는 내용의 초기입헌주의식의 논리가 재현된 셈이었다. 당시는 소위 '영도자원리'(Führerprinzip)에 의해 히틀러를 중심으로 고도로 중앙집

---

67) Schindler, Verwaltungsermessen, 2010, S. 58-59.
68) Schindler, Verwaltungsermessen, 2010, S. 59.
69) Schindler, Verwaltungsermessen, 2010, S. 59.
70) Schindler, Verwaltungsermessen, 2010, S. 59-60.
71) Schindler, Verwaltungsermessen, 2010, S. 60-61 참조.
72) Rode, § 40 VwVfG und die deutsche Ermessenslehre, 2003, S. 15.

권화된 정부가 성립되었다. 따라서 영도자인 히틀러의 의사가 사법통제 아래 놓인다는 것은 상상할 수 없는 일이 되어 버렸다. 행정은 영도자 히틀러의 손아귀에 놓인 아무런 의사가 없는 도구로 전락하였고, 모든 형성적 권한이 박탈된 상태였다.[73] 행정재판소에 의한 소송절차는 행정내부의 항고절차로 대체되었고, 행정사건에서의 행정재판소를 통한 권리보호는 점차적으로 배제되었으며, 재판소와 판례에 대한 정치적인 압력이 거세지게 되어, 행정재판소는 이데올로기적으로 위장된 법적용을 강요받게 되었다.[74] 영도자명령(Führererlass)에 의해 1941년에 '제국행정재판소'(Reichsverwaltungsgericht)가 설치되었으나, 이는 새로운 재판소의 설립이 아니라 각 지역의 행정사법(行政司法, Verwaltungsjustiz)을 중앙집권적으로 더 잘 통제하기 위한 수단에 불과하였고, 프로이센의 고등행정재판소와 빈에 있는 오스트리아 행정재판소를 편입시키기 위한 조치였다.[75] 이러한 상황 하에서 행정재량에 관한 논의는 더 이상 이루어지지 않았고 그 의미를 잃게 되었다.

이와 같이 국가사회주의 시대로 이행되고 법치국가가 파괴된 것은 어느 순간 갑자기 일어나게 된 것이 아니고, 과거와의 맥락 속에서 독일 제2제국과 바이마르 공화국에서의 의회주의에 대한 경시 및 정치적·헌법적 배경 등과의 연속선 상에서 발생한 결과라고 봄이 타당할 것이다.[76] 실제로 당시에 잠재되어 있던 의회에 대한 회의적인 시각은 행정에 대한 법률기속마저도 시민자유주의적인 법치국가의 불필요한 잔재로서 없어져야 할 것이라고 비

---

73) Schindler, Verwaltungsermessen, 2010, S. 61-62.
74) Rode, § 40 VwVfG und die deutsche Ermessenslehre, 2003, S. 16; Schindler, Verwaltungsermessen, 2010, S. 27-28, 62; Ibler, Rechtspflegender Rechtsschutz im Verwaltungsrecht, 1999, S. 10-11, 308-347 참조. 특히 1935년부터는 행정청의 행위가 '정치적'인 것으로 인정되는 경우에는 행정재판관에 의한 어떠한 심사도 금지되었다고 한다. Ibler, Rechtspflegender Rechtsschutz im Verwaltungsrecht, 1999, S. 11, 327-332.
75) Schindler, Verwaltungsermessen, 2010, S. 28 참조.
76) 같은 취지로 Schindler, Verwaltungsermessen, 2010, S. 61.

난을 받는 결과를 초래하였고, 국가사회주의 시대에 위와 같이 권력분립을 실질적으로 파괴하는 새로운 제도를 도입하는 것에 대해서도 국법학자와 행정법학자의 다수가 이를 반대 없이 받아들이기도 하였으며, 심지어는 심정적으로 동조를 나타내기까지 하였다고 한다.[77] 결국 국가사회주의 시대에는 오직 공산주의자들을 제거하기 위한 수단이라는 명분 하에 행정부에게 법률을 정립할 수 있는 권한을 위임하는 법률인 '수권법'(授權法, Ermächtigungsgesetz)까지 통과되기에 이르렀고, 이에 따라 의회주의의 마지막 요소마저 제거되어 버렸다.[78]

IV. 제2차 세계대전 이후

제2차 세계대전 이후 독일에서는 의식적으로 나치 시대와는 반대로 실질적인 법치국가를 구현하기 위한 노력이 강하게 이루어졌고, 그러한 법적인 기본 틀의 변화에 따라 재량에 관한 논의도 되살아날 수 있었다.[79] 나치 시대에 대한 근본적인 반성으로 독일에서는 크게 의회의 기능 강화, 행정재판의 확대 및 헌법의 규범력 회복의 방향으로 근본적인 변화가 일어나게 된다. 첫째로, 의회의 가치를 중요시하여 대의제 민주주의와 관련된 헌법이 강조되고, 나치 시대에 왜곡되어 나타났던 대통령제 정부와 직접민주주의적인 요소에 대한 거부가 초래되었다.[80] 둘째로, 행정재판제도가 강화되어 서방연

---

77) Schindler, Verwaltungsermessen, 2010, S. 61 참조.
78) Martin Kitchen 저/유정희 역, 사진과 그림으로 보는 케임브리지 독일사, 2006, 298면 참조.
79) Rode, § 40 VwVfG und die deutsche Ermessenslehre, 2003, S. 16; Schindler, Verwaltungsermessen, 2010, S. 62; 정하중, "행정법에 있어서 재량과 판단여지 그리고 사법심사의 한계", 행정법의 이론과 실제, 2012, 198면 참조.

합국의 점령지역에서는 공법적 분쟁에 대한 소송제도가 정비되었고, 이후
각 주뿐만 아니라 연방 차원에서 행정재판권이 마련되었으며, 행정재판소가
조직상으로도 완전히 행정청으로부터 분리되었다.[81] 1952년에는 연방행정
재판소가 설립되었고, 1960년에는 개괄주의(槪括主義)를 바탕으로 한 연방
행정재판소법(VwGO)이 시행되기에 이르렀다.[82] 셋째로, 독일 본(Bonn) 기
본법이 제정되었는데, 제1조 제3항에서 기본권이 "직접 효력있는 법으로
서"(als unmittelbar geltendes Recht) 입법권, 행정권 및 사법권을 구속한다고
규정하고, 제20조 제3항에서는 행정권과 사법권이 "법률과 법"(Gesetz und
Recht)에 구속됨을 천명하고 있으며, 특히 제19조 제4항에서 "누구든지 공권
력에 의해 자신의 권리가 침해된 사람은 소송을 제기할 수 있다"는 내용의
포괄적 권리보호를 선언하였다.[83] 이와 같이 행정에 대한 사법통제를 논의
함에 있어서 독일 기본법은 점차 본질적인 요소로 자리 잡게 되었고, 특히
제19조 제4항의 포괄적 권리구제 조항은 법치국가를 완성시키는 마지막 블
록으로 평가되었다.[84]

　이러한 상황의 변화는 재량행위 이론에도 영향을 미쳤다. 먼저 법률우위
와 법률유보 및 포괄적 권리구제를 내용으로 하여 실질적 법치국가원리를
강조하는 경향은 법률요건에 있어서 행정의 자유여지를 부정하는 방향으로

---

80) Schindler, Verwaltungsermessen, 2010, S. 62 참조.
81) Ibler, S. Rechtspflegender Rechtsschutz im Verwaltungsrecht, 1999, S. 355-358
　　참조.
82) Schindler, Verwaltungsermessen, 2010, S. 28-29; Ibler, Rechtspflegender Rechtsschutz
　　im Verwaltungsrecht, 1999, S. 350-352 참조.
83) Ibler, Rechtspflegender Rechtsschutz im Verwaltungsrecht, 1999, S. 352-354; 박
　　정훈, "행정법에 있어서의 이론과 실제", 행정법의 체계와 방법론, 2005, 30-33면
　　참조.
84) Schindler, Verwaltungsermessen, 2010, S. 62-63. 독일 기본법 제19조 제4항과 권
　　리구제에 관하여 상세히 분석한 글로서 Ibler, Rechtspflegender Rechtsschutz im
　　Verwaltungsrecht, 1999, S. 167-187; 박정훈, "행정법에 있어서의 이론과 실제",
　　행정법의 체계와 방법론, 2005, 29-34면 참조.

나아갔다.[85] 그리고 사법(司法, Justiz)이 행정권력의 남용을 통제하기 위한 중심적인 수단이라는 점이 강조되어 행정에 대한 사법통제 강화가 추구되었고, 이에 따라 법률요건에 사용된 추상적·불확정 개념은 법개념으로서 하나의 올바른 해석과 적용만이 가능하여 행정재판소의 완전한 사법심사가 가능하다는 견해가 자리를 굳히게 되었다.[86] 흠결 없는 권리보호가 이루어져야 하는 법치국가에 있어서 추상적·불확정 개념에 대해 재량을 인정하는 것은, 겉으로 보기에는 전혀 해를 끼칠 것 같지 않지만 치명적인 위험인자를 포함하고 있는 '트로이 목마'로 취급되었고,[87] 행정재량은 더 이상 행정의 고유한 영역을 실현하기 위한 자유로운 영역이 아니라, 법을 적용·집행함에 있어서 제한적인 유동성의 영역으로 이해되었다.[88]

이와 같이 법률요건 측면에서 행정재량을 부정하고 법률효과 측면에서만 재량을 인정하면서 불확정개념과 재량을 엄격히 구별하는 효과재량이론이 독일에서 다수설로서 뿌리를 내리게 되었다. 이러한 효과재량이론은 로이스(Reuss)의 견해를 중심으로 전개된 것인데, 그는 오직 법률효과의 측면에서 동가치적인 여러 행위방식 사이의 선택에서만 재량이 인정되는 것으로 보았고, 법률요건 측면에서는 재량의 성립 가능성을 부정하였다. 로이스는 자신의 재량행위 이론을 뒷받침하기 위하여 '논리적·개념적'(logisch-begrifflich) 고찰방식을 도입하여, 법률요건에 대한 판단은 '인식적'(kognitiv) 행위로서 어떠한 선택이 있을 수 없고 오로지 하나의 올바른 법인식만이 가능하다고

---

85) Rode, § 40 VwVfG und die deutsche Ermessenslehre, 2003, S. 16-17; Schindler, Verwaltungsermessen, 2010, S. 63-64; 정하중, "행정법에 있어서 재량과 판단여지 그리고 사법심사의 한계", 행정법의 이론과 실제, 2012, 198면 참조.

86) 정하중, "행정법에 있어서 재량과 판단여지 그리고 사법심사의 한계", 행정법의 이론과 실제, 2012, 198면 참조.

87) Reuss, Das Ermessen, DVBl. 1953, S. 589; Schindler, Verwaltungsermessen, 2010, S. 63 참조.

88) Schindler, Verwaltungsermessen, 2010, S. 63; 정하중, "행정법에 있어서 재량과 판단여지 그리고 사법심사의 한계", 행정법의 이론과 실제, 2012, 198면 참조.

보았고, 반대로 법률효과 측면에서의 행위재량은 '의지적'(volitiv) 문제로서 선택이 가능하고 이것이 재량의 본질이라고 설명하였다.[89] 물론 테츠너 (Tezner)가 1888년에 이미 법률요건과 법률효과의 구별을 전제로 한 효과재량이론을 주창한 바 있지만, 그는 법률요건에서 예외적으로 기술적 재량을 인정하는 등 양자의 구별을 완전히 관철시키지는 않았고, 또한 인식행위와 의지행위 시이의 범주적 구별을 효과재량이론의 근거로 직접적으로 제시한 것도 아니었다는 점에서 제2차 세계대전 이후의 효과재량이론과는 구별이 될 수 있다.[90] 오히려 테츠너는 당시의 행정재판소의 실무에 입각하여 법률요건에서 재판관의 통제권한을 강화하려는 법정책적인 근거에서 자신의 효과재량이론을 전개해 나간 것으로서, '사회경험적'인 방법론을 취한 것으로 이해할 수 있다.[91]

제2차 세계대전 이후의 재량에 관한 논의가 효과재량이론으로 굳어지게 된 이유는 여러 가지로 분석이 가능할 것이지만, 그 주요한 원인 중 하나로 '탈역사화'(Enthistorisierung) 경향을 지적하는 견해[92]는 주목할 만하다고 생각한다. 이 견해는 1945년 이후의 독일의 행정법학계에서 행정법사(行政法史)에 관한 논의가 점차 약화되는 것에 주목하면서, 한편으로는 독일 기본법

---

89) Schindler, Verwaltungsermessen, 2010, S. 49, 65; 정하중, "행정법에 있어서 재량과 판단여지 그리고 사법심사의 한계", 행정법의 이론과 실제, 2012, 199면 참조.

90) 같은 취지로 Schindler, Verwaltungsermessen, 2010, S. 65. 그러나 테츠너가 활동하였던 당시 오스트리아의 자유주의적인 분위기와 근대독일의 관념철학의 영향 등에 비추어 보면, 비록 직접적인 언급은 없지만, 테츠너의 효과재량이론도 이러한 '인식-의지의 이원론'에 기초하고 있었다고 추론할 수 있고, 그 이론이 독일에 유입되어 로이스의 효과재량이론에 의해 논리적 근거가 확인되고 보강된 것으로 이해할 수도 있을 것이다.

91) Schindler, Verwaltungsermessen, 2010, S. 65 참조. Schindler는 제2차 세계대전 이후 독일 학계에는 오스트리아 출신의 테츠너의 입장이 널리 알려지게 되었지만, 그의 베르나치크 이론에 대한 매우 강한 어조의 '비평가'적인 논의방식과 사회경험적 방법론은 회피되고 채택되지 않았다고 한다.

92) Schindler, Verwaltungsermessen, 2010, S. 66-69 참조.

의 제정에 따른 새로운 헌법적인 관점의 등장으로 행정법은 그 정당성의 근거를 더 이상 역사적인 계속성과 맥락에서 찾는 것이 아니라 헌법 규정으로 소급하게 된다는 점을 지적하였다.[93] 또한 심리적인 원인으로서, 나치 시대의 역사적 실패에 대한 책임으로부터 자유롭지 못한 학자들이 과거사에 대해 침묵을 하기로 하는 암묵적인 연대의식이 형성되어 있었던 것을 부정하기 어렵다고 보았다.[94] 이러한 결과로 한편으로는 입법자가 법률요건에 불확정개념을 사용함으로써 재량을 부여할 수 있는 것으로 보았던, 수십 년 동안 지속되던 견해가 망각되었고, 또한 재량행위 이론은 그 시초부터 행정재판권을 성립시키기 위한 정치적 투쟁의 반영물이었다는 역사적 의의를 은폐하는 결과를 초래하였다.[95] 다른 한편으로는 제2차 세계대전 이후의 재량에 관한 논의는 역사적 맥락과 연결관계를 도외시한 채 다분히 형이상학적이고 이론적인 방향으로 흘러가게 되었던 것이다.

또한 포괄적 권리구제에 기초한 법치국가이념의 지나친 강조 역시 효과재량이론이 고착되고 경직화된 원인으로 생각해 볼 수 있을 것이다. 앞서 살펴본 바와 같이 독일은 나치 시대에 헌법의 무력화와 행정재판제도의 몰락을 경험하면서 제2차 세계대전 이후에는 이를 회복하기 위한 반작용이 과도하게 전개되어, 지나치게 헌법 규정과 이념, 그리고 행정에 대한 철저한 사법통제를 강조하였다. 그 결과 종래 법해석을 통해 법개념과 재량개념으로 구별될 수 있는 것으로 보았던 불확정개념에 대해 전면적으로 법률요건에서의 재량행위성을 부정하는 극단적인 견해로 나아가게 되었으며, 이는 곧 모든 불확정개념에 대해 일의적 해석이 가능하다고 보아 행정재판소에게 지나치게 이상적인 역할을 기대하고 과중한 부담을 부과하는 결과로 이어지게 되었다고 볼 수 있다. 그러나 독일 기본법 제19조 제4항의 의미는 공권력에 의

---

93) Schindler, Verwaltungsermessen, 2010, S. 66-67.
94) Schindler, Verwaltungsermessen, 2010, S. 67-68.
95) Schindler, Verwaltungsermessen, 2010, S. 68-69.

해서 개인의 권리침해가 있을 경우 빠짐없는 소송적 구제수단을 보장하는 것으로 새기면 족할 것이지, 나아가 위 규정을 불확정개념에 대한 완전한 사법심사의 명제를 뒷받침하는 근거로 보는 것은 오히려 사법(司法)의 행정에 대한 실질적 우위를 긍정하는 셈이 되어, 한 권력주체의 다른 권력에 대한 완전한 우월이나 예속을 금지하는 '권력분립의 원칙'에 위배된다고 볼 수도 있다는 점을 유의해야만 할 것이다.96)

효과재량이론이 통설로 자리를 잡은 이후, 불확정개념에 대한 완전한 해석과 적용 및 사법심사가 가능하다는 효과재량이론의 명제는 모든 불확정개념의 해석·적용에 관한 행정청의 판단이 완전히 무시되고 모두 행정재판소의 판단으로 대체되는 결과를 야기한다는 문제점이 인식되기 시작하였다.97) 이에 대응하기 위하여 일부 학설과 소수의 연방행정재판소의 판례에서는, 재량의 본질에 대한 효과재량이론을 그대로 유지한 채, 불확정개념이 사용된 경우에 요건재량과는 구별되는 새로운 개념인 '판단여지'(Beurteilungsspielraum)를 인정하는 견해가 등장하게 되었다. 다시 말해서, 실제로 법률요건에서 불확정개념이 사용된 일정한 사안에는 행정재판소가 그 판단을 대체하는 것이 적절하지 않아 사법심사가 자제되어야 하는 경우가 존재하고, 이를 포괄하기 위해 '판단여지설'이 등장하게 되었던 것이다.

---

96) 정하중, "행정법에 있어서 재량과 판단여지 그리고 사법심사의 한계", 행정법의 이론과 실제, 2012, 205면 참조.

97) 박정훈, "불확정개념과 판단여지", 행정작용법, 2005, 254면. 특히 같은 글 255면 각주 6에서는 또한 '계획재량'(Planungsermessen)의 이론도 동일한 맥락에서 이해할 수 있다고 본다. 즉, 계획법규의 구조는 「요건-효과」가 아니라 「목적-수단」이라는 차이로 인하여 계획법규상의 불확정개념은 어떤 효과를 위한 '요건'이 아니라 어떤 수단을 위한 '목적'이므로, 요건 부분에서 재량의 성립을 인정하지 않는 효과재량이론에서도 이에 관한 특수한 재량, 즉 '계획재량'을 별도로 인정하는 견해를 취하고 있다고 한다. 위 글에서는 이러한 계획재량 역시 판단여지와 마찬가지로 효과재량이론의 기본 입장을 받아들이면서도 행정소송에서의 심사밀도 내지 심사강도를 축소시켜 행정의 자율성을 확보해 주고자 하는 개념이라는 점에서는 일맥상통한다는 점을 지적하고 있다.

판단여지에 관한 독일의 대표적인 학설로는 오토·바호프(Otto Bachof)의 '판단여지'(Beurteilungsspielraum)설과 카를-헤르만·울레(Carl-Hermann Ule)의 '상당성이론'(Vertretbarkeitslehre) 등이 있다.[98]

한편, 제2차 세계대전 이후 독일 연방행정재판소의 판례는, 초기에는 요건재량과 효과재량을 모두 인정하는 견해를 취하였다가, 점차로 통설의 영향을 받아 법률요건 측면에서의 법해석과 법률효과 측면에서의 재량행사를 엄격히 구별하는 방향으로 나아가게 되었다. 연방행정재판소는 한정된 사안에서 산발적으로 판단여지를 인정하기도 하였으나, 전반적으로는 판단여지를 일반적으로 인정한다고 볼 수는 없고, 그렇다고 판례가 요건재량이론으로 복귀하였다고 볼 수도 없다고 한다.[99]

제2차 세계대전 이후 재량행위에 해당하더라도 그 일탈·남용의 하자가 있으면 위법성이 인정되어 취소될 수 있다는 '재량하자론'(Ermessens-fehlerlehre)을 명문화한 연방 행정재판소법(VwGO) 제114조에 의해서 이제는 재량행위에 대해서도 본안에서 그 재량하자 여부를 심사해야만 하게 되었고, 이에 따라 모든 재량행위는 취소소송의 대상적격이 인정되었다. 그래서 비로소 재량행위의 문제는 대상적격 유무의 문제에서 본격적인 '심사밀도'(Kontrolldichte) 내지 '심사방법'의 문제로 전화(轉化)되었다고 평가할 수 있다.[100]

---

98) Bachof, Beurteilungsspielraum, Ermessen und unbestimmter Rechtsbegriff im Verwaltungsrecht, JZ 1995, S. 97-102; Ule, Zur Anwendung unbestimmter Rechtsbegriff im Verwaltungsrecht, Gedächtnisschrift für Walter Jellinek, 1955, S. 309-330 참조.

99) 정하중, "행정법에 있어서 재량과 판단여지 그리고 사법심사의 한계", 행정법의 이론과 실제, 2012, 206-207면 참조.

100) 박정훈, "불확정개념과 판단여지", 행정작용법, 2005, 254면. 행정조치에 대한 행정재판관의 심사강도의 범위에 관해 역사적인 관점에서 각 시대별로 상세하게 다룬 대표적인 논문으로는 Ibler, Rechtspflegender Rechtsschutz im Verwaltungsrecht, 1999, S. 195-358 참조.

제5절 소결

  지금까지 독일 재량행위 이론의 역사에 대해 간략하게 고찰을 하였다. 행정법의 다른 이론들과 마찬가지로 재량행위 이론 역시 이러한 역사적 맥락 속에서 탄생하고 발전된 것으로서, 이러한 재량에 관한 역사의 연구는 재량행위 이론에 대한 이해의 깊이를 더 할 수 있게 한다. 본 논문은 이러한 재량행위 이론에 관한 역사 중에서 독일의 후기 입헌주의 시대부터 바이마르 공화국 시대에 이르는 재량행위 이론의 형성기에 초점을 맞춘다. 왜냐하면 효과재량이론으로 통설과 판례가 고착되기 이전까지의 이러한 시기에 재량의 본질과 재량의 인정영역에 관하여 다양하고 활발한 논의가 폭넓게 전개되었고, 따라서 현재의 통설적인 재량행위 이론에 의한 선입견이나 고정관념이 개재됨이 없이 재량의 본질에 관해 보다 탄력적이고 유연한 이해가 가능할 수 있기 때문이다.

  먼저 오스트리아에서는 구 오스트리아 행정재판소법의 관할규정에 의하여 자유재량에 관한 논의와 저술활동이 활발해졌다.[101] 이는 앞서 본 바와 같이 관할이 배제되는 '재량사건'에 관하여 어떠한 정의 규정도 없이 너무나도 개방적이고 공백적인 상태에 놓여 있어서 과연 '재량사건'이 무엇인지 그 의미내용을 구체화할 임무가 입법자에 의해 의식적으로 판례와 법도그마틱에게 맡겨져 있었기 때문이었다.[102] 이러한 자유재량에 관한 활성화된 논의의 일환으로 오스트리아에서 먼저 자유재량에 관한 학설이 본격적으로 등장하게 되었으며, 또한 축적된 재량행위 이론과 판례의 논의 결과가 시간적 간

---

101) Schindler, Verwaltungsermessen, 2010, S. 13 참조.
102) Schindler, Verwaltungsermessen, 2010, S. 23.

격을 두고 독일로 유입이 됨에 따라 독일 재량행위 이론의 형성에도 적지 않은 영향을 미쳤던 것이다. 독일에서의 재량논의가 오스트리아와 비교할 때 시기적으로 약 20년 정도 뒤늦었던 것은 사실이다.[103] 그 주된 원인은 독일 제2제국과 바이마르 공화국 시절에 각국의 행정재판소의 관할규정이 통일되지 않았기 때문인 것으로 볼 수 있다.[104] 그러나 이러한 사정만으로 오스트리아와 독일의 각 재량행위 이론을 구분하여 독일의 재량행위 이론과 실무가 오스트리아보다 뒤처진 것으로 단정할 수는 없을 것이다. 오히려 프로이센의 경우는 일부 사안에서는 재량사건에 대해 소송요건 단계를 넘어서 본안심사를 했을 뿐만 아니라, 심사범위도 합목적성 판단에까지 이르렀던 것을 상기한다면, 단순히 관할에 관한 개괄주의와 열기주의라는 차이만으로 그 우열을 가리기는 어렵다고 보는 것이 타당할 것이다. 역사적 맥락을 통해 살펴보면, 오스트리아에서 시작된 효과재량이론의 단초가 독일의 제2차 세계대전 이후에 통설로서 정착이 되고 그 근거 면에서 논리적·개념적으로 더욱 보강이 이루어진 것으로 평가할 수 있을 것이다.

제2차 세계대전 이후 현재까지 독일의 통설과 판례가 된 '효과재량이론'의 논의내용이 우리나라의 행정법 이론에도 그대로 전달되어 우리나라에서도 다수의 견해를 형성하고 있는 것으로 보인다. 그러나 앞서 본 바와 같이 독일에서 효과재량이론이 통설·판례로 자리 잡게 된 데에는 나치 시대의 불법적 경험과 결과를 만회하기 위한 측면이 결정적이었다는 점을 간과해서는 안 된다. 독일이 제2차 세계대전 이후 법치국가, 헌법 이념 및 행정재판제도를 회복하고 재건하는 과정에서, 재량의 본질에 관한 논의를 원점부터 시작하거나 또는 적어도 바이마르 공화국 시대의 재량행위 이론에서 다시 출발하지 않은 것에 문제가 없는지는 깊이 음미해 보아야 할 것이다. 과거의 재량행위 이론의 형성과 발전의 역사적 맥락을 의식적으로 부정하고 행정재량

---

103) Schindler, Verwaltungsermessen, 2010, S. 55 참조.
104) Schindler, Verwaltungsermessen, 2010, S. 55 참조.

을 축소시키려는 강한 목표의식으로 인해 독일의 학설·판례가 불확정개념의
해석·적용에 대한 행정의 형성권한과 자율성을 지나치게 희생시킨 것은 아
닌지 반성적으로 검토해 볼 필요가 있다. 제2차 세계대전 이후의 효과재량이
론은 '요건-효과로 대별되는 법규범 구조론'과 '인식-의지의 이원론'에 기반
을 두고 있으나, 효과재량이론 스스로도 불확정개념에 대한 완전심사 가능
성을 관철하고 행정의 고유 판단을 전적으로 무시하는 것에는 문제가 있다
는 인식 하에 판단여지설이나 계획재량의 이론을 도입하기에 이른다. 즉, 효
과재량이론 스스로가 기반으로 삼았던 법규범 구조론의 예외로서 계획재량
을, 인식-의지의 이원론의 예외로서 판단여지설을 인정하고 있는 셈이다.[105]
그러나 이와 같은 새로운 이론의 도입이 도리어 체계 모순을 야기하거나[106]
소모적 논쟁의 가열을 초래하는 것은 아닌지 검토해 보아야 할 것이다. 효과
재량이론의 이와 같은 설명방식보다는, 오히려 요건재량과 효과재량, 계획재
량 모두를 일원적으로 '재량'의 범주로 이해하되 요건재량과 효과재량 사이
의 상대적인 차이를 인정하고 각각의 해당사안이나 분야별로 심사강도나 심
사방식이 다소간 다를 수 있음을 개별적으로 인정하는 것으로도 재량에 대
한 설명이 가능한 것은 아닌지 원점에서 다시 한 번 생각해 볼 필요가 있
다.[107] 이러한 시각은 재량행위 이론에 관한 균형 잡힌 사고와 앞으로의 발

---

105) 계획재량 이론은 계획법규의 구조가 '요건-효과'의 전형적인 법규범 구조와는 다
     른 '목적-수단' 구조임을 인정하면서 계획법규상의 불확정개념에 대해 특수한 재
     량을 인정하는 것이 '계획재량'이고, 또한 불확정개념의 해석·적용을 법의 인식문
     제로 보면서도 그에 대한 전면적 사법심사를 부정하는 것이 판단여지설이므로 이
     는 인식-의지의 이원론의 예외라고 볼 수 있기 때문이다.
106) 특히 판단여지설의 경우, 앞서 본 바와 같이 불확정개념의 해석·적용을 여전히
     법의 인식문제로 보면서도 판단여지를 내세워 그에 대한 전면적 사법심사를 부정
     하는 것은 전후 모순이라고 볼 수 있고, 이른바 '판단여지설'은 바로 효과재량이
     론에서 포기되었던 요건재량과 실질적으로 같은 결론에 이르게 되므로, 양자의
     차이가 본질적인 것인지는 의문이 든다. 같은 취지로는 박정훈, "불확정개념과 판
     단여지", 행정작용법, 2005, 265면; 정하중, "행정법에 있어서 재량과 판단여지 그
     리고 사법심사의 한계", 행정법의 이론과 실제, 2012, 205면 참조.

전을 위해서도 충분히 가치가 있다고 생각된다. 우리나라의 재량행위 이론의 좌표와 발전방향이, 역사적 경험과 맥락을 달리 하는 독일의 통설에 지나치게 영향을 받아 균형을 잃고 있는 것은 아닌지 비판적으로 분석을 해 보아야 할 것이다. 본 연구는 우리나라의 재량행위 이론에 대해 조금이나마 이러한 비판적인 검토를 가능하게 하는 계기를 제공하는 데에 목적이 있다.

---

107) 같은 취지로 박정훈, "행정법에 있어 판례의 의의와 기능", 행정법학(창간호), 2011, 64면. 이 글에서는 요건재량과 효과재량을 동일한 '재량'의 범주에 포함시키는 전제 하에서, 요건재량과 효과재량은 그 재량권남용의 심사기준이 동일하지 않고 요건재량에 대한 사법심사의 강도 내지 밀도는 효과재량에 대한 그것보다 강해야 한다고 주장하고 있다.

제2장 요건재량이론의 정립: 베르나치크(Bernatzik)

— 법률요건에 대한 제3자의 심사불가능성으로서의 재량 —

제1절 베르나치크의 생애

에드문트·베르나치크(Edmund Bernatzik, 1854~1919)는 오스트리아 출신의 법률가이자 유명한 공법학자이다. 그는 20세기 전환기에 있어서 오스트리아의 지도적인 공법학자로서, 오토·마이어(Otto Mayer)와 함께 독일 행정법학 방법론의 기초를 다진 학자로 평가된다.[1] 그는 파울·라반트(Paul Laband)와 오토·마이어(Otto Mayer)의 제자로서 1874년 법학 박사학위를 취득하였고,[2] 그 후 몇 년간 '재판소사무관 보(補)'(Gerichtsadjunkt)로서 재판소 업무를 수행하면서 실무 경험을 하였다. 베르나치크는 1886년에 오스트리아 빈에서 공법으로 교수자격논문[3]을 취득하였고, 몇 년간의 '사강사'(Privatdozent) 생활 등을 거쳐 1891년에는 게오르그·옐리네크(Georg Jellinek)의 후임으로 바젤에서 정교수로 임명되었다.[4] 또한 베르나치크는 1894년에는 빈 대학에서 오스트리아 일반 행정법 및 공법 교수로 활동하였

---

1) http://de.wikipedia.org/wiki/Edmund_Bernatzik 참조. 특히 베르나치크는 자신의 교수자격논문(Habilitation)인 Rechtsprechung und materielle Rechtskraft, Wien 1886의 서문(Vorrede)에서 학문으로서의 행정법의 과제로서, ① 실제 행정활동을 이루는 사실적 기초에 터잡아서 역사적·정치적 분석을 실행해야 하고, ② 실재하는 법규범을 이론적으로 체계화하여 '법명제'(Rechtssatz)와 '법제도'(Rechtsinstitut) 내지 '법개념'(Rechtsbegriff)으로 발전시키는 '법도그마틱의 구축'이 중요하다고 강조하고 있다.

2) Michael Stolleis, Geschichte des öffentlichen Rechts in Deutschland, 1992, S. 415; Schindler, Verwaltungsermessen, 2010, S. 14, Fn. 40 참조.

3) '교수자격논문'(Habilitaion)의 제목은 "사법(司法)작용과 실체적 확정력"(Rechtsprechung und materielle Rechtskraft)이다. 이에 대한 서평으로는 Otto Mayer, Rezension von Bernatzik, AöR 1, 1886,, S. 720-725.

4) Schindler, Verwaltungsermessen, 2010, S. 14, Fn. 40 참조.

고 두 번에 걸쳐 학장을 역임하였으며 1910년도부터 1911년도까지는 '총장'(Rektor)으로 활동하였다.[5]

---

5) http://de.wikipedia.org/wiki/Edmund_Bernatzik 참조.

제2절 이론의 주요 내용

아래에서는 베르나치크가 생각했던 자유재량의 의의를 살펴보고(Ⅰ.), 자유재량의 본질과 재량에 대한 사법통제에 관한 베르나치크의 요건재량이론을 주요한 내용을 중심으로 분석해 본다(Ⅱ.).

Ⅰ. 자유재량의 의의

1. 행정재량과 사법재량

'사법(司法)작용'(Rechtsprechung)은 단어의 의미 그대로를 놓고 볼 때 '법을 말하다'(Recht-sprechen), 즉, 구체적인 사안에서 법규범을 통해 입법자가 요구하는 것을 선언하는 것이다.[6] 베르나치크 이전의 종래 다수설은 이와 같은 법의 선언이 이루어지지 않는 경우, 즉, 해당되는 법규범이 존재하지 않는 경우[7] 내지는 법규범의 구속으로부터 자유로운 경우[8]에 — 행정에게 귀속되는 — '자유재량'(freies Ermessen) 사건이 존재하게 된다고 보아, 행정의 자유재량과 사법작용은 서로 배타적인 관계에 있는 것으로 파악하였다.[9]

---

6) Bernatzik, Rechtsprechung und materielle Rechtskraft, 1886, S. 37.
7) Schindler, Verwaltungsermessen, 2010, S. 14.
8) Hofer-Zeni, Das Ermessen im Spannungsfeld von Rechtsanwendung und Kontrolle, 1981, S. 17.
9) Bernatzik, Rechtsprechung und materielle Rechtskraft, 1886, S. 37 참조.

그러나 베르나치크는 행정의 자유로운 판단에 맡겨진 일반적인 자유재량 사건과 마찬가지로, 입법자가 구체적인 내용을 담지 않은 법규정을 통해 재판관으로 하여금 모든 상황을 고려하여 합리적인 판단을 하도록 맡겨둔 경우에는, 행정 이외에 사법(司法) 내지 재판 영역에 있어서도 자유재량에 근거한 재판관의 판단이 가능하다고 주장함으로써,[10] 자유재량이 행정의 영역에만 존재하는 것이 아니라고 보았다. 그러면서 이에 해당하는 구체적인 예로서, 민사사건의 법규정에서 재판관에게 '적절한' 위자료나 '상당한' 손해배상액을 산정하도록 위임한 경우라든가, 형사사건에서 유죄 여부에 대한 판단[11] 또는 '중대한' 비행, '모욕' 등과 같이 불확정적인 개념의 해석·적용, 그리고 양형(量刑)에 있어서 재판관에게 재량이 부여된 경우를 들고 있다.[12] 따라서 베르나치크는, 자유재량은 행정에게만 고유한 것이 아니고, 경우에 따라서는 입법자가 법규범을 통해 재판관에게도 자유재량에 따른 판단을 맡길 수 있는 것임을 지적함으로써, 그때까지의 다수설인 '자유재량 대 사법(司法)작용'의 대립·배타적 관계를 부정하고 있다. 즉, 행정은 법률의 한계 안에서 합목적성의 고려에 따라 자유재량에 의해 결정을 할 수 있다는 점에서 사법(司法)작용과는 구별된다는 종래의 다수설은, 사법(司法)의 영역에서도 재량이 성립될 수 있다는 베르나치크의 시각을 통해 그 모순점을 드러내게 되었다.[13] 이와 같은 견해는 특히 자유재량의 특성 내지 본질을 행정 또는 사법이라는 '귀속 주체별'로 구분하여 파악한 것이 아니라 '입법자의 규범제정 방식에 따른 당해 작용의 성질'에서 구하고 있다는 점에서 종래의 다

---

10) Bernatzik, Rechtsprechung und materielle Rechtskraft, 1886, S. 37 참조.
11) 베르나치크는 유죄 여부에 대해서는 재판관의 '주관적 재량'(subjektives Ermessen)에 의할 수밖에 없음을 지적하면서 매우 모호한 기준도 유죄 여부에 대한 판단에서 중요할 수 있다는 점을 설명하고 있다. Bernatzik, Rechtsprechung und materielle Rechtskraft, 1886, S. 37 참조.
12) Bernatzik, Rechtsprechung und materielle Rechtskraft, 1886, S. 37-38.
13) 이와 같은 종래 다수설의 모순에 대한 구체적인 설명으로는 v. Laun, Das freie Ermessen und seine Grenzen, 1910, S. 21-25 참조.

수설과 차이가 있다. 다시 말해서, 당시의 법현실에 비추어 실정법에 의한 엄격한 법기속이 이루어지지 않고 있는 상태에서 행정에게 주어진 자유 여지는 모두 자유재량으로 보되, 반면 원칙적으로 법적용과 법선언의 주체인 사법(司法)에게는 애초부터 자유재량 자체가 성립될 수 없다고 생각했던 종래의 다수설의 시각에서 탈피하여, 재량의 '본성' 내지 '특징'에 주목했다는 점에서 베르나치크의 견해는 그 의미가 적지 않다고 할 수 있다.

나아가 베르나치크는 '법적용'(Rechtsanwendung)과 재량행사를 대립관계로 보던 전래적인 견해를 최초로 명시적으로 포기했고,[14] 이에 따라 행정청의 재량행사를 법적용의 일종으로 파악하기에 이른다.[15] 즉, 그가 구상하는 법적용의 개념에는 법률요건을 구체화하는 재량도 포함된 것이었다.[16] 여기서 법률요건을 구체화하기 위한 척도는 "당신의 견해에 따라 공익이 요구한다고 생각하는 것을 행하라"(Tue was Du glaubst, dass es durch das öffentliche Wohl bedingt ist)라는 내용의 공무원법적인 명령이 된다고 한다.[17] 이러한 견해는 행정을 법적용의 주체였던 사법(司法)과 준별하던 종래의 다수설에서 탈피한 베르나치크의 앞선 견해와도 일맥상통하는 것이고, 더 나아가 그가 주장하는 '의무에 합당한 재량'의 개념과 '재량의 본질' 내지 '재량의 인정영역'에 관하여 새로운 이론을 형성할 수 있는 토대 내지 출발점이 되었다고 볼 수 있다. 그 구체적인 내용은 아래에서 별도로 상세하게 논하기로 한다.

---

14) Held-Daab, Das freie Ermessen, 1996, S. 150; Schindler, Verwaltungsermessen, 2010, S. 14.

15) Hofer-Zeni, Das Ermessen im Spannungsfeld von Rechtsanwendung und Kontrolle, 1981, S. 18; Ehmke, „Ermessen" und „Unbestimmter Rechtsbegriff" im Verwaltungsrecht, 1960, S. 13 참조.

16) Held-Daab, Das freie Ermessen, 1996, S. 150.

17) Held-Daab, Das freie Ermessen, 1996, S. 150.

2. '자유재량'의 이중적 의미

또한 베르나치크는 '자유재량'(freies Ermessen)이라는 표현이 두 가지 의미로 이해되고 있음을 지적한다. 즉, 한편으로는 일반적인 언어습관에 따를 때 '재량'이라고 하면 '주관적 의향' 또는 '자의'(恣意)와 동의어로 이해되기도 하고, 다른 한편으로 '재량'은 엄격한 법기속의 반대 개념으로서 법률상 규범에 세밀하게 기속되지는 않는 것을 의미할 수도 있다는 것이다.[18] 여기서 베르나치크는 자유재량은 전자가 아니라 후자로 이해되어야 한다고 주장한다. 다시 말해, '자유'(frei) 재량이라고 칭할 경우, 이는 법적으로 전혀 기속되지 않고 전적으로 행정청의 의사에 따르는 완전히 자유로운 재량을 의미하는 것은 아니라는 점이다.[19] 특히 베르나치크는 재량이 주관적 의향이나 자의에 의한 활동이라고 볼 수 없는 이유로 '모든 행정은 법규범에 기속된다'라는 '행정의 법기속성'을 제시하고 있다.[20] 이러한 기속성의 내용은 아래에서 논의하는 '의무에 합당한'(pflichtmäßig) 재량에 관한 논의와도 연결되는 것으로 볼 수 있다. 그리고 자유재량이 성립하는 경우를 '행정이 법률상 규범에 세밀하게 기속되지 않는 경우'로 이해함으로써, 행정에 대한 법규범의 '규율밀도'에서 재량의 성립가능성을 찾고 있다. 이러한 점이 종래의 학설과 구별되는 베르나치크 견해의 특색이다.

---

18) Bernatzik, Rechtsprechung und materielle Rechtskraft, 1886, S. 39.
19) 베르나치크는 "과연 어떤 공무원이 공익(öffentliches Interesse)과 무관함에도 자기의 생각대로 행동하고 실천하는 것이 허용되겠는가?"라고 반문하고 있다.
    Bernatzik, Rechtsprechung und materielle Rechtskraft, 1886, S. 39.
20) Bernatzik, Rechtsprechung und materielle Rechtskraft, 1886, S. 39.

3. 자유재량과 개인의 자유

당시까지의 학자들은 행정의 자유재량을 마치 개인의 자유로운 활동에 대
응하는 것으로 이해하고 서술을 하는 경향[21]이 있었다.[22] 특히 파울·라반트
(Paul Laband)는 행정행위는 개인의 법률행위와 마찬가지로 법률행위이고,
개인이 자신의 과제를 이행하는 것과 같이 국가도 그 임무를 수행하며, 자유
로운 행정은 법질서의 유지를 목적으로 하는 것이 아니고 또한 거기에는 법
규에 의하지 않는 적극적인 내용도 포함된다고 보았다.[23]

---

21) 이와 같이 기존 학자들이 개인의 자유로운 활동과 행정의 자유재량에 의한 활동을
대응시켜 동일하게 구조화하려고 한 이유를 추측해 본다면, 당시에도 행정의 법기
속이 원칙적으로 받아들여지기는 했지만, 다른 한편으로는 예를 들어 합목적성 내
지 공익을 이유로 한 판단에 의한 처분 등과 같이 행정 현실에서 실제로 법적 기속
을 받는다고 보기 어려운 상황 내지 행위유형이 있었을 것이고, 이를 하나의 독립
된 개념으로 자연스럽게 수용하고 이론적으로 담아내기 위해서, '(법적 존재인) 개
인의 사법(私法) 영역에서의 자유로운 활동'에 대응되는 개념으로서 행정의 자유
재량을 등치시켜 유추적인 논의를 전개한 것이 아닌가 생각된다. 이에 대하여 베르
나치크는 사법(私法)과 공법이 구별됨을 전제로 하면서, 개인에게 적용되는 사법
(私法)적인 규정들과 행정에게 적용되는 법규범(Rechtsnorm)의 차이 내지는 행정
의 '공익실현의무'를 내세워 위와 같은 기존 학자들의 견해를 반박하고 있다.
22) 베르나치크가 자신의 Bernatzik, Rechtsprechung und materielle Rechtskraft, 1886,
S. 39-40에서 다른 학자들이 행정의 자유재량과 개인의 자유로운 활동을 동일시한
견해의 예시로 들고 있는 것은 다음과 같다. ① Lüders는 "개인이 자신의 존재에
전제가 되는 필요의 충족을 추구하는 것처럼, 집행권력은 법률을 통해 정해진 한계
안에서 유용성과 필요성을 가장 자유롭게 고려하여 처리를 한다"라고 하였고, ②
Bähr는 사법(私法, Privatrecht) 관계에서 개인이 자유로운 활동을 할 수 있는 것처
럼 행정청은 법의 제한 안에서 합목적성에 근거하여 행위를 한다고 보면서, 집짓
기, 식사 등과 같은 개인의 자유로운 활동은 공익과 연관된 행정기관의 활동과 동
일시될 수 있다고 보았으며, ③ Rosin은 "법규범(Rechtsnorm)을 통한 행정의 행위
는 그것이 개인의 영역을 침해하는 경우에만 제한이 될 뿐이다"라고 기술하여 개
인의 권리침해를 하지 않는 한 행정의 행위는 자유롭다는 취지로 주장하였다.
23) 특히 파울·라반트는, '공법'(öffentliches Recht)이 의무에 상응하여 존립한다는 점
에서 사법(私法)과 구별된다고 보면서도, 국가는 국방(國防)과 같은 '임무'를 수행

이와 같이 행정의 자유재량을 개인의 일반적 행위의 자유와 동등하게 보는 견해에 대하여 베르나치크는 다음과 같은 점에서 비판을 하였다. 즉, 개인에 대하여는 다른 사람에게 손해를 끼치는 행위를 금지하는 법규범이 존재하지만 역으로 개인이 자신의 이익을 추구해야만 할 법적 의무는 없는 반면, 행정은 항상 공익을 추구하고 공익에 역행하는 행동규범을 가져서는 아니 되며 이에 위배되면 '의무위반'(Pflichtsverletzung)이 성립되어 징계, 형사처벌, 손해배상 등의 제재를 받게 된다는 점이다.[24] 따라서 행정의 자유재량은 개인의 일반적 행위의 자유와는 엄연히 구별되며 기본적으로 공익준수의무를 가지는 행정과 개인의 일반적 행위를 동등하게 볼 수 없다는 것이 베르나치크의 생각이다. 이러한 태도를 통해 베르나치크는 사법(私法, Privatrecht)과 구별되는 공법(公法)의 특성을 '공익준수의무'에서 찾고 있음을 알 수 있다.[25]

하지만 그것이 반드시 법률을 이행하기 위한 것은 아닐 수 있다는 취지의 주장을 하였다. 이에 대하여, 베르나치크에 의하면, ① 라반트는 국가의 임무와 의무 사이에 '인과관계'(Causalnexus)를 형성하는 것은 다름이 아니라 그러한 국가임무의 이행을 명하는 법규범이라는 점을 간과하였고, ② 국가 그 자체는 의사(意思)를 가지지 않고 이익 또는 불이익에 대한 견해를 가지고 있지 않으며, 오직 그러한 의사나 이해관계에 대한 견해를 지니고 있는 국가기관을 지배할 뿐이라는 점에서, 라반트는 국가와 행정기관을 동일시한 오류를 범하였다고 비판하고 있다. Bernatzik, Rechtsprechung und materielle Rechtskraft, 1886, S. 40, Fn. 4. 또한 구체적인 비판의 내용은 Otto Mayer, Rezension von Bernatzik, AöR 1, 1886, S. 725 참조. 여기에서 베르나치크의 국가관(國家觀)을 어느 정도 이해할 수 있다.

24) Bernatzik, Rechtsprechung und materielle Rechtskraft, 1886, S. 40-41.

25) 실제로 베르나치크는 행정법 도그마틱의 체계화에 있어서 사법(私法)의 이론에 '노예근성'을 가지고 의존해서는 안 되고, 공법 영역에 사법(私法) 규정을 무분별하게 적용해서는 안 될 것임을 그의 Bernatzik, Rechtsprechung und materielle Rechtskraft, 1886의 서문(Vorrede)에서 분명히 언급하고 있다.

4. '기술적 재량'(technisches Ermessen)의 제안

앞서 본 바와 같이 베르나치크는, '자유'재량이라고 칭할 경우 법적으로 기속되지 않은 완전히 자유로운 재량이 아니고, 행정의 법기속성에 따라 법적인 제한이 있고 "당신의 견해에 따라 공익이 요구한다고 생각하는 것을 행하라"(Tue was Du glaubst, dass es durch das öffentliche Wohl bedingt ist)라는 '일반적인 법규범'(allgemeine Rechtsnorm)이 적용되는 '의무에 합당한'(pflichtmäßig) 재량으로 이해되어야 한다고 주장하였다. 이에 따라 그는 '자유재량'(freies Ermessen)이라는 용어가 앞서 본 이중적 의미 가운데 법으로부터 자유롭다는 의미로 오해될 소지가 있어 본래적인 재량의 의미를 제대로 담아낼 수 있는 용어로서는 부적합하다고 보았다. 베르나치크는 그 대안으로 새로운 용어를 제안하였는데, 그 대안이 바로 '기술적 재량'(technisches Ermessen) 또는 '판단적(判斷的) 재량'(diskretionäres Ermessen)[26]이라는 용어이다.

여기서 베르나치크가 표현한 '기술적'(technisch)이라는 용어가 말 그대로 기술(技術), 공학 또는 공업에 관계된 영역만을 의미하는 것인지 의문이 제기될 수 있으나, 일반적으로 'technisch'라는 용어의 뜻 중에는 비단 특정한 '기술적'이라는 의미뿐만 아니라 '전문적'이라는 뜻도 내포하고 있으므로, 기술적 영역을 당연히 포함하며 나아가 '전문적'인 영역 전반을 의미하는 것으로 새기는 것이 타당하다.[27] 즉, 베르나치크는 종래 학설이나 실무상 '자

---

26) 'diskretionär'라는 단어의 사전적 의미는 "재판관의 판결에 맡김[dem Urteil (Gutdünken) eines Richters überlassen]"으로 되어 있는바(http://dedic.naver.com/#search/all/q=diskretion%C3%A4r&sm=de_key 참조), 여기서는 이를 의역하여 '판단적'으로 옮기기로 한다.

27) 아래에서 보는 바와 같이 실제로 베르나치크는 '시설의 위생상태'나 '수해 또는 화재의 위험 유발 여부' 등과 같이 전문가에 의해 그 판단이 좌우되는 기술적·전문적인 영역에 관한 법률요건에 있어서 재량이 성립한다고 예시를 들고 있다. Bernatzik, Rechtsprechung und materielle Rechtskraft, 1886, S. 43 참조. 따라서

유재량'이 인정되어 오던 영역들의 특성에 비추어 볼 때 문제가 되는 대상의
'기술적 관련성' 내지 '전문성'에서 재량의 특징이 나타난다는 점을 직시하
고, 이에 따라 이와 같은 '기술적 재량'이라는 대안적 용어를 제시하였던 것
으로 볼 수 있다.28)

II. 자유재량과 사법통제

1. 자유재량과 법기속의 관계

종래의 다수설은 사법(司法)과 행정을 엄격히 구별하면서, 사법(司法)은
법규범의 기속적인 적용인 반면, 행정은 법규범으로부터 자유로운 존재로서
재량을 가진다고 보았다.29) 그러나 베르나치크는 자유재량과 법기속을 별개

'technisches Ermessen'이라는 용어는 말 그대로 '기술적 재량' 또는 '전문적 재량'
으로 번역을 해도 무방하다고 생각된다.

28) 이러한 베르나치크의 '기술적 재량'이라는 용어의 사용에 대하여, 테츠너는 ① 행
정법규범의 요건이 되는 개념의 내용을 설명하는 것은 오직 사법(司法)의 대상이
될 뿐이므로, 기술적 재량이 성립되는 영역이라는 이유로 그 법률요건 내지 개념에
대해 원칙적으로 사법심사가 배제된다고 볼 수는 없고, ② 종래 기술적 재량으로
인정되던 유형 중 기술적인 문제가 '자연법칙'(Naturgesetz)이나 '논리적 법
칙'(logisches Gesetz)에 의하여 오로지 하나의 해답을 담고 있는 경우에는 기술적
재량으로 포함시켜서는 안 되며(따라서, 이 경우에는 사법심사가 완전히 미친다고
보아야 한다), ③ 비(非)법률가인 전문가에 의해서만 해결가능한 문제로 범위를 한
정하여 이를 '기술적 재량'이라고 칭하는 것이 옳다고 하면서, 기술적 재량을 널리
인정하는 베르나치크의 견해를 비판하고 있다. Tezner, Das freie Ermessen der
Verwaltungsbehörden, 1924, S. 41-42.

29) Hofer-Zeni, Das Ermessen im Spannungsfeld von Rechtsanwendung und
Kontrolle, 1981, S. 17 참조.

의 존재로서 엄격히 준별하던 기존의 견해에 대해 다른 시각을 가지고 있었다. 아래에서 살펴보는 바와 같이 그는 자유재량 사건과 법기속 사건의 해결에 있어서의 각 논리적 추론과정은 서로 동일하다는 점에 주목하였다. 하지만 법기속과 구별되는 자유재량의 차이는 추상적·불확정 개념이 사용된 법률요건의 규정방식에 있고, 그 포섭 과정에서 재량이 성립된다는 것을 밝혀내고자 하였다.

(1) 논리적 추론과정의 동일성

베르나치크는 '자유재량'(freies Ermessen)과 '법기속'(rechtliche Gebundenheit)은 서로 다른 종류의 정신적 작용이 아니라고 보았다.[30] 다시 말해서, 법적용에 있어서의 「① 사실관계의 인식 → ② 법률상 설정된 '범주'(Kategorie)의 확인 → ③ 법규범의 적용가능성의 판단 → ④ 결정」으로 이어지는 일련의 논리적 추론과정은 자유재량의 경우에나 법기속의 경우에나 서로 다를 것이 없는 동일한 것이라고 본다. 오늘날 법적용의 전형적인 방법인 삼단논법은 「(i) 당해 법규의 요건내용의 파악(제1단계: 대전제) → (ii) 당해 사실관계의 확정(제2단계: 소전제) → (iii) 그 사실관계가 위 법규의 요건내용에 해당함으로써 그 요건이 충족되는지 여부의 판단(포섭, Subsumtion) → (iv) 요건 충족의 경우에는 그 법규가 규정하고 있는 효과내용에 따라 행정결정이 이루어짐(제3단계: 결론)」으로 구성되는 것으로 파악되는데,[31] 베르나치크의 위와 같은 논리적 추론과정도 이와 크게 다르지 않은 것으로 볼 수 있다. 즉, 베르나치크의 위 ①의 '사실관계의 인식'은 위 삼단논법의 (ii)의 '당해 사실관계의 확정'에 해당한다고 볼 수 있고, 위 ②의 '법률상 설정된 범주의 확인'은 해당 법규범의 법률요건을 파악하는 것으로

---

30) Bernatzik, Rechtsprechung und materielle Rechtskraft, 1886, S. 42.
31) 박정훈, "불확정개념과 판단여지", 행정작용법, 2005, 251면 참조.

서, 위 삼단논법의 (i)의 '당해 법규의 요건내용의 파악'에 해당하는 것으로 볼 수 있으며, 위 ③의 '법규범의 적용가능성의 판단'은 위 삼단논법의 (iii)의 '포섭'에 상응하는 것으로 볼 것이고, 위 ④의 '결정'은 위 삼단논법의 (iv)에 해당하는 것으로 봄이 상당하다.

이러한 베르나치크의 견해는 앞서 본 바와 같이 자유재량과 법기속을 별개의 존재로 보지 않는 그의 생각에서 출발하는 것으로서, 자유재량에서의 논리적 추론 과정이 법기속에서의 논리적 추론 과정인 법적용의 모델과 다르지 않다고 보는 것이다. 이는 앞서 논의한 바와 같이 그가 재량행사를 '법적용'의 일종으로 파악하는 것과 연결된다.

(2) 논리적 추론의 전제(前提)상 차이

그러나 한편 베르나치크는 자유재량과 법기속의 차이는 추론의 방식에 있는 것이 아니라, "법질서(Rechtsordnung)에 의하여 이러한 추론의 전제가 어떻게 설정되어 있느냐"에서만 그 차이가 있다고 보았다.32) 다시 말해서 '법질서에 의해 설정된 추론의 전제'라 함은 해당 구성요건 내지 법률요건과 그 아래에 포섭된 사실관계를 의미하는데,33) 법률요건이 어떠한 방식으로 규정되어 있는지 여하에 따라 자유재량인지 또는 법기속인지 여부가 결정된다는 것이다. 베르나치크는 법규범은 항상 명령을 하거나 금지를 할 뿐이고, 법적

---

32) Bernatzik, Rechtsprechung und materielle Rechtskraft, 1886, S. 42; Hofer-Zeni, Das Ermessen im Spannungsfeld von Rechtsanwendung und Kontrolle, 1981, S. 18.

33) 이러한 베르나치크의 견해를 이해함에 있어, 라운(v. Laun)은 이를 추론의 '대전제'(Obersatz)로 표현하면서, 행정청이 공익에 관한 전문가적인 견해를 통하여 스스로 자신의 추론의 대전제를 만들어 낼 수 있다는 점에서 자유재량의 특징이 있다고 설명하고 있다. v. Laun, Das freie Ermessen und seine Grenzen, 1910, S. 178 참조.

용의 추론과정은 논리규칙에 따라 최종 결론에 이르게 되는 것이므로,[34] 자유재량이나 법기속은 법적 규율 면에서 차이가 있는 것이지 법적용의 추론과정을 지배하는 논리규칙은 동일하게 적용된다고 보았다. 이러한 점에서, 그는 결국 자유재량만의 특징적인 표지는 단지 '사실관계상의 전제'(tatsächliche Prämisse)인 법률요건과 그에 포섭되는 사실관계에서만 존재할 수 있다고 이해하였다. 따라서 법률요건의 내용 파악과 사실관계의 확정 단계에서만 법적용자의 자유 내지 재량이 인정될 수 있을 뿐이며, 그 이후의 법적용의 단계는 논리규칙에 따라 결론에까지 이르게 되므로 달리 법적용자의 재량이 인정될 수 없다는 것이다. 이에 따라 '기술적'(technisch) 또는 '판단적'(diskretionär) 재량은 추상적·불확정 개념이 사용된 법률요건을 구체화하는 과정에 있어서 '사실관계의 인정'(Sachverhaltsfeststellung) 및 '사실관계의 평가'(Sachverhaltswürdigung)의 국면에서 등장하게 된다는 것이다.[35]

베르나치크는 법률요건의 측면에서 기술적 재량이 인정되는 예로서 '상당성'(Angemessenheit), '유용성'(Nützlichkeit) 또는 '위험'(Gefahr) 등이 법률요건에 규정된 경우를 들면서,[36] 이러한 법률요건 하에서의 사실관계에 관한 판단이 '일반적인 통제'(allgemeine Kontrolle)[37]를 벗어나게 되면 될수록 기

---

34) 따라서 베르나치크는, 흔히들 "결정(Entscheidung)이 자유재량에 맡겨져 있다"라고 표현하는 것은 정확한 것이 아니라고 본다. Bernatzik, Rechtsprechung und materielle Rechtskraft, 1886, S. 42 참조.

35) Held-Daab, Das freie Ermessen, 1996, S. 151. Held-Daab은 이 부분에서, 베르나치크가 기술적 재량을 사실인정과 사실평가의 차원으로 편입시킨 것은 '법률요건인정'(Tatbestandsfeststellung)과 '법률효과명령'(Rechtsfolgenanordnung) 사이의 연결성에 주목하였기 때문이라고 한다. 즉, 어떠한 사실관계에 관해 구성요건해당성이 인정되면 그로써 법률효과의 적용가능성에 대해서도 결정이 이루어지게 되므로, 법적용자의 자유는 단지 '사실관계상의 전제'(tatsächliche Prämisse)에서 존재한다고 보아야 하기 때문이라고 한다.

36) Bernatzik, Rechtsprechung und materielle Rechtskraft, 1886, S. 42-43.

37) 여기서의 '일반적인 통제'(allgemeine Kontrolle)라 함은 아래에서 보는 바와 같은 소수의 '전문가'(Fachgelehrter)와 반대되는 개념으로서, 대중 또는 일반인 전체의 기

술적 재량의 영역으로 더욱 더 옮겨가게 된다고 주장하고 있다.[38] 즉, 법률요건에 위와 같은 추상적·불확정 개념이 사용되어 일반인이 쉽게 판단하기 어려운 상황이 될수록, 기술적 재량 내지 자유재량의 영역이 더 넓게 인정될 수 있다는 의미이다.

2. 재량이 인정되는 경우

베르나치크는 일정한 정신적 작용의 영역에 있어서는, 어떠한 사실관계로부터 결론에 이르는 추론에 대하여 제3자가 그것의 옳고 그름을 더 이상 확인할 수 없는 한계가 존재하고, 그 한계선을 넘어서는 지점에서 판단자의 '재량'이 성립하게 된다고 보았다.[39] 제3자가 옳고 그름을 판단할 수 없는 이유는 그 판단대상 자체의 특성에서 기인할 뿐만 아니라, 이를 판단할 수 있는 전문성이 부족하기 때문임이 지적되었다. 이에 착안하여 베르나치크는

생각 내지 판단에 의해 옳고 그름이 정해지는 방식의 통제를 의미하는 것으로 이해된다.

38) Bernatzik, Rechtsprechung und materielle Rechtskraft, 1886, S. 43.

39) 베르나치크는 크게 두 가지 예를 들어 대비를 하고 있는데, ① 어떤 사람이 하늘이 빨갛다고 주장을 한다면 이에 대해 다수의 사람들은 반대의견을 표명할 것이고, 그 주장자는 색맹 또는 미친 사람 취급을 받을 것인 반면에, ② 어떤 사람이 어느 요리가 별로라고 주장하거나, 어떤 음악의 멜로디가 진부하고 지루하다고 주장한다면 이에 대해 통상 다른 사람들이 단호하게 그 주장에 반대를 하지는 않을 것이고, 이러한 ②의 경우와 같은 사안에서 그 주장자의 '재량'의 영역이 존재하게 된다고 설명하고 있다. Bernatzik, Rechtsprechung und materielle Rechtskraft, 1886, S. 43 참조. ①의 예와 ②의 예가 어떻게 구별될 수 있는지를 생각해 본다면, ①의 경우는 진위 여부의 검증이 비교적 가능하고 특별한 전문지식을 필요로 하지 않고 일반인도 충분히 판단을 할 수 있는 '사실적·객관적·일반적 판단'의 영역으로 보이고, ②의 경우는 진위 여부의 검증이 상대적으로 어렵고, 특별한 전문지식을 동원하여야만 반대의 판단이 가능한 '평가적·주관적·전문적 판단'의 영역으로 일응 이해된다.

구체적으로 아래와 같은 유형의 사안에서 제3자인 행정재판소[40]는 상대적인 전문성의 부족으로 인해 일차적 판단자이자 전문가의 지위에 있는 행정청의 판단에 대해 법적 통제를 할 수 없고, 여기서 행정청에게 재량이 인정된다고 설시하고 있다.

(1) 법률요건상의 추상적·불확정 개념

먼저 베르나치크는 '모호한 범주'(vage Kategorie), 즉 추상적·불확정적 개념이 법률요건으로 규정되어 있고, 그에 기초한 논리적 추론의 결과에 대해 제3자가 그 옳고 그름을 제대로 심사하는 것이 불가능한 경우에 '기술적 재량'(technisches Ermessen)이 인정된다고 지적한다. 그 심사가 불가능한 이유는, '사전지식'(Vorbildung)을 가지고 있지 않은 '전체로서의 일반인'(Gesamtheit) 내지 제3자는 그러한 기술적 재량이나 기술적 규준의 정당성에 관해 정확한 판단을 내릴 수 없기 때문이다.[41] 그러면서 그는 구체적인 예로서, 법률요건에 '시설의 위생 적합성 여부'나 '수해 또는 화재의 위험 유발 여부'에 관하여 규정이 되어 있는 경우를 들면서, 어떠한 사안이 그와 같은 요건에 해당하는지 여부를 판단함에 있어서는 일반인의 상식으로는 판단이 어렵고, 대신 '기술적 규준'(technische Regel)에 근거해서야 올바른 판단이 가능할 것이라고 보았다. 그러면서 그러한 기술적 규준의 정당성은 소규모

---

40) 베르나치크는 나아가 일차적으로 판단을 한 공무원을 대신하여 당해 사안에 대해 다른 행정기관의 판단이 이루어질 수도 있고, 또는 상급행정기관의 판단을 통해 하급행정기관의 일차적 판단이 취소·변경될 수도 있지만, 이러한 다른 행정기관 내지 상급행정기관은 자신의 판단으로 종전의 일차적 행정기관의 결정을 대체하는 것일 뿐, 이를 통해 내용적으로 일차적 행정기관의 결정이 옳고 그름을 판단하는 것은 아니라고 한다. Bernatzik, Rechtsprechung und materielle Rechtskraft, 1886, S. 45; Hofer-Zeni, Das Ermessen im Spannungsfeld von Rechtsanwendung und Kontrolle, 1981, S. 18 참조.

41) Bernatzik, Rechtsprechung und materielle Rechtskraft, 1886, S. 43 참조.

의 전문가만이 판단[42]할 수 있는 것이고 사전기초지식이 없는 일반인이나 대중은 이를 판단할 수 없다고 설명한다.[43]

이와 같이 베르나치크에 의하면, 법질서가 기술과 관련된 추상적·불확정적 개념과 연결지어 법규범을 정하고, 일반적으로 그 개념에 관한 판단자인 행정을 제외한 제3자가 그 개념에 관한 추론의 정당성 여부를 심사할 수 없는 경우에 그 영역에서 '기술적 재량', 즉 '자유재량'이 인정된다고 본 것이다. 여기서의 제3자에는 물론 '재판소'가 포함된다고 할 것인데,[44] 베르나치크는 전문가나 감정인에 비해 상대적으로 '재판소(사법부)의 전문성의 부족'으로 인해 기술적 재량에 대한 사법적 판단이 불가능하고 사법부의 판단권한이 배제된다는 점에서 재량의 본질을 찾고 있다는 점을 주목할 만하다. 즉, 베르나치크는 재량에 대해 사법심사가 배제되는 이유를 ─ 종전과 같이 자유로운 행정과 행정재량이라는 개념 자체에서 유래하는 것으로 여기고 별다른 논증 없이 당연히 받아들인 것이 아니라 ─ 이와 같은 논증을 통해 선구자적으로 본격적인 해명을 시도한 것이다. 다만, 유의할 점은 아래에서 살펴보는 바와 같이 베르나치크는, 기술적 재량 내지 자유재량이 문제가 되는

---

42) 특히 베르나치크는 이와 같은 '전문가의 결정'(Ausspruch der Sachverständigen)은 어디까지나 사실관계상의 문제 내지는 '사실판단'(judices facti)이므로, '재판관의 판결'(Richterspruch)과는 엄연히 구별된다는 점을 강조한다. Bernatzik, Rechtsprechung und materielle Rechtskraft, 1886, S. 44, Fn. 7 참조.

43) 이에 대하여 Held-Daab, Das freie Ermessen, 1996, S. 153에서는, 베르나치크가 ① 전문적이고 '기술적인'(technisch) 판단에 대해서는 심사가 불가능하고 ② 그에 따라 행정청이 광범위한 전문지식을 보유할 것이 요청된다고 주장한 것은, 19세기 말의 자연과학의 발전에 따라 한편으로는 모든 경험적인 확인에 대해 객관적인 심사가 가능할 수 있다는 반박이 가능하게 되었고, 다른 한편으로는 행정에게 더 높은 정도의 전문화가 요구되는 상황이 되었다는 점에서 그 정당성이 흔들리게 되었다고 지적하고 있다.

44) 특히 전문지식을 가지고 사안에 대해 일차적으로 적극적·주도적인 결정을 하는 행정에 비해, 재판소 내지 사법부는 상대적으로 일반인 내지 평균인(平均人)의 관점과 지식 및 인식수준을 대변하고 있다는 점에서 그러하다.

사안에서도 그 판단에 악의(惡意) 또는 중과실(重過失)이 개입된다면 예외적
으로 사법심사가 가능할 수 있다는 여지는 남겨두고 있다는 점이다.

(2) 행정청의 공익 판단

베르나치크는 더 나아가, 어떤 것이 공익(公益)에 적합한지 여부에 관해
행정청이 판단을 하는 경우에 그 판단은 마치 '기술적 성격'(technische
Natur)의 문제에 대한 '감정인'(Sachverständiger) 또는 전문가의 판단에 상응
하는 것으로 보았다. 이에 따라 공익판단에 있어서 행정청은 사실상 감정인
또는 전문가에 준한다고 설명된다.45) 그러나 그는 이와 같은 공익에 대한 판
단을 할 권능이 배타적으로 행정에게 부여된 것은 ― 전체로서의 일반인 내
지 제3자의 전문지식의 부족이 아니라 ― 어디까지나 '실정법질서'에 의한
것이라는 점을 강조하고 있다.46) 다시 말해서, 위의 기술적 재량의 경우와
는 다소 초점을 달리하여, 행정청에 비하여 재판소의 상대적인 사전지식이
나 전문성의 부족에서 곧바로 재량의 인정 근거를 찾는 것은 아니다.47) 그
는 법률상의 범주, 즉 법률요건이 모호하여 단지 '공익'이나 '공동선'의 충
족만이 요구되는 경우에는 '법질서의 일반적 명령'(allgemeiner Befel der
Rechtsordnung)을 준수하여 판단자인 행정청이 공익 등의 구체적인 내용을
결정하면 족하다고 본다. 여기서의 '법질서의 일반적 명령'은 일반적인 공익
준수명령, 즉 "행정청 스스로가 공익이 요구한다고 생각하는 대로 행위 하
라"는 공무원법상의 명령을 의미한다.48)

---

45) Bernatzik, Rechtsprechung und materielle Rechtskraft, 1886, S. 43; Hofer-Zeni,
    Das Ermessen im Spannungsfeld von Rechtsanwendung und Kontrolle, 1981,
    S. 18-19; Ehmke, „Ermessen" und „Unbestimmter Rechtsbegriff" im
    Verwaltungsrecht, 1960, S. 13 참조.
46) Bernatzik, Rechtsprechung und materielle Rechtskraft, 1886, S. 43-44.
47) Schindler, Verwaltungsermessen, 2010, S. 15 참조.

3. 재량에 대한 사법통제 가능성

앞서 본 바와 같이 베르나치크는 법률요건에 추상적·불확정 개념이 사용되는 기술적 재량의 사안에서나 행정청에게 전적인 공익판단권한이 인정되는 경우에 공히 원칙적으로 행정재판소의 사법심사가 미치지 않되, 다만 이러한 기술적 재량의 행사나 공익 여부를 결정함에 있어서 행정청의 판단에 악의 또는 중과실이 인정되는 경우에는 — 의무에 합당한 재량행사 의무에 위반되어[49] — 예외적으로 사법심사의 대상이 된다고 본다.[50] 다시 말해서,

---

48) Schindler, Verwaltungsermessen, 2010, S. 15.

49) Ehmke, „Ermessen" und „Unbestimmter Rechtsbegriff" im Verwaltungsrecht, 1960, S. 14 참조.

50) 이와 같이 악의(惡意)의 '직무상 의무위반'(Dienstpflichtverletzung)으로 재량하자를 파악하는 베르나치크의 견해에 대해서는, ① 이와 같이 징계법과의 관련성을 통해 재량하자를 논하는 것은, 직무상 의무를 통한 '대내적 법기속'(Innenrechtsbindung)과 법에 의한 '대외적 법기속'(Außenrechtsbindung)의 구분을 붕괴시키는 것으로서 타당하지 않고(Tezner, Über das "freie Ermessen" der Verwaltungsbehörden als Grund der Unzuständigkeit der Verwaltungsgerichte, in: Grünhuts Zeitschrift, 1892, S. 332 ff.; Jellinek, Gesetz, Gesetzesanwendung und Zweckmäßigkeitserwägung, 1913, S. 334 등 참조), ② 위 견해는 직무상 의무위반의 본질을 위법성에 대한 인식을 전제로 한 '악의'(惡意)에 있다고 보는 것인데, 중대한 과실이 반드시 인식 있는 과실일 필요는 없다는 점에서, 중대한 과실에 의한 의무위반을 재량하자의 범주로 편입시키는 것은 체계붕괴에 해당하며(Tezner, Über das "freie Ermessen" der Verwaltungsbehörden als Grund der Unzuständigkeit der Verwaltungsgerichte, in: Grünhuts Zeitschrift, 1892, S. 333 ff.), ③ 징계에 의한 제재는 반드시 공무담당자가 악의성이 있는 경우에만 이루어지는 것이 아니라, 오히려 선의의, 순전히 과실에 의한 의무위반의 경우에도 취해질 수 있는 것이고(Tezner, Über das "freie Ermessen" der Verwaltungsbehörden als Grund der Unzuständigkeit der Verwaltungsgerichte, in: Grünhuts Zeitschrift, 1892, S. 350 ff.), ④ 징계절차상의 사실인정에 있어서 해당 행정작용의 법위반성 또는 목적위반성에 관한 법률요건상의 불확정적인 개념이 심사되어야 하는데, 그렇다면 그러한 불확정적인 수권구성요건에 대해 징계재판소의 상세화가 허용된다면, 왜 그에 상응하는 행정재판관의 심사권한이 불가능하다고 하는 것인지 이해하

자유재량 사안에 있어서 행정청의 판단이 일반인 전체의 견해와 모순이
되고 그러한 판단에 악의 또는 중과실이 확인되는 경우에 '의무위반'
(Pflichtverletzung)이 성립되고, 이러한 의무위반이 입증된다면 자유재량 사
안에서도 항상 형법적 또는 징계처벌이 가능하다고 본다.[51] 다만, 여기서 유
의할 점은 베르나치크가 인정한 예외적인 사법심사는 어디까지나 원칙적으
로 형사재판소와 징계재판소에서만 허용될 뿐, 행정재판소에서의 심사는 인
정하지 않는다는 점이다.[52] 이러한 점은 앞서 본 바와 같이 특히 베르나치크
시대에 오스트리아에서 적용되던 구 오스트리아 행정재판소법 제3조의e 규
정에 의하여 원칙적으로 행정소송의 대상에 대한 '개괄주의'(槪括主義)를 채

___

기 어렵다(Tezner, Über das "freie Ermessen" der Verwaltungsbehörden als
Grund der Unzuständigkeit der Verwaltungsgerichte, in: Grünhuts Zeitschrift,
1892, S. 393 ff.)는 등의 비판이 제기된다고 한다. Held-Daab, Das freie
Ermessen, 1996, S. 204-205.

51) Bernatzik, Rechtsprechung und materielle Rechtskraft, 1886, S. 44-45. 특히 옐리
네크는 이러한 베르나치크의 견해는 재량하자의 유형 중 '부당한 동기'(unsachliches
Motiv)의 고려에 해당한다고 보고 있다. Jellinek, Gesetz, Gesetzesanwendung und
Zweckmäßigkeitserwägung, 1913, S. 333-334.

52) Bernatzik, Rechtsprechung und materielle Rechtskraft, 1886, S. 44-45; Ehmke,
„Ermessen" und „Unbestimmter Rechtsbegriff" im Verwaltungsrecht, 1960, S.
13; Held-Daab, Das freie Ermessen, 1996, S. 152 참조. Held-Daab은, 이와 같이
베르나치크가 재량하자에 대해 형사재판소나 징계재판소에 의한 통제만 허용된다
고 본 이유는 당시의 현행 법질서에 의할 때 형사재판소나 징계재판소에 의한 통
제는 수권이 되어 있는 반면, 행정재판소에 의한 재량하자의 통제는 수권이 되어
있지 않았기 때문이라고 본다. 베르나치크는 만약 기술적 재량의 사안에서 행정재
판소가 외견상으로라도 재량사건에 대해 사법심사를 한다면, 서로 독립된 두 조직
인 행정청과 행정재판소가 각기 동일한 처분에 대하여 공익에 적합한 것인지 여부
에 관하여 각자 판단을 하는 셈이 되어 소위 '이중적 행정'(Doppelverwaltung)의
역할을 수행하는 것이 되므로 행정재판소는 통상의 행정청과 다를 바가 없게 된다
고 한다. Bernatzik, Rechtsprechung und materielle Rechtskraft, 1886, S. 46;
Hofer-Zeni, Das Ermessen im Spannungsfeld von Rechtsanwendung und
Kontrolle, 1981, S. 19 참조. 그러나 이와 같은 상황이 바람직한 것인지에 대해서
는 구체적인 견해를 제시하지 않고 있다.

택하되 예외적으로 행정청의 '자유재량'에 맡겨진 사건은 행정소송의 대상
에서 제외되었다는 점과도 조화롭게 설명될 수 있었고, 이에 따라 베르나치
크의 견해는 오스트리아 행정재판소의 판례에 적지 않은 영향을 미쳤다.

4. 행정의 법적용과 사법(司法)작용의 비교

베르나치크는 행정의 법기속성을 인정하는 시각에서, 법적용을 담당하는
사법(司法)과 법규범으로부터 자유로운 행정을 준별하는 종래의 다수설에
반대하였음은 앞서 본 바와 같다. 오히려 행정의 재량행사 역시 법적용의 일
종으로 보았다. 그렇다면 베르나치크에게 있어서는 과연 똑같이 법적용에
해당하는 행정의 재량행사와 사법(司法)작용이 어떠한 점에서 서로 구별될
수 있는 것인가. 결론부터 말하자면, 베르나치크는 "자유재량에 있어서는 사
법(司法)과 행정의 개념을 구분하는 척도가 존재할 수 없다"라고 선언한
다.[53] 그는 왜 이와 같은 결론에 이른 것일까.

한편으로 베르나치크는 주관적 재량이 전혀 없는 판결은 존재하지 않고,
또한 재판관은 수학적으로 계산 가능한 영향력을 행사하는 기계가 아니며,
판결의 전제가 되는 법적용은 재판관의 머릿속에서만 실행될 수 있는 정신
적 활동이므로 크든 작든 주관적 재량이 개재할 수밖에 없다고 보았다.[54] 다
른 한편으로 그는 '통제'의 관점에서, 상급 행정기관이 하급 행정기관의 판
단을 개선하고 변경하는 등의 '행정의 내부적 통제'는 설령 상급 행정기관이
하급 행정기관의 견해의 정당성 여부를 가릴 수 있는 여지를 유보하고 있다
고 하더라도 사법(司法)에 해당하지는 않는다고 보았다. 또한 과연 행정에

---

53) Bernatzik, Rechtsprechung und materielle Rechtskraft, 1886, S. 47.
54) 따라서 베르나치크는, 판결(Richterspruch)을 재판관의 주관적인 재량으로부터 독
    립된 정신적 활동으로 이해하는 Stengel의 견해에 대해 반대하였다. Bernatzik,
    Rechtsprechung und materielle Rechtskraft, 1886, S. 41 참조.

의한 사법(司法)작용이 불가능한가라는 문제에 대해, 그때까지의 통설이 행정은 자신의 고유한 법위반에 관하여 스스로 심리를 할 수 없기 때문에 행정에 의한 사법작용은 존재하지 않는다고 보았었다. 이에 대해 베르나치크는 의문을 제기한다. 그는 형사재판을 예로 들면서, 항소심에 해당하는 파기원이 제1심 형사재판소의 법위반에 관해서 판단을 한다는 이유로, 통설에 의하면 파기원의 재판만이 사법(司法)에 해당한다고 보아야 하고, 반면 제1심 형사재판소는 스스로의 법위반에 대한 심사가능성이 없으므로 제1심 재판은 사법(司法)작용이 아니라고 볼 것인가라고 반문하고 있다.[55] 덧붙여 단지 행정에 대하여 행정재판소에 의한 법적 통제가 필요하다는 이유만으로 곧바로 행정청은 사법작용을 할 수 없다는 추론이 도출될 수는 없다고 보았다.[56]

결국 베르나치크는 추상적·불확정 개념이 법률요건이 되는 사안에서는 마치 행정재판소도 행정청과 다름없이 판단을 하는 것이며, 단지 재판소는 실질적으로 기술적 재량에 대한 행정청의 판단과 다른 판단을 할 수 없다는 점에서 기술적 재량에 관한 사법심사가 배제된다고 보았다. 그는 행정에 의한 사법(司法)작용의 전면적 불가능성에 대하여는 명시적인 판단을 유보하여 여지를 둠으로써, 기술적 재량 사안에서는 마치 행정이 재판소와 같이 사법(司法)작용의 특징이라 할 수 있는 '최종적인 판단'을 하는 것으로 보았던 것으로 이해할 수 있다.

5. 행정재판소의 재량통제에 관한 입법론

베르나치크는 수많은 민·형사사건에서 민사재판소나 형사재판소는 당연히 기술적 재량에 대한 사법적 판단을 하고 있고, 그러한 판단을 하는 것으

---

55) Bernatzik, Rechtsprechung und materielle Rechtskraft, 1886, S. 45-46.
56) Bernatzik, Rechtsprechung und materielle Rechtskraft, 1886, S. 46.

로 인해 민·형사재판의 사법(司法)적 성격에 대하여 의문이 제기되지는 않는 점에 주목하였다. 이에 근거하여 그는 '입법론적으로'(de lege ferenda)는 앞으로 행정사건에 있어서도 민·형사재판소와 마찬가지로 기술적 재량에 재량 하자가 있는지 여부에 대한 행정재판소의 심사가 인정되고 그것이 사법작용으로 자리매김 되어야 할 것이라는 견해를 피력하고 있다.[57]

---

57) Bernatzik, Rechtsprechung und materielle Rechtskraft, 1886, S. 46-47 참조.

제3절 분석과 영향

I. 이론에 대한 비판

테츠너를 비롯한 학자들은 베르나치크의 요건재량이론에 대해 아래와 같은 내용으로 비판을 가하고 있다.

1. 비판의 요지

베르나치크는 앞서 본 바와 같이 정신적 작용에는 제3자가 다툴 수 없는 '한계'가 존재한다고 보았지만, 실제 개별분쟁사안을 들여다보면 개념의 해석·적용이나 용어의 의미에 관해서 불확실성과 의심을 제기하면서 다투는 사례를 자주 볼 수 있으므로, 과연 베르나치크가 주장하는 제3자가 다툴 수 없는 한계가 원칙적으로 존재하는 것인지는 의문스럽다는 비판이 제기되었다.[58]

또한 당해 행정행위의 '객관적 하자'(objektive Fehlerhaftigkeit)에서 사법통제의 근거를 찾아야 할 것임에도, 베르나치크가 행정행위를 한 공무원의 주관적 의무위반에서 사법통제의 가능성을 찾고 있는 것은 문제라고 지적되기도 한다.[59] 이와 같은 베르나치크의 견해에 따른다면 행정행위의 위법성

---

58) Tezner, Das freie Ermessen der Verwaltungsbehörden, 1924, S. 2-3.
59) Tezner, Das freie Ermessen der Verwaltungsbehörden, 1924, S. 3 참조.

여부를 판단하기 위해서는 해당 공무원의 '의사의 하자'(Fehlerhaftigkeit seines Willens)[60]라는 주관적 요건이 입증되어야 하고, 행정재판관은 그것이 유책한 의사 또는 착오로 귀결되는지 여부를 심사하기 위해 많은 노력을 들여야 하는 문제가 생긴다고 지적한다.[61]

특히 베르나치크는 공익, 공적인 고려, 유용성, 필요성 등과 같은 여러 가지 개념의 규정만으로 곧바로 입법자의 '재량수권'(Ermessensermächtigung)으로 보아 그 개념에 근거한 행정작용 전체를 모두 행정의 재량에 맡겨진 것으로 판단해버림으로써 결국 행정재량의 영역이 지나치게 넓게 설정되는 문제가 있다는 비판이 있다.[62] 다시 말해서, 법률요건에 추상적·불확정 개념이 사용된 경우에 이를 모두 자유재량이 인정되는 사안으로 파악하는 것은 자유재량 영역을 과도하게 넓게 포착한 것이라는 비판이다. 또한 법률해석을 통하여 법률요건을 상세화하고 구체화함으로써 추상적·불확정 개념 중에서도 실제로는 재량이 인정되지 않는 것으로 볼 수 있는 경우가 있을 것으므로, 법해석을 통해 재량의 인정 범위를 축소시킬 수 있는 가능성이 있을 것임에도, 베르나치크는 이러한 해석의 의의와 기능을 별다른 설명 없이 경시하였다는 비판도 이와 같은 맥락이다.[63] 이와 같이 베르나치크에 의해 설정된 재량영역의 외연이 지나치게 넓어서 유의미한 구분 내지 분류라는 방법론적인 관점에서 볼 때도 만족스럽지 못하다는 비판도 이에 연결된다.

덧붙여 베르나치크는 행정재량의 위반에 대한 통제는 형사재판소나 징계재판소에 의해서만 가능함을 전제로 행정재판소에 의한 행정행위의 위법성

---

60) 즉, 재량사안에서는 행정공무원의 고의나 중대한 과실이 입증되는 경우에만 행정의 판단이 사법심사의 대상이 될 수 있다는 베르나치크의 견해를 '의사하자'(Willensfehler) 또는 '의사이론'(Willenstheorie)으로 지칭한 것이다. Tezner, Das freie Ermessen der Verwaltungsbehörden, 1924, S. 7.

61) Tezner, Das freie Ermessen der Verwaltungsbehörden, 1924, S. 3.

62) Hofer-Zeni, Das Ermessen im Spannungsfeld von Rechtsanwendung und Kontrolle, 1981, S. 19-20 참조.

63) Held-Daab, Das freie Ermessen, 1996, S. 151 참조.

통제는 개념적으로 불가능하다는 주장을 해놓고는, 뒤로 가서는 징계재판소
나 형사재판소와 마찬가지로 행정재판소에 의한 행정행위의 위법성 통제가
이루어질 수 있어야 한다는 입법론을 전개하는 것은 논리적 오류라는 비판
도 존재한다.[64)]

2. 검토

위의 여러 비판 중 특히 행정재판소의 사법통제의 근거를 객관적 하자에
서 찾지 않고 공무원의 주관적 의무위반에만 초점을 맞추는 것은 법이론적
으로 뿐만 아니라 소송실무적으로도 잘못이라는 지적은 매우 날카롭고도 타
당하다고 할 것이다. 또한 베르나치크가 사실상 법률요건에 추상적·불확정
개념이 사용된 경우의 전부에 대해 곧바로 자유재량으로 보아 지나치게 넓
게 재량의 영역을 설정하였다는 비판 역시 경청할 만하다고 생각된다. 베르
나치크는 해당 법규범이 법률요건에 관한 결정을 판단자인 행정청에게 맡긴
거의 대부분의 경우를 모두 재량이 인정되는 영역으로 파악하고, 추상적·불
확정 개념이 사용된 사안 중에서도 법률해석을 통해 그 의미가 확정될 수
있는 경우에는 재량을 인정하지 않음으로써 자유재량의 영역을 한정할 수
있는 가능성에 대해 별다른 논증을 하지 않아, 과연 재량이 인정되지 않는
행정영역이 어떤 것일지 의구심을 불러일으키도록 한다는 비판이 가능하다.
왜냐하면 숫자로 표현된 법률요건과 같은 소수의 명확한 사안 이외에는 대
부분의 법률요건은 그 자체로 명확하다고 보기 어렵고 그 구체화 내지 현실
화를 위한 해석의 과정을 필요로 하기 때문이다.

다만, 실제 분쟁 사례의 양상을 내세우면서 '법률요건에 대한 제3자의 심
사불가능성으로서의 재량'을 정립한 베르나치크의 이론을 비판하는 것이 전

---

64) Tezner, Das freie Ermessen der Verwaltuingsbehörden, 1924, S. 3-4.

적으로 타당한지는 다소 의문스럽다. 분쟁 사례가 다수 발생한다고 하더라
도 그러한 당사자의 주장이 얼마나 재판소에 의해 받아들여질 수 있을 것인
지라는 인용가능성 여부의 문제는 분쟁의 빈발 여부와는 전혀 별개의 것이
다. 그리고 최근까지의 재량행위 이론 관련 학설이 불확정개념에 관하여 그
판단을 위한 재판소의 상대적 전문성 부족을 시인하면서 재판소의 전면적
사법심사를 자제하거나 그것이 불가능하다고 선언하는 태도가 유시되고 있
다는 점65)은 오히려 베르나치크의 이론의 타당성을 뒷받침해주는 상황이라
고도 할 수 있을 것이기 때문이다.

또한 재량사건에 대한 행정재판소의 사법통제에 관한 베르나치크의 입법
론은 그의 재량행위 이론의 연장선에서 볼 것이 아니라 어디까지나 향후의
올바른 입법 및 발전방향을 제시한 것 자체로 의미가 있다고 평가해야 할
것이다.66) 베르나치크의 재량행위 이론과 논리적으로 다소 상충되는 듯한
입법론을 제시하였다고 하여, 그것만으로 바로 그의 재량행위 이론이 타당
성을 결여하거나 논리적 모순을 초래한다고 보기는 어렵다. 입법론은 현행
법의 해석론을 일부 수정·보완할 수도 있고, 나아가 현행법과 이론의 틀을
넘는 방향으로 견해가 제시될 수도 있는 것이기 때문이다. 베르나치크가
종래의 자신의 재량행위 이론과 일부 상충된 내용을 제시한다고 하여 반드
시 당해 입법론을 주장하는 것 자체가 불가능하다고 볼 것은 아니라고 생
각한다.

베르나치크가 자신의 재량행위 이론을 전개함에 있어서 후에 언급할 테츠

---

65) Hofer-Zeni, Das Ermessen im Spannungsfeld von Rechtsanwendung und Kontrolle, 1981, S. 19 참조.

66) Ehmke, „Ermessen" und „Unbestimmter Rechtsbegriff" im Verwaltungsrecht, 1960, S. 20에 의하면, 베르나치크는 추후에 스스로 기술적 재량에 대한 심사 불가의 테제를 축소하여, 형사재판소와 징계재판소에서의 주관적인 의무위반 통제에서 더 나아가 행정재판소에서도 명백한 의무위반의 사안에서는 행정행위의 취소도 허용되는 것으로 선언함으로써 그의 견해는 '재량하자론'으로 인정받을 수 있었다고 한다.

너나 라운(v. Laun)과 같이 재량영역을 구체적으로 분류하고 세분화하는 단
계까지 이르지는 못했다고 하더라도, 그 당시의 역사적 현실이나 학설의 전
개상황에 비추어 보았을 때 그가 재량의 본질과 재량의 인정영역에 관하여
학문적 관점에서 의미가 있는 논의의 기초를 세우고 후속 연구의 계기를 촉
발하였다는 점 자체만으로도 그 업적은 충분히 평가받을 만하다고 생각한
다.67) 특히 베르나치크의 법해석에 대한 논의의 부족은 테츠너에 의한 법해
석의 강조로 이어지는 계기가 되었던 것으로 보인다.

II. 베르나치크의 요건재량이론의 가치와 영향

1. '의무에 합당한'(pflichtmäßig) 재량의 제시

베르나치크도 역시 재량의 본래적 특성을 '재판소의 사법통제로부터의 자
유'라고 보았는데, 이는 종래의 학설도 사법심사에 있어서 관할배제의 의미
로 행정재량을 접근했던 것과 크게 차별성이 없어 종전보다 나아가지 못한
'정체된 견해'라는 비판도 가능할 수 있겠다. 그러나 그는 법규범으로부터의
자유를 재량의 본질로 파악하던 종래의 견해와는 달리 법이나 법률로부터
완전히 자유롭다는 의미에서의 '자유재량'(freies Ermessen) 개념을 부정하였
고, 반대로 '행정의 법기속성'을 강조하면서 재량은 법적인 한계 내에서 '의
무에 합당하게'(pflichtmäßig) 행사되어야 한다는 원칙을 확고히 하였다. 이
러한 베르나치크의 견해는 실질적 법치주의의 실현에 한 걸음 더 다가갈 수
있는 계기를 마련하였다고 이해할 수 있다. 다시 말해서, 법의 규율 밖에 놓

---

67) 같은 취지로 Hofer-Zeni, Das Ermessen im Spannungsfeld von Rechtsanwendung
und Kontrolle, 1981, S. 19.

여 있는 것이 재량이기 때문에 사법심사도 불가능하다는 식의 종래 이론에서 탈피하여, 베르나치크는 법적 한계, 특히 의무에 합당한 재량행사의 명령을 준수해야만 하는 '재량'을 구상하였고, 단지 제3자가 심사를 할 수 없는 정신작용의 한계에 근거하여 재량에 대한 사법심사가 배제된다는 이론을 구성했던 것이다.

또한 베르나치크는 '임의적 자의'와 동의어로 오인될 수 있는 '자유재량'이라는 용어를 대체할 대안으로 '기술적 재량'(technisches Ermessen)의 개념을 새로이 제안하였다. 또한 그는 재량이 인정되는 사안유형을 논증적으로 제시하였다. 그때까지의 재량에 관한 견해는 재량이라는 대상을 적극적으로 포착하기보다는, 법치주의의 정착이라는 맥락 하에서 오히려 법기속에 집중을 하였고, 그러한 법기속이 이루어지지 않던 나머지 영역을 재량으로 보았다. 즉, 법기속을 제외한 소극적인 '공제물'로서만 재량을 언급하는 소위 소극적·공제적인 종래의 재량 논의 방식보다는, 베르나치크의 이론은 분명히 진일보한 논의 수준이라고 평가할 수 있다. 다시 말해서, 아래에서 논하는 바와 같이 베르나치크에 이르러서야 재량의 의미와 본질이 무엇이고, 어떠한 경우에 재량이 인정되는지라는 재량의 인정영역의 문제에 관하여 '적극적'인 접근 방식으로 행정재량이 논의되기 시작했다는 점이 중요하다.

2. 법학적 논증 방법 도입

'재량이 무엇인가?', '언제, 어디서, 어떠한 경우에 재량이 인정될 수 있는가?'라는 '재량의 본질' 내지 '재량의 인정영역'이라는 문제에 대해 베르나치크의 연구는 법학적 논증을 통해 체계적으로 접근하여 이 문제를 해결한 선구자적인 시도로 평가된다.[68]

---

68) 같은 취지에서 Hofer-Zeni, Das Ermessen im Spannungsfeld von Rechtsanwendung

베르나치크 이전의 재량에 대한 논의는 당시의 역사적 상황에 맞물려 있었다. 즉, 행정재판제도가 도입되었음에도 행정은 여전히 군주제의 왕권에 의한 절대적인 영향력 아래에 있었고, 역시 독립성이 완전하지 못했던 사법부에 의해서는 이러한 행정에 대한 사법심사와 통제가 제대로 이루어지지 못하는 현상이 발생하였다. 법에 기속되지 아니하고 또한 사법심사가 미치지 않는 행정영역이라는 의미에서, 다시 말해서 '관할배제'(Unzuständigkeit)라는 현상을 '재량'이라고 표현하던 것이 그때까지의 학설의 태도였는데, 베르나치크는 이와 같은 종래의 관할배제 여부에 의한 기속과 재량의 이분법을 부정하였다. 대신 그는 제3자가 그 결정의 정당성 여부를 심사하지 못하는 영역에서 재량이 인정된다는 것을 밝혀냈다. 사견에 의하면, 종전의 학자들처럼 재량을 정치적·현상적·대증적(對症的) 방식으로 접근하지 아니하고, 재량을 연구의 객체로서 학문적·본질적·원리적(原理的)으로 고찰한 결과, '제3자에 의한 심사불가능성'이라는 재량의 본질을 포착하고 체계화하였던 것으로 이해된다.

나아가 베르나치크는 재량의 인정영역을 해당 법규범의 법률요건 내지 구성요건에 있다고 보면서, 행정재량이 인정되는 사안유형을 두 가지로 분류하였다. 첫째로는 추상적·불확정 개념이 법률요건에 규정된 사안이다. 이는 주로 기술(技術)과 관련된 전문적 영역에서 문제가 되었는데, 이러한 개념요건은 전문지식을 가진 전문가가 판단을 해야 하므로, 그러한 전문지식이 상대적으로 부족한 재판소는 심사를 할 수 없다고 보았다. 따라서 재량을 인정하는 근거로 행정에 비해 '재판소가 상대적으로 전문성이 부족함'을 들고 있다. 둘째로는 법률요건상 행정에게 전적으로 공익에 관한 판단권이 부여된 사안이다. 이러한 공익에 관한 판단권이 행정에게 부여되는 근거는 '실정

---

und Kontrolle, 1981, S. 19에서는 베르나치크의 연구성과로서 재량에 대하여 '법적인 기초'를 제공하였다는 점을 들고 있고, 이는 일반적으로 '진보된' 논의로 받아들여진다고 기술하고 있다.

법의 규정'이고, 입법자의 명령에 따라 행정은 의무에 합당한 재량의 행사가 되도록 공익의 내용을 구체화하고 결정해야만 한다.

이와 같이 베르나치크는 요건재량이론의 창시자이자, 재량행위 이론이 '본질론'에 초점을 맞추어 전개될 수 있도록 함으로써 행정재량에 관한 논의를 본격적으로 학문의 본궤도에 올려놓은 선구적인 학자라고 평가할 수 있다.

3. 후세의 재량행위 이론에 대한 영향

베르나치크는 독자적인 행정법의 구축을 위해 노력하였고, 종래의 기속적인 법적용으로 사법(司法)을 이해하고 법규범으로부터의 자유로 행정을 파악하던 이분법적인 다수설의 논의에서 벗어나 재량 역시 법적용의 일환임을 분명히 밝혔다. 또한 그는 사법(司法)에서도 주관적 재량이 개입될 수 있음을 지적하는 등 기존의 학설을 뛰어 넘는 혜안(慧眼)을 보여 주었다. 특히 행정재량도 법적인 제한의 틀 안에서 인정될 수 있고, '의무에 합당한'(pflichtmäßig) 재량으로서 행사되어야 한다는 점을 강조함으로써 재량을 법치주의의 영역으로 끌어들였다. 이러한 '법의 영역 안에서의 재량'과 '의무에 합당한 재량의 행사'와 같은 그의 기본적인 시각은 후세의 학문에 적지 않은 영향을 미쳤다.69)

나아가 베르나치크는 행정청의 재량행사에서 악의 또는 중과실이 개입되는 경우 예외적으로 재량사건에 대해 사법심사가 가능하다고 봄으로써, 프란츠 폰 마이어(F. F. Mayer) 이래로 전개되어 온 '재량하자론'의 승계자로서의 위상도 보유하고 있다.70)

---

69) 특히 베르나치크의 사고내용은 독창적이고, 행정법 총론에 관한 서술에 역점을 두어 유의미하다는 평가를 한 것으로는 Otto Mayer, Rezension von Bernatzik, AöR 1, 1886, S. 720, 725 참조.

70) 재량하자론의 연혁과 대표적인 학자의 견해를 핵심적으로 간략하게 정리한 것으로

또한 그가 재량의 본질 내지 재량의 인정영역을 법률요건에서 찾음으로써 행정재량에 관한 요건재량이론을 선구자적으로 정립한 것에 대하여, 그 후 테츠너(Tezner)는 이에 반대하는 효과재량이론을 제시하면서 베르나치크의 요건재량이론에 대한 면밀한 반박이 이어지게 되었고, 양자의 대립구도를 중심축으로 하여 행정재량에 관한 여러 이론들이 더욱 촉발되고 활성화되었다. 따라서 베르나치크는 재량의 본질에 관해 법학적 방법론에 의해 본격적으로 논의를 시작함으로써 독일 행정재량 이론의 초석을 다진 위대한 시조(始祖)로 평가할 수 있다.[71]

특히 법개념의 '불명확성'(Unbestimmtheit)과 그 판단을 위한 '재판소의 상대적 전문성 부족'에서 사법통제가 배제되는 재량이 성립한다고 보았던 베르나치크 이론의 착안점은, 그 이후에 등장한 재량행위 이론에서 '법률요건에 추상적·불확정 개념이 사용된 경우에도 자유재량을 인정해야 할 것인가'라는 근본적인 문제에 대한 논쟁을 촉발하였다. 또한 베르나치크의 이러한 테마는 일정한 사안에서 불확정개념에 대한 심사자제 내지 심사강도의 완화라는 내용으로 오늘날까지도 유지되고 있다고 볼 수 있고, 또한 불확정개념에 대한 '판단여지'(Beurteilungsspielraum)설의 등장과 같은 학설상 논의로까지 연결되고 발전되면서[72] 행정재량 이론 전체를 관통하는 하나의 중요한 축을 형성하였고, 재량에 관한 논의를 더욱 풍부하게 하였다고 평가할 수 있겠다.

는 Jellinek, Gesetz, Gesetzesanwendung und Zweckmäßigkeitserwägung, 1913, S. 331-335 참조.

71) 옐리네크는 "베르나치크에 의해 자유재량에 관한 학설이 오늘날까지 주장되고 학문적으로 다투어질 수 있는 장(場)이 마련되었다"라고 표현하고 있다. Jellinek, Rezension von v. Laun, AöR 27, 1911, S. 462.

72) 추상적·불확정 개념의 사용에 의한 재량부여를 논하는 베르나치크의 학설은 후대의 '불확정 법개념'(unbestimmter Rechtsbegriff)에 관한 학설의 가교역할을 하였다고 지적하는 것으로는 Held Daab, Das freie Ermessen, 1996, S. 157 참조.

제3장 효과재량이론의 등장: 테츠너(Tezner)

— 법률효과 선택의 자유로서의 재량 —

제1절 테츠너의 생애

프리드리히·테츠너(Friedrich Tezner, 1856~1925)는 1895년에 빈 대학에서 원외교수로 활동하였고, 여러 가지의 변호사업무를 수행하였다. 그는 1907년에 오스트리아 행정재판소의 '고문관'(Hofrat)으로 임명되었고, 1921년에는 '합의부장'(Senatspräsident)으로 승진하였다. 테츠너는 주로 행정절차와 행정재판권에 관하여 저술을 하였는데, 특히 오스트리아 행정재판소 판례의 기초에 관해 서술을 하였다는 특징이 있다. 또한 그는 후대의 행정절차법의 '법전화'(法典化, Kodifikation)에 중요한 영향을 미친 『오스트리아 행정절차 핸드북』(Handbuch des österreichischen Administrativverfahrens)의 저자로도 유명하다.[1]

---

1) 이상과 같은 테츠너의 이력 등에 관하여는 Schindler, Verwaltungsermessen, 2010, S. 16, Fn. 52; http://www.vwgh.gv.at/geschichte/biografien/tezner.html 참조.

제2절 이론의 주요 내용

I. 재판관의 법률요건의 해석·적용 의무

테츠너는 아래와 같이 행정재판에 대한 강한 신뢰에 근거하여 행정재판관에게 법해석과 적용상의 임무를 인식하고 그 의무를 완수할 것을 강조하고 있다. 이는 후술하는 '행정재량에 대한 재판통제의 확대'를 위한 핵심적인 근거로 작용한다고 볼 수 있다.

1. 전통적 임무인 법해석과 법적용

테츠너에 의하면, 법규범의 요건의 해석과 적용은 ─ 그 법률요건에 사용된 개념이 아무리 불확정적이라고 하더라도 ─ 전통적으로 재판관의 임무라고 한다.[2] 다시 말해서, 법적용의 삼단논법에 있어 사실관계와 법규범 사이에서 재판관은 당해 법규범의 해석을 통해 법규범의 내용을 파악하고 그 내용과 사실상태를 비교하여 법규범을 적용하는 핵심적인 역할과 임무를 담당하고 있다고 본 것이다. 그는 "행정재판관의 가장 중요한 임무는, 행정법 개념의 내용을 설명해 내는 과정에서 겪을 수 있는 어려움을 극복하고 그 법개념에 대한 지배자가 되는 것이다"라는 발터·옐리네크(Walter Jellinek)의 말을 인용하면서 재판관의 법해석·적용의 임무를 강조하였다.[3]

---

2) Schindler, Verwaltungsermessen, 2010, S. 16 참조.

이에 따라 진정한 행정재판관이 되기 위해서는 이러한 고귀한 법해석·적용의 중책과 임무를 깊이 인식해야 하고, 그때까지의 재판실무에서 나타났던 기계적이고 잘못된 공식(公式)을 만연히 사용하여 법을 해석하고 적용하던 잘못된 관행을 중단해야만 한다고 주장하면서 행정재판관들의 각성을 촉구하였다.4) 그러면서 행정재판관은 재량에 대하여 법률상 설정된 제한과 한계를 확인하고 행정에게 이를 주지시켜야 하고, 특히 행정이 재량이라는 안일하고 편안한 이유를 들어 자신에게 주어진 법적 의무를 이행하지 않으려는 행태를 보일 때에는 이에 대해 정당하게 비판을 가해야만 한다고 강조하였다.5)

이와 같이 행정재판소의 권리보호기능을 강조하는 테츠너의 주장은, 특히 "행정재판소는 행정청의 사실인정에 원칙적으로 구속되어야 한다"는 내용의 구 오스트리아 행정재판소법 제6조의 규정에 비추어 볼 때, 상당히 진보적인 견해로 이해된다. 비록 그의 주장과 같이 행정사건에 대한 행정재판소의 전면적인 심사권한이 인정되지는 않았고, 행정재판소는 행정청에 의해 확정된 사실관계에 원칙적으로 구속된다는 실정법상의 제한이 있었지만,6) 그는 적어도 법해석과 법적용의 임무만큼은 현행법의 제한 없이 온전히 행정재판소에 귀속되어야 하고, 따라서 권리보호의 주체로서의 행정재판소의 역할과 소임은 강력하게 실현되어야 함을 힘주어 피력하였던 것이다. 테츠너는 공

---

3) Tezner, Das freie Ermessen der Verwaltungsbehörden, 1924, S. 28.
4) Tezner, Das freie Ermessen der Verwaltungsbehörden, 1924, S. 28, 71-72 참조.
5) Tezner, Das freie Ermessen der Verwaltungsbehörden, 1924, S. 24-25.
6) 이와 같은 행정재판소의 사실인정권의 제약은, 새로이 독립적으로 설립될 행정재판소에 대한 기존 정치적 세력의 우려를 잠재우고 행정재판소의 설립을 강하게 추진하기 위한 반대급부 내지 희생으로 파악된다. 테츠너는 오스트리아 행정재판소 설립의 정신적 아버지인 레마이어(Lemayer)가 이와 같은 전략적인 이유에서 자유재량에 대한 관할배제 규정 등을 입법안에 포함시킨 것은 지혜로운 처사였다고 평가하고 있다. Tezner, Das freie Ermessen der Verwaltungsbehörden, 1924, S. 20-21.

법에 관련된 사건에서 행정청이 최종적으로 인정한 사실관계에 대해 행정재 판소가 위 법규정을 이유로 더 이상 생각을 하지 않고 판단을 게을리 하는 것은 그 자체로 해악을 범하는 것이며 자신의 직무를 유기하는 것이라고 강 한 어조로 주장하고 있다.[7]

2. 법개념으로서의 불확정개념

위와 같이 행정재판관의 법해석·적용의 의무를 강조하는 견해를 바탕으 로 테츠너는, 불확정적 또는 모호한 개념 역시 재판관의 법해석·적용의무의 대상이 되는 하나의 '법개념'(Rechtsbegriff)에 불과하므로, 원칙적으로 재판 관의 온전한 사법심사의 대상이 되어야 한다고 보았다.[8] 즉, 법률요건에 사 용된 추상적·불확정 개념도 '해석'(Auslegung)을 통해 구체화될 수 있고, 이 러한 불확정개념의 구체화는 어디까지나 '법문제'(Rechtsfrage)로서 행정재판 소의 심사가 가능하다는 것이다.[9] 특히 재판통제의 관점에서 볼 때, 고권적 행위에 대한 법률요건의 존부에 관한 심사 자체가 재량사건이어서 관할이 없다는 이유로 박탈되는 현상은 진정한 법적 통제가 이루어지지 않는 것이 라고 지적하였다. 다시 말해서, 그는 행정재판소가 '공익'이나 '추상적·불확 정 개념'이 사용된 사안을 재량사건으로 보아 관할 없음을 이유로 사법심사 로 나아가지 않는 것은 타당하지 않다고 보았다.[10] 실제로 공익(公益)을 다

---

7) Tezner, Das freie Ermessen der Verwaltungsbehörden, 1924, S. 38.

8) Ehmke, „Ermessen" und „Unbestimmter Rechtsbegriff" im Verwaltungsrecht, 1960, S. 15; Hofer-Zeni, Das Ermessen im Spannungsfeld von Rechtsanwendung und Kontrolle, 1981, S. 20 참조.

9) Tezner, Über das "freie Ermessen" der Verwaltungsbehörden als Grund der Unzuständigkeit der Verwaltungsgerichte, in: Grünhuts Zeitschrift, 1892, S. 373; Held-Daab, Das freie Ermessen, 1996, S. 160-161 참조.

10) 테츠너는, 만약 재판관이 '공익'과 같은 불확정개념을 구체화하고 심사할 수 없다

루는 사건에서 행정청의 결정에 대한 행정재판소의 심사관할권을 확장해나
가는 것이 당시 행정판례와 '입법론'(de lege ferenda)의 대세라는 점을 지적
하였고, 특히 프로이센 고등행정재판소가 "공익 개념은 완전하게 선언될 수
없는 무(無)내용적이고, 분석이 불가능하며, 제한이 없는 개념이다"라는 취
지의 라운(v. Laun)의 견해에 반대되는 입장에 서 있었다는 점을 강조하고
있다.11) 결국 테츠너는 '사실인정'과 '사실관계의 평가'에서 재량의 존재를
인정하던 베르나치크의 견해에 대해 정면으로 반박하고, 이러한 사실인정과
사실관계의 평가를 모두 법적용에 속하는 것으로 보아 사법통제의 대상이
된다고 주장하였다.12)

3. 재판관의 역할

테츠너는 특히 행정청이 추상적·불확정 개념이 사용된 법규범의 적용에

고 한다면, 행정재판권 전체는 '키메라(Chimäre)'가 되어버린다고 표현하였다.
Tezner, Über das "freie Ermessen" der Verwaltungsbehörden als Grund der
Unzuständigkeit der Verwaltungsgerichte, in: Grünhuts Zeitschrift, 1892, S. 343.
원래 '키메라'는 그리스 신화에 등장하는 머리는 사자, 몸은 양, 꼬리는 뱀을 닮은
전설의 괴수이다. 테츠너가 위와 같은 행정재판권의 상황을 키메라에 비유한 것의
의미는, 한편으로는 본래 법개념에 대해 해석·적용을 담당해야 하는 행정재판권이
단지 불확정개념이 사용되었다는 이유만으로 재량사건에 해당된다고 보아 그에 대
해 사법심사를 전혀 하지 못한다면, 이는 행정재판소의 본질적인 모습을 잃게 되는
것이고, 다른 한편으로는 행정재판소가 그러한 불확정개념에 대한 행정청의 견해
를 심사함이 없이 그대로 따라야만 한다면 조직상·명목적 기능상으로는 '사법'(司
法)에 속하지만, 내용상·실질적 기능상으로는 행정의 일부로 전락해버리는 역설적
인 상황이 초래된다는 것을 은유적으로 표현한 것으로 이해된다.
11) Tezner, Das freie Ermessen der Verwaltungsbehörden, 1924, S. 32.
12) Held-Daab, Das freie Ermessen, 1996, S. 161; Tezner, Über das "freie
Ermessen" der Verwaltungsbehörden als Grund der Unzuständigkeit der
Verwaltungsgerichte, in: Grünhuts Zeitschrift, 1892, S. 368, 382 f. 참조.

있어서 '자유재량'이나 '모호한 범주'(vage Kategorie)[13]에 속한다는 것을 구실로 삼아 위법한 행위를 자행할 가능성을 열어두는 것은 바람직하지 않다는 점을 강조하였다. 실무가로서 테츠너는 여러 행정사건의 사례를 경험하면서, 이와 같이 행정청 자신의 자유재량에 속한다는 점이나 공익(公益)에 근거한 결정이라는 점을 명분으로 내세워 실질적으로 시민의 자유를 억압하고 재산권을 침해하는 상황을 정당화하려는 시도가 빈발하는 것을 목격하였다.[14] 이와 같은 행정의 악행 가능성을 전적으로 배제하는 의미에서라도 행정청에게 '이유제시의무'(Begründungspflicht)를 강조하는 한편, 행정재판소가 심사권한을 확대하여 행정청의 위법행위를 실질적으로 심사할 수 있어야함을 강하게 주장하였다.[15] 특히 행정재판관이 공익 개념의 내용과 한계에 관하여 최종적인 판단을 할 권한이 있다는 견해를 분명하게 피력하고 있다.[16] 이에 연결하여, 행정행위의 위법성 여부를 판단하기 위해서는 해당 공무원의 '의사의 하자'라는 주관적 요건이 입증되어야 한다는 베르나치크의

---

13) 여기서의 '모호한 범주'는 '불확정개념'(unbestimmter Begriff)을 말한다. Ehmke, „Ermessen" und „Unbestimmter Rechtsbegriff" im Verwaltungsrecht, 1960, S. 13 참조.

14) 테츠너는 이와 같이 행정청이 공익이라는 명분을 원용함으로써 한편으로는 자신이 원하는 대로 처분을 하고, 다른 한편으로는 행정재판소에 의한 재판심사를 원천적으로 배제할 수 있는 결과가 되는 것은, 독재적인 절대주의에게 난공불락의 보루를 허용하는 셈이어서 부당하다고 보았다. 이와 같이 행정청에 의한 공익 내지 자유재량의 무분별한 원용은 행정재판권을 봉쇄하는 강력한 제동장치로 작용하고 있다고 보았고, 경우에 따라서는 행정재판권이 완전히 사멸될 가능성도 있다고 지적하면서 이에 대한 강한 우려를 표시하고 있다. Tezner, Das freie Ermessen der Verwaltungsbehörden, 1924, S. 29-30 참조.

15) Tezner, Das freie Ermessen der Verwaltungsbehörden, 1924, S. 16.

16) Tezner, Das freie Ermessen der Verwaltungsbehörden, 1924, S. 33-38. 또한 테츠너는 독일 재판소와 오스트리아 행정재판소의 실무가 공익의 개념과 한계에 관해 좋은 판결례를 만들어 내고 있고, 재량행위 이론에도 훌륭한 논거를 제공하고 있다는 점은 매우 고무적이라고 서술하고 있다. Tezner, Das freie Ermessen der Verwaltungsbehörden, 1924, S. 93.

소위 '의사하자론'에 의할 경우, 실상 행정재판관이 마치 탐정과 같은 역할
을 하여 행정청이 의무에 합당하지 않은 재량결정을 하게 된 진정한 동기가
무엇인지 캐내도록 요구하는 셈이 되어 재판심리의 부담의 측면에서 부당하
다는 점도 지적하였다.[17]

또한 테츠너는 취소해야 할 정도로 명백히 하자가 있는 행정청의 결정에
대해 그것이 자유재량 사건이라는 이유만으로 행정재판관이 그 사건을 각하
(却下)하는 것은 실질적으로 '권리보호의 거부'(Rechtsverweigerung)에 해당
하는 것이라고 주장하였다.[18] 이러한 불합리한 결과를 피하기 위해 당시 일
부 행정판결에서는 해당 사안에서 당해 처분이 재량사건에 해당한다는 점을
설시하지 않은 채 본안판단으로 나아가는 경우도 있었으나, 이러한 방식의
개별적 문제해결은 자칫 동일한 법개념에 대하여 어떠한 경우에는 재량에
해당한다고 보고 다른 경우에는 재량성을 부정하는 등 들쭉날쭉하게 취급하
는 상황이 벌어질 수도 있으므로, 이 역시 경계해야 함을 지적하고 있다.[19]

결국 행정재판소는 행정의 자의적이고 경솔한 행위나 관료주의적·절대주
의적인 행태에 대하여 정면으로 맞서 싸워나가기 위해 설립된 것이고, 법치
국가이념을 완성해야 하는 중대한 역할과 임무를 맡고 있다고 보는 것이 테
츠너의 근본적인 생각이다.[20]

---

17) Tezner, Das freie Ermessen der Verwaltungsbehörden, 1924, S. 16.
18) Tezner, Das freie Ermessen der Verwaltungsbehörden, 1924, S. 17-20. 같은 취지
    로 Hofer-Zeni, Das Ermessen im Spannungsfeld von Rechtsanwendung und
    Kontrolle, 1981, S. 20 참조.
19) Tezner, Das freie Ermessen der Verwaltungsbehörden, 1924, S. 19.
20) Tezner, Das freie Ermessen der Verwaltungsbehörden, 1924, S. 109 참조.

II. 법률효과 선택의 자유로서의 재량

아래에서 살펴보는 바와 같이 테츠너는 법률요건에서 법률효과로 재량이 인정되는 영역의 중심축을 이동시켰고, 법률효과 측면에서 법집행과 관련하여 행정에게 주어진 선택의 자유에 재량의 본질이 있다고 파악하였다.

1. 재량에 대한 법적 제한

(1) 행정에 대한 불신

테츠너는 기본적으로 당시 행정에 대해 실망을 하고 불신을 하였던 것으로 파악된다. 이러한 태도는 특히 변호사 및 행정재판관으로서 직접 소송사건을 수행하고 심리하였던 실무 경험으로부터 형성되었을 것이라는 추측이 가능하다. 특히 상대적으로 행정에 대하여 신뢰를 하는 입장을 견지하고 있었던 베르나치크에 대하여 "아직도 절대주의, '포어메르츠 시기'(Vormärz)[21]

---

21) '포어메르츠 시기'란 3월 전기(前期), 즉 1848년 3월 혁명의 태동기를 가리킨다. 넓은 의미로는 1815년 빈 체제의 확립에서 1848년까지이며, 좁은 의미로는 1830년부터 1848년까지의 시기이다. 정치적으로 빈 체제는 37개의 영방국가와 4개의 자유도시로 이루어져 '복고, 정통, 연대'라는 원칙 아래 나폴레옹 이전 체제의 재편·확립을 지향했는데, 한편으로는 연방의회제도의 도입도 주창되고 있었으나, 빈 체제를 지탱하는 양대 강국인 프로이센과 오스트리아는 1830년대 이전에는 아직 헌법을 갖고 있지 않았다. 한편 이 시기에는 복고체제에 대항하는 독일의 민족적인 재생·통일을 지향하는 운동이 발생하였다. 3월 혁명을 향한 체제의 동요가 다양한 측면에서 나타난 것은 1830년대 이후이다. 1828년과 30년의 농산물 흉작에 따른 사회불안이 생겨나고 있던 와중에 1830년에 프랑스 7월 혁명이 일어나고, 이를 계기로 독일 각지에서 식량폭동과 정치적 민주화운동이 중층적으로 빈발했다. 이러

의 제한적인 시각을 바탕에 둔 행정의 독재적인 요청에서 벗어나지 못하고
있다"라는 원색적인 비난[22]을 가할 정도로 테츠너의 행정에 대한 불신은 대
단하였다.[23] 이러한 행정에 대한 깊은 불신은 그 반작용으로 행정재판에 대
한 강한 신뢰와 그 역할의 중요성을 강조하는 방향성으로 연결될 수 있었고,
이러한 점은 아래에서 보는 바와 같이 테츠너의 재량이론의 근간을 형성하
고 있다고 이해할 수 있다.

(2) 재량에 대한 법적 제한의 내용

테츠너는 법적인 제한이 없는 어떠한 재량도 원칙적으로 존재하지 아니함
을 선언하였다.[24] 종래 재량에 관한 견해에 의하면, 행정에게 인정되는 재량

한 1830년대는 독일에서의 산업화가 서서히 도약을 시작한 시기이기도 한데, 본격
적인 산업혁명의 진전은 3월 혁명 이후라고 말할 수 있다. 이미 나폴레옹 지배 하
에서 시작된 농노해방 과정은 빈 체제 하에서도 각국에서 계속되고, 농지·공동지
의 근대적 소유형태로의 이행, 그에 따른 농민의 토지로부터의 분리도 촉진되었다.
나아가 1834년의 독일 관세동맹은 통일된 국내시장의 틀을 만들었다. 1840년대가
되면서 자유주의적 반체제 운동이 민중 수준에서 확산되기에 이르렀고, 이러한 반
체제적인 민중운동의 결집이 바탕이 되어 1848년의 3월 혁명을 준비했다고 평가된
다.(http://terms.naver.com/entry.nhn?cid=276&docId=1691297&mobile&categoryId
=1112 참조).

22) Tezner, Das freie Ermessen der Verwaltungsbehörden, 1924, S. 9.

23) Schindler, Verwaltungsermessen, 2010, S. 17. 테츠너는 베르나치크가 '모호한 범
주'(vage Kategorie)를 통해 행정의 자유를 허용함으로써 법치국가의 실현이 단지
절반의 발걸음밖에 떼지 못하게 되었다는 이유에서 이와 같은 비판을 가하고 있다.
Tezner, Das freie Ermessen der Verwaltungsbehörden, 1924, S. 15; Hofer-Zeni,
Das Ermessen im Spannungsfeld von Rechtsanwendung und Kontrolle, 1981, S.
21 참조.

24) Tezner, Das freie Ermessen der Verwaltungsbehörden, 1924, S. 9-10, 69 참조.
어떠한 법적인 제한도 없고 사법통제도 전혀 허용되지 않는 소위 '절대적인 재량
사건'(absolute Ermessenssache)은 존재하지 않는다는 취지이고, 오스트리아 행정

은 '법률'(Gesetz)에 의하여 주어지는 행정에 대한 한계로부터 전적으로 자유
로운 영역이어서 본질적으로 사법심사가 미치지 아니한다고 보았다. 그러나
테츠너는 이러한 종래의 견해들과는 분명한 경계를 그으면서 자신의 재량행
위 이론을 전개해 나갔다.

테츠너에 의하면, 오스트리아 행정재판소는 '정의'(正義, Gerechtigkeit)와
'형평성'(Billigkeit)을 재량의 한계[25]로 선언하고 있고, 이러한 한계로부터
출발하여 오스트리아의 행정재판절차가 형성되어 왔다고 한다. 테츠너는 근
대국가 성립시의 대립적 이데올로기로서 게르만의 '재판권' 개념과 유대-크
리스트교적인 이념을 제시하면서, 전자는 재판권을 모든 법의 본질적인 특
성으로 이해하였고, 게르만의 재판권 개념은 이후 지방군주 등의 고권(高權)
과 지배권을 도출하는 근거로 작용하였다고 한다. 또한 후자는 신(神)의 정
의로움과 인간성 사이에 법이 침투하도록 하는 역할을 하였고 이때 크리스
트교적인 이념은 법의 한계로서의 정의(正義), 공동의 유용성, 공익 등이 정
립되는 근거가 되었다는 점을 밝히고 있다.[26]

또한 테츠너가 중요한 재량의 한계로 선언한 것이 바로 '평등원칙'인바,
평등원칙은 한편으로는 입법에 대한 합헌적 한계가 될 뿐만 아니라, 다른 한
편으로는 행정의 재량에 대하여 일탈할 수 없는 한계로서 작용하여야 한다
고 주장한다.[27] 평등원칙은 다양한 것에 대하여 법적으로 평등하지 않은 취
급을 하는 것을 금지하는 '법적으로 평등한 취급'을 의미하고, 여기에는 차
별적으로 불리한 취급을 하는 것을 금지하는 경우뿐만 아니라, 객관적인 이
유제시 없이 자의적으로 개별 시민 또는 특정 계층에게 이익을 주는 것을
금지하는 것을 포함한다.[28] 불평등한 취급은 오로지 법률에 의하여 허용되

재판소의 판례도 '한계성'(Begrenzheit)을 재량의 본질에 속하는 것으로 보고 있다
고 한다. Tezner, Das freie Ermessen der Verwaltungsbehörden, 1924, S. 103.

25) Tezner, Das freie Ermessen der Verwaltungsbehörden, 1924, S. 14.
26) Tezner, Das freie Ermessen der Verwaltungsbehörden, 1924, S. 46.
27) Tezner, Das freie Ermessen der Verwaltungsbehörden, 1924, S. 73.

는 경우에만 가능하다.[29] 재량사건에 있어서 불평등한 재량행사의 예로는, 신청을 요하는 재량행위에 있어서 완전히 동일한 사실관계에 대하여 어느 한 사람에게는 그 신청을 받아들이고 다른 사람에게는 신청 자체를 허용하지 않는 경우를 들고 있다.[30] 특히 재량의 한계로서의 평등원칙은, 첫째로 재량의 행사는 평등의 요청에 따라 '보편화'(Verallgemeinerung)의 능력이 있는 법이념으로서 작용하여, 동일한 유형의 재량사안에 대하여 적용될 수 있는 '법적인 척도'(Rechtsmaßstab)가 되어야 하고, 둘째로 이러한 평등원칙을 위반하는 재량행사는 곧바로 '재량일탈'(Ermessensüberschreitung)에 해당한다는 것을 구체적인 내용으로 한다.[31]

한편, 라운(v. Laun)이 재량의 한계를 외부적(外部的) 한계와 내부적(內部的) 한계로 나누어 설명하는 것에 대해 테츠너는 부정적인 견해를 피력하였다.[32] 외부적·내부적이라는 용어 자체가 혼란을 불러일으킬 수 있을 뿐만 아니라, 재량에 대한 법적인 제한 자체는 항상 외부적(外部的)인 것이고, 재량의 개념 자체에서 어떠한 내부적인 제한을 도출할 수는 없으며, 단지 제한의 '대상'만이 의사(意思)나 사고(思考)의 자유와 같은 내부적(內部的)인 것일 수 있다고 보는 것이 테츠너의 견해이다.

---

28) Tezner, Das freie Ermessen der Verwaltungsbehörden, 1924, S. 74.
29) Tezner, Das freie Ermessen der Verwaltungsbehörden, 1924, S. 74.
30) Tezner, Das freie Ermessen der Verwaltungsbehörden, 1924, S. 74-75 참조.
31) Tezner, Das freie Ermessen der Verwaltungsbehörden, 1924, S. 73.
32) Tezner, Das freie Ermessen der Verwaltungsbehörden, 1924, S. 8 참조.

2. 재량의 인정영역의 수정

(1) 법률요건의 모호성

법률요건의 명확성과 모호성의 관계에 대하여 테츠너는, '언어의 한계'(Unvermögen der Sprache)로 인해, 외견상 명확하고 상세한 것으로 보이는 개념도 실제 적용 과정에서는 모호할 수 있고 그 적용가능성과 의미는 구체적 사안에서 해석을 통해 비로소 확정될 수 있음을 지적하였다.[33] 어디까지나 법규범의 엄격성 또는 모호함이라고 하는 것은 상대적인 '양적'(quantitativ) 차이일 뿐, '질적'(qualitativ) 차이를 가지는 절대적인 것은 아니라고 보는 것이 테츠너의 입장이다.[34] 그에게는 어차피 언어의 한계로 인해 모든 사안, 특히 한계선상에 있는 사안까지도 의심의 여지없이 법규범의 문언으로 포착할 수는 없는 것으로 보였고, 또한 외견상 명확한 것으로 보이는 개념도 그 적용에 있어서 불확실함을 초래할 수 있는 등 모든 개념이 많게든 적게든 모호한 상황에서는, 단지 법률요건상 불확정개념이 사용되었다는 점만으로 곧바로 재량부여의 징표로 볼 수는 없다는 것이다.[35] 그래서 테츠너는, 종래의 베르나치크의 견해와 같이 단순히 법률요건에서 불확정적이고 모호한 개념이 사용되었다는 이유만으로 이를 재량이 인정되는 것으로 보아[36] 행정재판소의 심사권이 배제된다고 하는 것은 앞서 본 재판관의 법

---

33) Schindler, Verwaltungsermessen, 2010, S. 16; Tezner, Über das "freie Ermessen" der Verwaltungsbehörden als Grund der Unzuständigkeit der Verwaltungsgerichte, in: Grünhuts Zeitschrift, 1892, S. 335 참조.

34) Tezner, Das freie Ermessen der Verwaltungsbehörden, 1924, S. 9-10 참조.

35) Held-Daab, Das freie Ermessen, 1996, S. 162-163 참조.

36) 테츠너는, 베르나치크의 견해에 의할 때, 상세하게 그 경계가 설정된 것이 아닌 불명확한 개념이 사용되었다는 이유만으로 곧바로 행정의 재량이 인정된다면, 숫자로 표시된 것이나 정확하게 학문상 전문용어체계에 의하여 표현된 것을 제외한 모든 영역에서 재량이 부여된 것으로 보아야 하는 문제가 발생한다고 지적하였다.

률요건 해석·적용 의무에 정면으로 위배되고, 권리보호 실천자로서의 행정
재판소와 행정재판관의 임무에도 배치되는 것이라고 생각하였다. 이에 따라
아래에서 보는 바와 같이 종래 재량 영역으로 파악되던 대상 중에서 적어도
법률요건상의 법해석과 적용으로 인정될 수 있는 부분은 재량사건에서 제외
해야 한다는 인식에까지 이르게 된다.

(2) '재량판단'(Ermessensurteil)의 구분

종래에는 '재량행위'(Ermessensakt) 또는 '재량개념'(Ermessensbegriff)과
'재량판단'(Ermessensurteil)의 구별이 없이, 법률요건에서 추상적·불확정 법
개념이 사용된 경우 — 베르나치크의 이론에 따르면 기술적 재량 또는 공익
판단 영역이 성립되는 경우 — 에는 이를 모두 구 오스트리아 행정재판소법
제3조의e에 의해 행정재판소의 관할이 배제되는 '자유재량 사건'에 해당하
는 것으로 보았다. 그러나 테츠너는 앞서 본 법규범의 엄격성과 모호성의 양
적·상대적 차이, 재판소의 법해석·적용 의무 등을 들면서 재량개념 내지 재
량행위와 '재량판단'은 엄밀히 구별되어야 하고 재량판단에 대해서는 여전
히 사법심사의 대상이 되어야 한다는 견해를 제시하였다. 여기서 말하는 '재
량판단'이란 말 그대로 행정청의 재량 내지 주관적 견해에 의해 이루어지는
판단으로서, 특히 법률요건에 추상적·불확정 법개념이 사용된 관계로 행정
청이 자신의 주관적 견해를 동원하여 그 개념을 구체화하는 경우를 일컫는
다.[37] 테츠너는 소위 '재량판단'이 문제가 되는 사안은 법개념의 일종에 불

Tezner, Über das "freie Ermessen" der Verwaltungsbehörden als Grund der
Unzuständigkeit der Verwaltungsgerichte, in: Grünhuts Zeitschrift, 1892, S. 335;
Held-Daab, Das freie Ermessen, 1996, S. 163 참조.

[37] 테츠너는 이러한 '재량판단'에 대해 자신의 논문에서 명확하게 정의(定義)를 하고
있지는 않지만, 그의 저술을 전반적으로 살펴볼 때 위와 같은 의미로 분명하게 이
해가 된다. 특히 Tezner, Das freie Ermessen der Verwaltungsbehörden, 1924, S.

과한 법률요건상의 추상적·불확정 법개념에 관한 법해석·적용의 문제로 보았고, 이러한 재량판단은 행정청에 전속적으로 귀속되어 재판소가 심사를 할 수 없는 대상이 아니라 재판소의 심사대상으로서 이에 대한 통제는 원칙적으로 재판소의 임무에 속하고, 해당 사안의 법률요건에 사용된 개념에 다소간의 추상성·불확정성이 있다고 하여 달리 취급할 수는 없다는 입장을 취하고 있다.

이와 같이 테츠너는 행정재판권의 확대 및 행정재판소에 의한 권리보호를 강조하는 입장과 일관되게 소위 행정청의 '재량판단'에 대한 재판소의 관할권을 주장함으로써, 이에 맞물려 법률요건에서 재량성립을 인정하던 베르나치크의 학설과는 반대되는 방향의 견해를 취했다고 이해할 수 있다. 다시 말해서, 테츠너는 법이론적·개념적인 차원에서 출발하여 법률요건의 측면에서는 '재량'이라는 개념 자체가 성립할 수 없다는 식의 논리적 귀결에 따라 자신의 견해를 전개해 나갔던 것이 아니다. 오히려 그는 자유재량이 그때까지의 학설과 판례에 의하여 인정되었던 것과 같이 '재량행위'(Ermesensakt) 또는 '재량처분'(Ermessensverfügung)에 한정되는 것이 아니라, 나아가 개념의 구체화에 있어서 행정청의 주관적 견해가 개재되기만 하면 모두 구 오스트리아 행정재판소법 제3조의e 규정에 의한 '자유재량 사건'으로 취급되어 사법심사가 배제되는 법현실의 심각성에 주목하였다. 테츠너는 이와 같이 추상적·불확정 개념이 문제가 되는 사안이 광범위하게 사법심사에서 제외되는 문제점을 해결하려는 입장에서 행정재판소와 행정재판관의 법해석·적용 '의무'를 강조하였고, 적어도 전문성(專門性)의 요구 측면에서 행정공무원과 재

24, 71 참조. 이러한 '재량판단'(Ermessensurteil)을 현재의 용어로 풀어 설명하자면, 추상적·불확정 개념이 사용된 법률요건에 대한 포섭작용보다는 넓은 개념으로서, 앞서 본 법적용의 전통적인 삼단논법 중 당해 법규의 요건내용의 파악, 당해 사실관계의 확정 및 포섭까지를 모두 아우르는 것으로서 특히 당해 법률요건에 추상적·불확정 개념이 사용된 경우에 행정청이 하는 구체화 작용을 지칭하는 것으로 이해된다.

판관이 크게 차이가 없는 경우 또는 재판관의 보다 적극적인 법해석을 통해 법률요건상의 개념을 구체화하고 의미를 확정할 수 있는 사안들에 대해서는 사법심사가 미치는 것으로 보고자 했던 것이다. 이와 같이 테츠너는 행정재판권의 범위를 보다 확대하여 시민의 권리구제에 충실을 기하고자 하는 '실천적인 의지'를 자신의 재량행위 이론에서 피력하였다고 생각된다. 즉, 테츠너는 자신의 효과재량이론을 전개함에 있어서 논리적·개념적인 방법론을 정면에 내세우기 보다는, 행정재판권의 확대라는 '법정책적 방법론'을 제시한 것이 특징이다.38)

특히 첫째로 법률요건의 측면에서 종래 기술적 재량으로 인정되는 영역 중 전문가의 도움 없이는 재판관의 능력만으로는 해결이 불가능한 고도의 전문성이 요구되는 문제에 대해서는 여전히 '기술적 재량'을 인정할 여지를 남겨 두었고,39) 둘째로 통설적인 학설이나 실무에서 재판소의 사법심사가 배제되는 것으로 전통적으로 인정되어 왔던 공무원의 임명(Ernennung) 등에 대해서도 역시 재량이 인정된다는 예외를 두었다는 점40)에 비추어 보면, 테츠너의 효과재량이론은 제2차 세계대전 이후 독일의 통설이 된 효과재량이론보다는 상대적으로 온건하고 완화된 입장에 있었다고 평가될 수 있을 것이다.41)

---

38) Schindler, Verwaltungsermessen, 2010, S. 65 참조.

39) Tezner, Das freie Ermessen der Verwaltungsbehörden, 1924, S. 41-42. 한편 Merkl, Rezension von Friedrich Tezner, Gesammelte Schriften, 2006, S. 235에서는, 테츠너가 "기술적 재량은 많은 사례에서 부당하게 재량으로 취급되어 왔다"고 서술한 것을 강조하고 있다.

40) Tezner, Das freie Ermessen der Verwaltungsbehörden, 1924, S. 70.

41) 앞서 '예비적 고찰' 부분에서 살펴본 바와 같이, 우리나라로 도입되어 다수설의 위치를 차지한 '효과재량이론'은 법이론적·개념적으로 법률요건의 측면에서는 전혀 '재량'을 인정할 수 없다는 입장을 고수하는 내용으로서, 위와 같은 테츠너의 효과재량이론보다는 제2차 세계대전 이후에 등장한 로이스(Reuss)의 이론 이후 독일의 통설이 된 효과재량이론에 의해 영향을 받은 것으로 볼 수 있다. 다만, 앞서 언급한 바와 같이 한편으로는 테츠너가 활동하였던 당시 오스트리아의 자유주의적인 분위

(3) 재량의 본질

그렇다면 테츠너는 재량의 본질을 무엇으로 보았고, 어떠한 경우에 재량이 인정된다고 파악하였을까? 테츠너는 행정의 '선택의 자유'(Wahlfreiheit)에 주목하였다. 다시 말해서, 그의 견해에 의하면, 행정의 자유는 법률을 집행하는 여러 가능성 중에서 행정에게 그 선택을 할 자유가 있다는 것을 의미한다.[42] 법규범을 집행하는 가운데 서로 대체 가능하고 동가(同價)적인 여러 가지의 가능성이 있다면, 그 중 행정청이 하나의 집행방식을 선택하였을 때 그것이 '타당성'(Sachlichkeit)[43]이라는 한계를 준수한 것이라면 행정재판관은 이를 그대로 승인하여야 하고 달리 판단할 수는 없다고 한다.[44] 이러한 선택의 자유는 법률 규정이 특정한 행정목적을 달성하기 위하여 두 개 또는 그 이상의 결정 사이에서 선택을 할 권한을 행정청에게 명시적으로 부여하는 경우에 인정되며, 이는 '입법자의 의사'(gesetzgeberischer Wille)의 표현으

기와 근대독일의 관념철학의 영향 등에 비추어 보면, 테츠너의 효과재량이론도 이러한 '인식-의지의 이원론'을 바탕으로 삼고 있었던 것으로 추론할 수 있을 것이고, 다른 한편으로는 제2차 세계대전 이후 통설이 된 독일의 효과재량이론은 나치 시대의 불법적 결과를 만회하기 위해 과도하게 포괄적 권리구제와 행정재판의 기능을 강조함으로써 행정의 자율성과 독자성을 지나치게 후퇴시킨 측면에 있다는 점을 상기할 필요가 있다.

42) Tezner, Das freie Ermessen der Verwaltungsbehörden, 1924, S. 69 f.

43) 여기서의 '타당성'(Sachlichkeit)이란, 공익을 근거로 발령되는 처분은 각 이익과 사이에 '타당한' 관련성이 있어야 한다는 의미에서의 타당성을 말한다. 예를 들어 건축행정청이 실제로는 재정적 목적을 달성하기 위함임에도 표면적으로는 '공적인 고려'를 내세워 허가거부권한을 행사하는 것은 '목적위반'(Zweckentfremdung)의 재량하자가 인정된다고 한다. Tezner, Das freie Ermessen der Verwaltungsbehörden, 1924, S. 6.

44) Tezner, Das freie Ermessen der Verwaltungsbehörden, 1924, S. 69; Schindler, Verwaltungsermessen, 2010, S. 17. 같은 취지로 Hofer-Zeni, Das Ermessen im Spannungsfeld von Rechtsanwendung und Kontrolle, 1981, S. 20.

로서 재판소에 의해서도 승인되어야 한다고 본다.[45] 다만, 이러한 행정의 자유는 실체법, 소송법 또는 관할규범의 하자 없는 집행이 가능한 범위 내에서만 인정된다고 한다.[46] 행정의 선택의 자유가 인정되는 구체적인 예로서, 테츠너는 과태료나 세율(稅率)의 상한액 내에서 그 수액을 정하는 경우나, 행정청이 법률집행을 위해서 강제집행의 여러 가지 수단 중에서 어느 하나를 선택할 수 있는 경우 등을 들고 있다. 더 나아가 테츠너는 통설에 의할 때 공무원의 임명(任命, Ernennung)은 행정의 자유로운 선택 아래 놓여 있는 것이며 행정재판소의 통제가 배제된다고 보았다.[47]

결국, 테츠너는 앞서 본 바와 같이 재량의 범위에서 추상적·불확정 개념으로 된 법률요건의 해석·적용과 관련된 '재량판단'의 경우를 배제하고, 법률효과 측면에서의 행정의 자유에 주목하면서 재량의 본질을 행정에게 인정되는 선택의 자유로 파악하고 있다. 따라서 테츠너의 견해에 의할 때 재량이 인정되는 경우는, 위의 예에서 보는 바와 같이, 첫째로 법률규정에 의하여

---

45) Tezner, Das freie Ermessen der Verwaltungsbehörden, 1924, S. 70. 다만, 테츠너는 이와 같이 입법자의 의사에 의해 행정청의 선택의 자유가 인정되는 경우에는 행정청이 처분을 함에 있어 '이유제시'(Begründung)가 요구되어서는 안 된다는 견해를 제시하고 있다. 이러한 테츠너의 견해는 모든 재량행위에서 이유제시가 중요시되고 특히 재량에 대한 절차통제가 강조되는 최근의 견해에 비추어 보면 다소 의문이 드는 견해이나, 당시의 법현실을 고려하면 초기적인 견해로서 납득할 수 없는 바는 아니라고 생각된다. 행정재량의 절차적 통제에 대하여 상세한 글로서 최송화, 행정재량의 절차적 통제, 법학 제39권 제2호(107호), 1998, 71-102면 참조.

46) Tezner, Das freie Ermessen der Verwaltungsbehörden, 1924, S. 69 참조. 한편 '행정의 기속성'(Verwaltungsgebundenheit)에서 말하는 행정이 기속되는 법의 내용은, 당해 법규의 해석을 통하여 도출될 수 있는 규범내용 모두를 포함한다고 본다. Hofer-Zeni, Das Ermessen im Spannungsfeld von Rechtsanwendung und Kontrolle, 1981, S. 21 참조.

47) 다만, 공무원의 임명 자체를 구 오스트리아 행정재판소법 제3조의e 소정의 관할배제가 되는 재량사건 자체로 본 것이 아니라, 공무원이나 공직의 임명에 대한 심사는 행정재판소의 관할에서 배제된다는 같은 법 제3조의f의 규정에 의한 것이라고 한다. Tezner, Das freie Ermessen der Verwaltungsbehörden, 1924, S. 70.

행정에게 법률집행을 위하여 행위의 정도, 수단 등에 관하여 여러 가능성이
동등하게 부여된 선택의 자유, 둘째로 현행법에 의하여 행정재판소의 사법
심사가 배제되는 행정 영역(위의 공무원 임명의 예) 또는 셋째로 해석을 통
해서도 더 이상 그 불명확성을 해소할 수 없어서 전문가의 도움 없이는 재
판관의 능력만으로는 해결이 불가능한 고도의 전문성이 요구되는 문제에
대해 '기술적 재량'이 인정되는 예외직인 경우로 정리할 수 있을 것이다.48)
특히 테츠너의 견해에 의할 때 재량의 인정영역 중 대부분을 차지하는 위
첫 번째 유형에 있어서 행정에게 선택의 자유가 인정되는 부분은 ― 종래
의 베르나치크의 견해에 의한 법률요건의 측면이 아니라 ― '법률효과'
(Rechtsfolge)의 측면에 있다고 보고 있다. 즉, 법률요건이 아닌 법률효과상의
선택가능성에서 재량이 성립된다고 보는 것이다.49) 다만, 위의 두 번째 및
세 번째의 유형에서 볼 수 있는 바와 같이, 테츠너는 예외적이기는 하지만
실무상 사법심사 관할의 배제에 의해 재량이 성립할 가능성이나 법률요건의
측면에서 기술적 재량이 성립할 가능성 또한 인정하고 있다.

3. 객관적 법위반의 하자

행정행위는 객관적인 행정법 규범을 침해하고 위반했기 때문에 그 하자가
인정되는 것이지, 행정공무원의 주관적 의사나 주관적 법률요건이 직무법
또는 형법에 위배되어 당해 행정행위의 하자가 인정되는 것이 아니라고 보

---

48) Hofer-Zeni, Das Ermessen im Spannungsfeld von Rechtsanwendung und Kontrolle,
    1981, S. 20 참조.
49) Schindler, Verwaltungsermessen, 2010, S. 17; Tezner, Das freie Ermessen der
    Verwaltungsbehörden, 1924, S. 69-71 참조. 그러나 테츠너는 위 글에서 "재량은
    '법률효과'(Rechtsfolge)의 측면에서만 성립된다"라는 명시적·직접적인 표현을 사
    용하고 있지는 않다는 점을 유의할 필요가 있다.

는 것이 테츠너의 견해이다.[50] 행정재판관은 행정공무원의 의무위반이나 과
책을 심사하는 것이 아니라, 사람과 분리된 행정행위 자체의 하자를 문제 삼
고 심사해야 한다는 것이다.[51] 따라서 비록 행정명령이나 직무지시 또는 직
무명령에 위반되는 행위라고 하더라도 당해 행정행위가 법률에 부합한다면
적법한 행정으로 보아야 하는 반면, 비록 담당 공무원이 직무법이나 형법 위
반의 혐의가 없다는 판단을 받았다고 하더라도 당해 행정행위가 행정법 규
범에 위반된다면 그 행정행위는 위법하다고 보아야 할 것이다.[52]

앞서 본 바와 같이 만약 베르나치크의 견해 등과 같이 행정행위의 위법
성과 하자의 근거를 해당 공무원의 '의사의 하자'라는 주관적 요소에서 구
할 경우, 행정재판관은 이러한 주관적 요소를 심사하기 위해서 부당한 심리
부담을 가지게 되는 것이 문제임을 테츠너는 지적하고 있다.[53] 즉, 행정재
판소의 임무는 당해 행정행위의 객관적 위법성의 심사에 있는 것이지, 해당
공무원의 주관적 의사의 하자를 확인하는 것까지 확장되는 것은 아니라고
본다.[54]

4. 심사강도

테츠너의 초기적 견해는 불확정개념 전반에 대해서도 모두 법률요건에 대
한 '완전한 사법심사'(vollständige Überprüfung)가 가능하다는 취지로 이해가
되었다.[55] 그는 특히 의욕 차게 법률요건상 추상적·불확정 개념이 사용된

---

50) Tezner, Das freie Ermessen der Verwaltungsbehörden, 1924, S. 8 참조.
51) Tezner, Das freie Ermessen der Verwaltungsbehörden, 1924, S. 84-85.
52) Tezner, Das freie Ermessen der Verwaltungsbehörden, 1924, S. 8 참조.
53) Tezner, Das freie Ermessen der Verwaltungsbehörden, 1924, S. 3.
54) Tezner, Das freie Ermessen der Verwaltungsbehörden, 1924, S. 85.
55) Schindler, Verwaltungsermessen, 2010, S. 17 참조.

경우라고 하더라도 이는 어디까지나 법개념의 하나에 불과하여 행정재판소
의 재판심사가 배제되는 재량사건에서는 제외된다고 주장하면서, 행정재판
관은 자신의 법해석·적용의 의무에 따라 전면적인 심사를 해야 한다는 적극
적인 견해를 피력하였다.[56]

  그러나 테츠너는 이후의 저술[57]에서는 위와 같은 심사강도의 요구를 완
화시켜 나갔다.[58] 구체적으로 말해서, 행정청의 법률해석이 결정적으로 법에
위반되거나 모순되는 것이 아니고 행정청이 제시한 사실관계상 당해 고권적
행위의 적법성 요건이 설명될 수 있다면, 행정재판관은 단지 자신의 해석과
행정청의 판단결과가 서로 다르다는 이유만으로 당해 행정행위를 취소할 수
는 없다고 보았다.[59] 이때 행정재판소의 심사범위는 행정청의 판단이 '타당
한'(vertretbar) 것인지,[60] 개념적으로 실행할 수 있는 것인지, 행정청의 결정
내용이 그럴 듯한 것인지 여부로 한정된다고 본다. 즉, 이때 행정재판소는
"의심스러울 때에는 행정행위를 유지하는 쪽으로 판단을 해야 한다"는 대원
칙을 유지하고 있다고 한다. 따라서 행정재판관은 행정청의 처분에 관한 논
증에 있어서 필요성의 문제나 사실관계에 관하여 명백하게 잘못된 부분이
발견될 경우에만 이에 관해 심사를 한다.[61]

  하지만 사견에 의하면, 이와 같은 테츠너의 견해가 심사강도의 전반적인
완화로서 권리구제로부터 후퇴한 것이라고 평가되어서는 안 될 것이다. 왜

---

56) Tezner, Über das "freie Ermessen" der Verwaltungsbehörden als Grund der
   Unzuständigkeit der Verwaltungsgerichte, in: Grünhuts Zeitschrift, 1892, S. 343
   참조.
57) 이후의 저술이라 함은 Tezner, Das freie Ermessen der Verwaltungsbehörden,
   1924를 의미한다.
58) Schindler, Verwaltungsermessen, 2010, S. 17 참조.
59) Tezner, Das freie Ermessen der Verwaltungsbehörden, 1924, S. 160.
60) Schindler는 이와 같은 테츠너의 견해가 이후 나타난 '타당성 이론'(Vertret-
   barkeitslehre)의 단초를 제공하였다고 평가할 수 있다고 본다. Schindler, Verwal-
   tungsermessen, 2010, S. 17, Fn. 61.
61) Tezner, Das freie Ermessen der Verwaltungsbehörden, 1924, S. 160.

나하면 역사적 맥락상 오스트리아 행정재판소의 창립 무렵에는 행정재판의 확대에 대한 정치적 우려가 극에 달하여 아예 행정재판권 자체를 무산시키려는 시도마저 있었고, 이러한 상황에서 행정재판권을 이룩해 나가기 위한 방편으로 행정재판관은 심사방식과 범위를 합리적으로 조정해 나갔던 것이며, 이러한 점을 수긍하는 테츠너의 태도를 현재의 시각에서 함부로 비판할 수는 없을 것이다. 오히려 테츠너는 '재량'을 명분으로 내세워 행정청이 자의적이고 임의적인 행위를 일삼는 것을 경계해야 함을 주지시키고 있고, 법률요건상 추상적·불확정 개념의 사용이 있는 경우를 모두 재량으로 파악하여 재판관할을 부정하던 종전 견해를 비판하면서 이에 대한 행정재판소의 심사를 주장하였으며, 앞서 언급한 바와 같이 행정재판권의 확대를 통해 법치주의를 완성하고 실현하려는 강한 의지를 가지고 있었다고 평가함이 타당할 것이다.

5. 행정절차

테츠너는 재량문제를 다룸에 있어서 행정절차와의 연관성을 중요하게 보았다. 다시 말해서 그는 행정의 타당성을 보장하기 위해서는 행정절차의 준수가 요구되고 이는 당시의 오스트리아 행정재판소의 판례에 의해서도 인정되는 바임을 강조하고 있다. 테츠너가 '당사자 청문의 원칙'(Grundsatz des Parteiengehörs)과 '이유제시의무'(Begründungspflicht)를 법치국가의 실현을 위한 양대 지주(支柱)로 표현[62]을 하였던 것을 보더라도, 그는 당시의 여러 학자들과는 구분되게 행정절차에 대한 남다른 관심과 시각을 가지고 있었고 그만큼 오스트리아 행정절차법의 전문가이기도 했다.

그는 무엇보다도 재량행위에 있어서 '이유제시의무'를 강조하면서, 이유

---

62) Tezner, Das freie Ermessen der Verwaltungsbehörden, 1924, S. 59.

제시의무로부터의 자유는 재량의 본질에 속하지 아니한다고 보았다.[63] 당시의 실정법에 의해서도 재량의 행사가 일방 당사자에게 불이익한 경우에는 이유제시가 되어야만 하는데, 구체적으로는 ① 법률이 이유제시를 명백히 요구하는 경우, ② 재량행위가 그 이유제시의 흠결로 인하여 당사자로 하여금 그러한 재량행위가 있게 된 근거를 억지로 추측하게끔 만들고, 재량행사의 진정한 근거제시가 결여된 경우, ③ 법에 의해 요식행위(要式行爲)에 해당하는 경우에는 비록 당해 행위가 재량행위에 해당한다고 하더라도 이유제시가 강제된다고 한다.[64] 여기서의 이유제시의 핵심은 그 제시된 이유가 진정(眞正)한 것이어야 한다는 점이고, '가장적 이유제시'(假裝的 理由提示, Scheinbegründung)는 허용되지 않는다고 본다.[65] 가장적 이유제시는 진정한 이유제시를 요구하는 법률의 취지에 위반되고, 또한 효과적인 심사의 가능성을 수포로 돌아가게 할 뿐이라고 한다.[66] 테츠너는 재량행위가 재량의 한계를 준수하였는지를 심사하고 그 취소가능성을 검토하기 위해서는 그 필수적인 전제로서 재량행사에 관한 이유제시가 이루어져야만 한다고 보았다.[67] 왜냐하면 재량행위의 발급에 관한 행정청의 이유제시가 없게 되면 행정재판관으로서는 어떠한 근거에서 당해 재량행위가 이루어진 것인지를 알 수 없게 되어 근본적으로 재량행위에 관한 심사 자체가 불가능하다고 보았기 때문이다.[68] 다시 말해서, 행정재판관이 행정청의 행위의 동기(動機)를 조사하고 심사할 권한이 있음을 승인하면서 동시에 재량행위에 대하여 이유제시가

---

63) Tezner, Das freie Ermessen der Verwaltungsbehörden, 1924, S. 53-54.
64) Tezner, Das freie Ermessen der Verwaltungsbehörden, 1924, S. 54.
65) Tezner, Das freie Ermessen der Verwaltungsbehörden, 1924, S. 57 참조.
66) Tezner, Das freie Ermessen der Verwaltungsbehörden, 1924, S. 96.
67) Tezner, Das freie Ermessen der Verwaltungsbehörden, 1924, S. 54-56 참조.
68) 따라서 테츠너는, 만약 재량행위에 대해서 이유제시가 필요 없다고 본다면, 그 재량행위가 법률상의 내용에서 크게 벗어나지 않는 한, 의회의 통제와 형사재판소의 통제를 벗어난 무제한의 존재가 되는 것을 인정하는 셈이 된다고 한다. Tezner, Das freie Ermessen der Verwaltungsbehörden, 1924, S. 95.

불필요하다고 하는 것은 전후 모순이라고 본다.[69] 이에 대하여 행정청에게 상세한 이유제시를 요구하는 것은 행정에게 과도한 부담을 지우는 것이므로 적절하지 않다는 반론이 가능할 수도 있으나, 테츠너는 당장에는 불충분한 이유제시에 그치는 것이 행정인력을 절약하는 것처럼 보일 수 있지만, 그러한 불충분한 이유제시가 된 행정처분에 대해 행정소송이 제기됨으로써 담당 행정공무원이 행정재판소의 변론에 참여해야만 하는 시간의 소모는 오히려 행정에게 더 큰 부담으로 다가올 수 있다면서 위의 반론에 대해 재반박을 한다.[70] 더 나아가 테츠너는 이와 같이 재량행위에 대해 짧고 간결하게나마 이유제시를 할 행정청의 의무를 부과하는 것은 행정의 발전이라는 관점에서 보았을 때 행정에게 유해하지 않을 뿐만 아니라, 오히려 올바른 행정을 촉진하는 역할을 할 수 있다는 점을 강조하고 있다.[71]

---

69) Tezner, Das freie Ermessen der Verwaltungsbehörden, 1924, S. 94-95.
70) Tezner, Das freie Ermessen der Verwaltungsbehörden, 1924, S. 60-62 참조.
71) Tezner, Das freie Ermessen der Verwaltungsbehörden, 1924, S. 60.

제3절 분석과 영향

1. 이론에 대한 비판

라운을 비롯한 여러 학자들은 테츠너의 효과재량이론에 대해 아래와 같은 내용으로 비판을 가하고 있다.

1. 비판의 요지

테츠너의 견해는 추상적·불확정 개념이 사용된 경우에도 원칙적으로 재량의 성립을 부정함으로써 일견 재량의 인정범위를 축소시킨 것처럼 보이지만, 다른 한편으로는 광범위하게 행정의 자유를 확장함으로써 재량의 성립범위를 확대하는 결과가 되었다는 비판이 제기된다.[72] 특히 테츠너는 "어떠한 법적인 제한도 자유의 여지가 전혀 허용되지 않을 정도로 빡빡하지는 않다",[73] "여러 '집행가능성'(Vollzugsmöglichkeit)이 열려 있지 않은 어떠한 법규범도 존재하지 아니한다",[74] "재량을 위한 어떠한 여지도 전혀 허용하지 않는 어떠한 제한도 존재하지 않는다"[75]라는 등의 서술을 하고 있는 점에

---

72) v. Laun, Das freie Ermessen und seine Grenzen, 1910, S. 34; Hofer-Zeni, Das Ermessen im Spannungsfeld von Rechtsanwendung und Kontrolle, 1981, S. 21 참조.
73) Tezner, Das freie Ermessen der Verwaltungsbehörden, 1924, S. 9-10.
74) Tezner, Das freie Ermessen der Verwaltungsbehörden, 1924, S. 69.

비추어 그는 완전한 기속행위의 존재를 부정하고 있는 한편, 반대로 어떠한 법규범에서도 행정재량이 인정될 수 있는 여지를 열어 둔 것으로 이해할 수도 있기 때문이다.

또한 테츠너가 재량하자의 심사에 있어서 부당하게 '주관적 하자' (subjektiver Fehler)의 중요성을 부정한 것은 옳지 않다는 지적이 있다.[76] 그리고 테츠너는 불확정개념이 해석을 통해 얼마든지 구체화될 수 있다고 보았지만, 실제로 각종 방식에 의한 법률해석을 거친다고 하더라도 개념의 구체화에는 한계가 있을 수 있다는 점을 간과하였다는 비판도 나타난다.[77]

2. 검토

먼저 지적할 부분은, 테츠너의 견해는 재량의 인정영역을 법률요건에서 법률효과로 옮겨 놓았다는 점만으로도 의미가 있다고 할 것이라는 점이다. 그리고 테츠너는 재량에 대해 원칙적인 제한과 한계성을 긍정하였고, 또한 '해석'(Auslegung)을 통해 도출된 규범의 내용 전반에 대하여 행정이 기속되는 것으로 선언함으로써, 확실히 종래의 재량에 관한 논의와 비교하여서는 물론이고, 베르나치크에 의해 인정되던 재량의 외연에 비해서도 재량의 범위를 축소시키려고 노력한 것으로 평가함이 타당하다고 할 것이다. 따라서 위와 같이 테츠너가 재량의 성립범위를 오히려 확대하였다는 비판이 일부분 진실을 포함하고 있다고 하더라도, 그가 자유재량의 범위를 지나치게 확대한 것으로 단정하기는 어렵다고 할 것이다. 결국 그의 견해는 당시의 판례에 대한 비판과 함께 권리구제 확대라는 법치국가적인 요청에서 비롯된 것이므

---

75) Tezner, Das freie Ermessen der Verwaltungsbehörden, 1924, S. 69.
76) Jellinek, Gesetz, Gesetzesanwendung und Zweckmäßigkeitserwägung, 1913, S. 334.
77) Held-Daab, Das freie Ermessen, 1996, S. 165 참조.

로 그 자체로도 큰 학문적 업적으로서 긍정적인 평가를 받아 마땅하다고 생각한다.

또한 테츠너가 종래에 비해 주관적 하자에 대한 입증 및 심리상의 어려움 등을 이유로 들면서 그 위상을 감소시킨 것은 분명하다. 그러나 그가 이와 같은 견해를 전개한 이유는, 이전의 베르나치크의 견해에 의하면 재량사건에 대한 재판심사가 가능한 요건으로서 당해 공무원의 주관적 의사 하자만을 지나치게 강조하였고 이러한 점은 테츠너가 구상하는 재판심사의 확대방향을 거스르는 것으로 여겨졌으며, 테츠너는 행정재판소의 재량하자 심사는 객관적 하자의 심사로 그 중심이 옮겨와야 한다고 생각했기 때문으로 보인다. 테츠너가 비록 주관적 하자의 의미를 감퇴시킨 면이 없지는 않지만, 그렇다고 그의 견해에서 주관적 하자가 전면적으로 부정된 것으로 단정할 수는 없다는 점은 유의할 필요가 있다.

다만, 테츠너가 자유주의적인 관점에서 행정재판소의 심사권한을 가능한 한 확대하기 위해 해석을 통한 추상적·불확정 개념의 구체화를 전면적으로 내세웠지만, 해석가능성을 너무 긍정적으로 본 나머지, 반대로 해석을 통한 구체화의 한계점을 파악하지 못했다는 비판은 적확하고 정당한 것으로 보인다.[78] 이러한 해석가능성에 대한 과도한 희망적 시각은 추후 나타나는 효과재량이론에 대해서도 공통적으로 제기될 수 있는 비판이라고 생각된다.

---

78) 같은 취지로 Held-Daab, Das freie Ermessen, 1996, S. 165-167.

II. 테츠너의 효과재량이론의 가치와 영향

1. 행정재판권의 관할 확장

테츠너는 자신의 재량행위 이론을 통해 행정재판권의 관할범위를 보다 확장시키고자 하는 명백한 의도를 드러내고 있다.[79] 그는 종래 법률요건상 추상적·불확정 개념이 사용된 경우에 재량을 인정하던 견해를 극복하고 이에 대해서도 행정재판관의 법해석·적용을 통한 사법심사가 가능한 것으로 이론을 구성함으로써 행정재판소의 심사영역을 확대하고자 한 것이다. 또한 테츠너는 재량의 본질인 행정기관의 자유를 법률집행에 있어서의 선택의 자유로 규정함으로써 가능한 한 재량의 범위를 축소시키고자 노력하였다. 이와 같이 '재량판단'에 대한 재판심사를 긍정하는 등으로 당시의 행정재판소법에 의해 사법심사로부터 배제되던 자유재량의 여지를 축소하고, 종래 재량으로 인정되던 범주를 사법심사의 관할범위 안으로 끌어들임으로써, 그는 행정재판소를 통한 권리구제의 실현을 보다 강화하려고 하였다. 다른 한편으로 테츠너는 행정재판관에 의한 적극적인 법해석과 적용의 임무를 강조함으로써 법률의 구속적인 효력을 가능한 한 확장시키려는 이론 전개에도 힘썼다.[80] 이러한 행정재판소에 의한 권리구제의 강화와 법률의 효력 확대는 법치국가의 요청에 부합하는 것이고 또한 법치국가의 실현을 위한 중요한 기반이 됨을 그는 간파하고 있었던 것이다. 이러한 테츠너의 행정재판소 중심적인 사고는 그의 행정재판관으로서의 경력과도 무관하지 않을 것으로 생각한다.

---

79) Schindler, Verwaltungsermessen, 2010, S. 17 참조.
80) Hofer-Zeni, Das Ermessen im Spannungsfeld von Rechtsanwendung und Kontrolle, 1981, S. 21 참조.

2. 법률효과로의 중심축 이동

테츠너와 베르나치크 이전까지는, 자의(恣意)와 구별되는 자유재량을 언급하거나 또는 불확정개념에서 재량 개념의 단초를 개략적으로 살펴보는 견해 정도가 존재했었다. 그 후 베르나치크는 법률요건상의 추상적·불확정 개념에 주목하여 재량의 본질과 인정영역에 관해 본격적으로 법학적 방법론을 통해 논증을 하였음은 전술한 바와 같다. 이에 대하여 테츠너는 앞서 본 바와 같이 효과재량이론을 통해 법률요건에서의 재량을 대부분 부정하고 제거해 나가면서 방향을 전환하여 법률효과의 측면에서 법집행과 관련된 선택의 자유를 재량의 본질로 파악하였다.

이와 같은 테츠너의 재량에 관한 견해는 재량에 관한 논의를 법률요건의 측면에서 법률효과의 측면으로 그 중심축을 이동하였다는 점에서 학문적인 의의를 가진다. 이러한 중심 이동이 이루어진 계기 또는 원인은 테츠너의 저술을 통해 명시적으로 제시된 것은 아니어서, 지금까지 살펴본 테츠너의 견해를 바탕으로 여러 가지 측면에서 추측해 볼 수 있을 것이다.

먼저 테츠너는 재량이 문제되는 여러 행정소송 실무를 경험하면서 행정이 처분을 해야 할 상황이 아님에도 공익이나 자유재량 사항임을 내세워 행위를 감행함으로써 시민의 권리를 침해하는 경우를 심각한 문제 상황으로 여겼던 것으로 보인다. 이에 대한 대책으로서 한편으로는 공익을 근거로 발령하는 처분은 반드시 명분으로 삼은 공익과 '타당한 관련성'(sachliche Beziehung)이 있을 것을 요구하였다. 다른 한편으로는, 입법자는 공익, 공적인 고려, 공공복리 등과 같은 표현을 사용하면서 일정한 의미를 생각하고 이를 법규범화 하였을 것이므로[81] 재판관은 이러한 입법자가 상정한 공익 등의 개념에 관한 의미를 법해석을 통해 구체화할 수 있을 것이고, 따라서 법

---

81) Hofer-Zeni, Das Ermessen im Spannungsfeld von Rechtsanwendung und Kontrolle, 1981, S. 20 참조.

률요건에서 추상적·불확정 개념이 사용된 경우의 대부분은 사법심사가 배제
되는 재량에 해당되지 않는다는 결론에 이른 것으로 보인다. 따라서 테츠너
는 이와 같이 법률요건의 측면에서 재량을 대부분 몰아낸 결과, 법규범의 구
조와 법적용의 삼단논법 체계상 자연스럽게 재량의 인정영역에 관해 법률효
과의 측면으로 시선을 돌렸던 것이 아닌가 생각해본다.

　또한 테츠너는 행정재판관으로서 재판관에게 최종적인 법해석·적용의 권
한이 있다는 강한 신념을 가지고 있었던 것으로 보인다. 그는 베르나치크의
견해와 같이 법률요건의 측면에서 널리 공익이나 불확정개념에 의한 기술적
재량을 인정하고 이에 대한 사법심사가 배제된다면, 사실상 행정에게 공익
등의 개념에 대한 최종적인 법해석·적용권한을 넘겨주는 셈이 되어 이는 심
히 부당한 결과라고 생각했을 것으로 여겨진다. 그러므로 법률요건의 측면
에서는 행정재판관의 법해석에 따른 법규범의 내용에 행정이 전반적으로 구
속되는 것으로 상정하는 한편, 그에 대한 반대급부로서 앞서 언급한 객관적
관련성이나 실체법·절차법 또는 관할규범을 벗어나지 않는 범위 안에서는
법률효과의 측면에서는 행정에게 자유의 여지를 부여하는 것이 타당하다고
생각했던 것으로 보인다. 여기서 행정의 자유는 재판관의 법해석에 따른 요
건충족 이후의 단계인 법률효과의 측면에서 허용되는 것을 의미한다.

3. 실무적·소송법적 접근방법

　테츠너의 다년간의 행정재판관으로서의 경력을 통해서도 추측할 수 있는
바와 같이, 그는 자신의 재량행위 이론을 전개하는 과정에서 다양한 판결 사
례를 예시로 들고 있다. 특히 프로이센 고등행정재판소와 오스트리아 행정
재판소의 판례를 통해 실제의 행위목적과는 달리 '공익' 개념을 명분으로만
내세운 잘못된 재량 사례를 비판하고, '재량이론'에 관한 중요한 단초를 제

공하는 주목할 만한 판시내용을 곳곳에서 들고 있다.

그의 실무가적인 면모가 잘 드러나는 또다른 측면으로서는, 행정의 위법
성과 관련하여 행정절차를 대단히 중시하는 태도를 들 수 있다. 이러한 면에
서 테츠너의 또 다른 업적은 바로 일찍이 행정재량의 절차적 통제가 논의될
수 있었던 단초를 제공해 준 것이라고 평가할 수도 있을 것이다.

또한 재량행위 이론을 전개함에 있어서 '입증 난이도'나 '입증책임' 등 실
제 소송에서 문제가 되었을 경우를 상정하여 논의를 전개하는 면도 돋보인
다. 앞서 본 바와 같이 행정행위의 위법성과 하자의 근거를 해당 공무원의
의사의 하자라는 주관적 요소에서 구하는 베르나치크의 이론을 비판하면서,
그 근거로 주관적 요소에 대한 입증의 어려움과 행정재판관의 부당한 심리
부담을 제시했던 것이 그 대표적인 예이다. 이는 이론적인 측면에서의 타당
성에 관한 논증과정에 더해져서 테츠너의 논리 전개에 보다 설득력을 높히
는 역할을 한다. 이러한 테츠너의 서술 태도는 풍부한 사례와 함께 선명한
논리전개가 더해져서 마치 주석서나 판례사례집을 보는 듯한 느낌마저 든다.
다만, 서술 내용이 부분적으로 다소 난해하고, 그의 특유의 서술방식인 긴
호흡의 문장과 복잡한 문장구성으로 인해 쉽게 읽기가 어려운 점은 아쉬움
으로 남는다고 하겠다.[82]

4. 이상적인 행정재판관

앞서 본 바와 같이 테츠너는 행정에 대한 강한 불신을 표명하는 한편, 권

---

[82] 유사한 취지로는 Merkl, Rezension von Friedrich Tezner, Gesammelte Schriften,
2006, S. 233. 아돌프 메르클(Adolf Merkl)은 위 글에서 테츠너의 Tezner, Das
freie Ermessen der Verwaltungsbehörden, 1924는 체계적인 논문이라기보다는 재
량에 관한 개별 문제에 관하여 에세이적인 글들을 모아 놓은 것에 더 가깝다고 평
가하고 있다.

리수호자로서의 재판관의 역할을 강조하고 있다. 이러한 테츠너의 태도는 동시대의 비평가에 의하여 "이상적인 행정재판관의 신앙고백서"라고 표현[83] 될 정도로 행정재판관의 바람직한 상을 제시하고자 노력하고 있음을 알 수 있다. 특히 그는 행정재판소를 통해 사법심사의 새로운 길이 열릴 수 있고, 이때 가장 큰 영향력을 미칠 수 있는 중요한 역할을 담당해야 하는 것이 바로 행정재판관임을 자각해야 한다고 강조하고 있다.

5. 후세의 재량행위 이론에 대한 영향

이와 같은 테츠너의 효과재량이론은 처음에는 종래의 베르나치크의 요건재량이론이 통설적 지위를 차지한 이후에 등장한 소수설에 불과하였다. 그러나 제2차 세계대전 이후 독일에서는 테츠너에 의해 창시된 '효과재량이론'이 그 내용과 근거가 변화·보강되면서 통설·판례의 위치를 차지하게 된다. 테츠너의 견해는 앞서 본 바와 같이 행정에 대한 강한 불신에 기초한 재판관의 역할강화와 재량에 관한 심사범위 확대 및 최종적인 판단권의 존중에 있다고 할 것인데, 이러한 견해의 태도는 나치불법국가에 대한 반성으로서 행정소송의 강화와 이를 통한 시민의 권리구제의 확대를 정당화하는 이론적 무기가 되었던 것이다.[84]

---

83) Merkl, Rezension von Friedrich Tezner, Gesammelte Schriften, 2006, S. 237; Schindler, Verwaltungsermessen, 2010, S. 17-18.

84) 이와 같은 독일의 재량행위 이론의 변천과정과 역사적 의미에 대해 집약적으로 서술한 글로서 박정훈, "불확정개념과 판단여지", 행정작용법, 2005, 252-254면. 특히 같은 글 253면에서는 테츠너의 효과재량이론은 당초 소수설로 등장하였으나, 제2차 세계대전 이후 독일에서 인식의 문제와 의지의 문제를 구별하여야 한다는 이론적 관점이 보강되어 통설·판례의 입장으로 바뀌게 된 것이라고 서술하고 있다. 특히 나치 시대와 제2차 세계대전 이후에 효과재량이론이 통설적 지위를 차지하게 된 과정에 대하여는 앞서 '예비적 고찰'에서 개관을 한 바 있다. 한편, 독일 재량행

또한 규범의 엄격성이나 모호함이 단지 양적인 차이일 뿐 질적인 차이가 아니라고 하는 테츠너의 견해는, 그 후에 한스 켈젠(Hans Kelsen)의 법이론에 의해 승계가 되었다. 즉, 위와 같은 테츠너의 재량과 기속에 관한 견해는, 법률상 기속된 행위와 자유재량 행위 사이에는 필연적·본질적인 차이가 있는 것이 아니라 단지 양적이고 상대적인 차이만이 존재할 뿐이고, 양자 중 어느 하나의 행위에 속하는지 여부는 사안별로 변화될 수 있는 기속의 정도에 따라 달리 결정될 수 있다는 켈젠의 견해로 이어지게 된다.[85]

그리고 테츠너가 해석을 통해 불확정개념을 구체화하는 것을 강조하면서도, 그가 요구하는 개념 구체화의 정도는 당해 '개념의 범위'(Begriffsumfang) 내에서 개별적인 사실관계가 그 개념에 해당하는 것으로 인정하는 것에 특별히 의문이 없을 정도로 타당하기만 하면 족하다고 보았다.[86] 즉, 개념의 구체화를 통해 반드시 일의적인 해결책이 제시될 필요는 없다고 본 것이다.[87] 이러한 그의 태도는, 뒤에서 논의하는 옐리네크의 불확정개념의 적용에 관한 세 개의 영역[88]을 구축함에 있어서 중요한 단초가 되었다.[89]

위 이론의 역사적 변천과정 및 이념적 배경에 관하여 중점적으로 다룬 상세한 글로서 Held-Daab, Das freie Ermessen, 1996, S. 70-235 참조.

85) Merkl, Rezension von Friedrich Tezner, Gesammelte Schriften, 2006, S. 234 참조.
86) Held-Daab, Das freie Ermessen, 1996, S. 163.
87) Held-Daab, Das freie Ermessen, 1996, S. 165.
88) 아래에서 살펴보는 바와 같이 옐리네크는 불확정개념의 적용에 있어서 ① 당해 불확정개념에 해당한다는 의미의 '긍정적 판단', ② 당해 불확정개념에 해당하지 않는다는 의미의 '부정적 판단', ③ 위 양자의 경계선 부근의 영역에 있는 '문제가 되는 판단'이라는 세 개의 판단 영역이 존재한다고 보았다. 이에 대한 자세한 설명으로는 Jellinek, Gesetz, Gesetzesanwendung und Zweckmäßigkeitserwägung, 1913, S. 37-38.
89) Held-Daab, Das freie Ermessen, 1996, S. 163. Held-Daab은 옐리네크의 이와 같은 견해를 불확정개념의 '세 개의 영역 모델'(Drei-Sphären-Modell)로 칭하였다.

제4장 효과재량이론의 체계화:
라운(v. Laun)

— 다양한 목적 선택의 자유로서의 재량 —

제1절 라운의 생애

루돌프 폰 라운(Rudolf von Laun, 1882~1975)은 1901년부터 오스트리아 빈 대학에서 베르나치크(Bernatzik)의 제자로 공부를 하였고, 1906년도에 박사학위를 취득한 후 1908년도에 교수자격논문[1]을 완성한 다음, 1911년까지 같은 대학에서 '사강사'(Privatdozent) 생활을 마치고 행정법 및 행정학 조교수로 임명되었다. 그는 1919년 가을부터는 함부르크 대학에서 공법 정교수로 임명되어 1924년과 1925년에 두 번이나 '총장'(Rektor)을 역임하였다. 한편 라운은 실무가로서는 1922년 이래로 함부르크 고등행정재판소의 재판관을 겸임하였고, 1949년부터 1955년까지 브레멘 주의 국사재판소(國事裁判所, Staatsgerichtshof)의 재판소장으로 재직하였다. 그는 제1차 세계대전에 예비역 소위로 참전하기도 하였고, 이러한 전쟁경험의 영향으로 '평화주의자'(Pazifist)로 변모하였으며, '사회민주주의자'(Sozialdemokrat)로서 국제법과 법철학 분야에 관한 저술에도 힘썼다.[2]

---

1) 그 '교수자격논문'(Habilitation)이 바로 "자유재량과 그 한계(Das freie Ermessen und seine Grenzen, Leipzig/Wien 1910)"이다.

2) 라운에 대한 전기(傳記)적 내용에 관하여는 http://de.wikipedia.org/wiki/Rudolf_ Laun; 김효전, 독일의 공법학자들 (6), 동아법학 제18호, 1995, 242면; Schindler, Verwaltungsermessen, 2010, S. 20, Fn. 83 참조.

제2절 이론의 주요 내용

I. 자유재량과 법적용의 엄별

라운은 아래에서 살펴보는 바와 같이, 합목적성의 고려에 기초한 자유재량과 법규범에 근거한 법적용을 엄별하는 태도를 취함으로써, 베르나치크 및 테츠너와는 다른 입장에 서 있다.

1. 행정기관의 행태

라운은 행정의 현실을 직시하여, 행정기관의 행태는 반드시 법규범에 근거하여서만 이루어지는 것이 아님을 지적하면서, 그 행태를 지배하는 네 가지 유형을 제시하였다. 즉, 첫째로 법규범을 통한 '법적용'(Rechtsan-wendung), 둘째로 '법감정'(Rechtsgefühl) 내지 일반인의 법의식에 의거한 '법발견'(Rechtsfindung), 셋째로 합목적성의 고려를 통한 '자유재량'(freies Ermessen), 넷째로 행위하는 공적 기관의 임의(任意, Belieben)를 통한 '자의'(Willkür)가 바로 그것인데, 이 중 첫 번째의 법적용과 세 번째의 자유재량만이 오늘날의 문명국가에 있어서 의미가 있는 것으로 보고 있다.[3] 왜냐하면 두 번째의 '법발견'은 법의 흠결이 있고 달리 법원칙이나 선례도 존재하지 않는 경우에 그 흠결을 메우기 위한 재판관의 예외적인 방책으로서 매

---

3) v. Laun, Das freie Ermessen und seine Grenzen, 1910, S. 1, 257.

우 한정적으로 인정될 따름이고, 네 번째의 '자의'는 근대에 들어 기독교 정
신과 자연법 사상을 통해 국법학의 범주로부터 배척되어 온 개념으로서 점
차적으로 '자유재량' 개념에 의해 이론적으로 대체되어가는 양상을 보이고
있기 때문이라고 한다.[4]

2. 자유재량과 법적용

이와 같이 라운은 자유재량을 법적용의 일부로 보지 아니하고, 그 유형과
근거의 면에서 자유재량과 법적용을 서로 다른 것으로 취급하여 구별하고
있다. 이러한 태도는 자유재량을 '법적용'(Rechtsanwendung)의 한 형태로서
파악하고자 노력했던 베르나치크나 테츠너의 견해와는 대조된다.[5] 다시 말
해서, 베르나치크는 자유재량과 법기속이 서로 동일한 논리적 추론과정, 즉
법적용의 삼단논법을 거치는 것이라고 주장하였고,[6] 테츠너 역시 재판관의
전통적 임무로서의 법적용을 강조하면서 추상적·불확정 개념에 관한 소위
행정청의 '재량판단'도 재판소의 관할권 아래에 있음을 주장하였다는 것은
앞서 본 바와 같다.[7] 이렇게 베르나치크와 테츠너가 자유재량을 전통적인
재판소의 임무인 법적용의 문제로서 끌어당겨 사법심사의 대상으로 삼아 그
통제를 확대하고자 하였던 반면, 라운은 법규범에 기초한 법적용과 합목적
성의 고려에 터잡은 자유재량은 애초부터 출발점이 다른 별개의 유형에 해
당한다고 파악하였다. 다시 말해서, 라운은 자유재량은 법적용의 일종이 아
니고, 자유재량이 존재하는 곳에서 행정청의 행위는 정치적 또는 행정적인

---

4) v. Laun, Das freie Ermessen und seine Grenzen, 1910, S. 4-10, 257.
5) Hofer-Zeni, Das Ermessen im Spannungsfeld von Rechtsanwendung und Kontrolle,
   1981, S. 23 참조.
6) Bernatzik, Rechtsprechung und materielle Rechtskraft, 1886, S. 42.
7) Tezner, Das freie Ermessen der Verwaltungsbehörden, 1924, S. 24, 71.

'편의'(Opportunität)에 따라 이루어진다고 본 것이다.8) 즉, 라운은 '법적 용'(Rechtsanwendung)과 '합목적성의 고려'(Zweckmäßigkeitserwägung)를 엄 별하고 있는 것이다.9) 이와 같이 라운이 재량의 문제를 법적용으로 보지 않 았다고 하여 베르나치크나 테츠너에 비하여 상대적으로 재량에 대한 사법심 사의 범위를 축소하는 결과를 초래하거나 권리보호에 미흡하였다고 볼 수는 없다. 후술하는 바와 같이 라운은 '기속재량'의 개념을 도입하여 사법심사의 대상으로 삼았고, 또한 재량하자가 있는 경우에는 재량사건에 대해서도 법 기속과 마찬가지로 사법심사가 가능하다고 봄으로써 재량에 대한 사법심사 를 확대하고자 하는 태도를 취하였기 때문이다.

또한 자유재량이 법규범에 기초한 행정기관의 행태의 유형에 해당하지는 않는다고 하여, 라운이 자유재량의 논의를 법학의 문제로 보지 않았다거나, 자유재량이 법을 완전히 초월한 무한정의 존재라고 본 것은 아니다. 자유재 량의 논의는 여전히 법학의 근본적인 문제 중 하나이고, 재량의 한계와 그 한계를 일탈한 결과에 관한 논의는 행정법학의 주된 테마임을 분명히 밝히 고 있다.10)

II. '기속재량'(gebundenes Ermessen)의 도입

1. 기속과 재량의 구별

라운은 '국가목적'(Staatszweck)의 실현방식을 크게 두 가지로 나누었다.

---

8) Hofer-Zeni, Das Ermessen im Spannungsfeld von Rechtsanwendung und Kontrolle, 1981, S. 23 참조.
9) Jellinek, Rezension von v. Laun, AöR 27, 1911, S. 462-463 참조.
10) v. Laun, Das freie Ermessen und seine Grenzen, 1910, S. 10.

첫째로 '법규정의 정립 방식'으로서, 입법자가 국가의 목적을 직접 법문언에 규정하거나 또는 그 목적실현적 행위를 법규정에 명문으로 두는 방식을 말한다. 둘째로 '집행권력으로의 위임 방식'으로서, 입법자가 행정으로 하여금 법규정에 영향을 받지 않고 개별사안에서 국가가 추구하는 목적을 스스로 정하도록 위임을 한 경우를 의미한다. 그는 첫 번째의 경우를 '법률상 기속'(gesetzliche Gebundenheit) 또는 '기속적 행정행위'(gebundener Verwaltungsakt)로, 두 번째의 경우를 '자유재량'(freies Ermessen) 또는 '자유로운 행정행위'(freier Verwaltungsakt)로 보았다.[11]

종래의 견해는 행정과 사법(司法)의 대립관계를 강조하면서 행정이 사법과는 달리 법률상의 한계 안에서 합목적성의 고려에 따라 공익을 수호할 권한인 '자유재량'을 부여받았다는 점에서 구별된다고 보았다. 라운은 이에 대해 반대하면서, '재량'이 행정에게만 귀속되는 속성으로 볼 수는 없고, 또한 행정활동이 재량으로만 특징지워질 수는 없다는 견해를 취하고 있다. 즉, 행정 이외에 사법재량(司法裁量)의 가능성을 열어두는 한편, 자유로운 행정활동 이외에도 '기속적'인 행정활동의 존재를 전제로 하여 위와 같이 국가목적실현방식에 따른 기속과 재량의 구별을 하고 있는 것이다.[12]

2. 기속재량의 개념

라운은 종래의 통설이 기속과 재량을 구별하게 되면 「재량 = (거의 제한이 없는) 자유로운 행위」[13]라는 공식이 성립되는 점을 직시하였고, 다른 한

---

11) v. Laun, Das freie Ermessen und seine Grenzen, 1910, S. 47.
12) v. Laun, Das freie Ermessen und seine Grenzen, 1910, S. 257.
13) 아무리 독재적인 군주의 자의적인 행위라고 하더라도, 자연법적인 한계나 여론에 의한 제약 등의 최소한의 제한이 있었던 것은 사실이라는 점에서 '거의' 무제한적인 자유라는 표현이 성립될 수 있었다.

편으로는 행정의 현실상 실제로 재량이 인정되는 영역이지만 여전히 법적으로 여러 제약이 따르는 재량도 존재할 수 있다는 점에 주목하면서, '기속재량'(羈束裁量, gebundenes Ermessen)이라는 개념을 제시하였다. '기속재량'이라는 개념이 일응 '재량'에 의한 행위임을 인정하면서도 그와 전적으로 반대되는 개념인 '기속적'이라는 표현을 하나의 용어에 합쳐서 함께 사용하는 것 자체가 형용모순으로 생각될 수 있겠지만, 라운은 다음과 같이 자신의 이론을 전개해 나갔다. 즉, 근대국가에 이르면서 의회의 등장에 따라 과거와 같이 집행권력이 자신의 임의대로 아무런 제한 없이 자의(恣意)에 따른 행위를 할 수는 없게 되면서, 입법자는 국가의 행위가 자신의 의도에 부합하도록 미리 법률을 제정하고 법원칙을 선언하는 것을 통해 실질적으로 재판소와 집행기관을 기속하고 있다고 볼 수 있다. 그러나 다른 한편으로는 이러한 입법자의 의사는 해석을 통해 일견 쉽게 파악되는 것이 아니고, 심지어 외견상 간단해 보이는 법적용에 있어서도 이를 적용하는 기관의 복잡한 정신적 작용을 통해서만 그 의미를 이해할 수 있는 경우가 허다하였고,[14] 여기에다 모든 사항을 면밀하게 법률로 규정하는 것이 입법기술상 불가능하다는 현실까지 보태어 보면, 여전히 법규정이 있는 분야에서도 행정에게 어느 정도의 '운신의 폭', 즉 '활동여지'(Spielraum)가 존재할 수 있다. 이와 같이 행위를 하는 기관의 개별적인 판단에 '활동여지'가 존재한다는 의미에서 '재량'이 인정되면서도, 동시에 자유재량과는 달리 '법률상의 의사'(gesetzlicher Wille)에 강하게 구속되는 영역을 상정할 수 있으며, 라운은 이를 '기속재량'의 개념으로 포착하였던 것이다.[15]

자유재량과 달리, '기속재량'은 법률상 기속의 영역과 마찬가지로 행위하는 기관에 대해 오로지 '법률상의 의사'만을 실행해야 한다는 의무를 부과한다.[16] 다시 말해서, 재판관과 행정청은 그 스스로가 합목적적이고 타당하다

---

14) v. Laun, Das freie Ermessen und seine Grenzen, 1910, S. 48.
15) v. Laun, Das freie Ermessen und seine Grenzen, 1910, S. 50.

는 생각에 따라 행위 하는 것이 아니라, 자신의 판단기준 또는 평가척도를 배제하고 오로지 자신의 최선의 지식과 양심을 동원하여 입법자가 명령한 것만을 실행해야만 한다.[17] 즉, 입법자의 명령 이외에 다른 목적을 추구하는 것이 금지된다. 이와 같이 기속재량에 의한 행위가 법률에 의해 규정된 목적만을 추구하고, 또한 법률상 의사와 정신에 따라 실행되는 것이라면, 이론적으로 당해 결정은 항상 '일의적으로'(eindeutig) 확정될 수 있다고 할 것이고, 따라서 법적으로 올바른 결정은 유일하고 그로부터 벗어난 결정은 위법하다고 보았다.[18] 다시 말해서, 기속재량에 의한 결정은 '일의적 확정성'이 인정된다는 의미이다. 결국 기속재량은 자유재량과는 대립되는 개념이지만, 그 법적인 취급 면에서는 법기속과 대립되는 것이 아니라 오히려 동일하게 취급된다는 점에 특색이 있다.[19]

III. '목적선택'(Zweckwahl)의 자유로서의 재량

1. 자유재량 부여의 근거와 취지

국가기관이 개별 사안에서 추구해야 할 목적을 직접적으로 상세하게 미리

---

16) v. Laun, Das freie Ermessen und seine Grenzen, 1910, S. 55.

17) v. Laun, Das freie Ermessen und seine Grenzen, 1910, S. 55-58.

18) v. Laun, Das freie Ermessen und seine Grenzen, 1910, S. 59-60. 라운은 이러한 '결정의 일의적 확정성'은 기속재량뿐만 아니라 법률상 기속된 행위 전반의 특징이라고 서술하고 있다. v. Laun, Das freie Ermessen und seine Grenzen, 1910, S. 208.

19) 이와 같이 불확정적 법률요건 개념을 구체화하는 것을 법적으로 '기속된'(gebunden) 재량에 귀속시킨 것은 학문적으로 진보한 것이라는 취지의 견해로는 Held-Daab, Das freie Ermessen, 1996, S. 210.

법규범을 통해 규정하는 것이 항상 가능한 것은 아니다. 이는 비단 언어표현
의 제약에서 비롯되는 입법기술상의 한계의 문제만이 아니라, 수시로 순간
순간 변화하는 국가현실에 대하여 이를 미리 예견하여 면밀히 대응하는 것
이 쉽지 않은 법현실에서 기인한다.[20] 그렇다 하더라도 국가는 급격히 변화
하는 사회적 요청에 적시에 대응해야만 하고, 따라서 국가기관은 상황에 따
라서는 고정된 법적 규율로부터 벗어나 보다 탄력적인 조치를 위해 스스로
목적을 설정하고 그에 따라 행동할 수 있어야만 할 것이다. 이에 따라 입법
자는 모든 국가적 행위에 대한 규범을 미리 구속적으로 규정할 수 없는 현
실을 인정하여 집행권력을 가진 국가기관에게 '자유재량'(freies Ermessen)을
부여하는 것이다.[21] 즉, 집행기관은 이러한 변화하는 현실에 즉응하기 위하
여, 법률에 영향을 받지 아니하고 '의무에 합당한'(pflichtmäßig) 자신의 고유
한 견해와 의사에 따라, 구체적인 사안에서 무엇이 국가목적의 실현을 위하
여 가장 적합하고 합목적적인지를 스스로 결정하여 행위를 할 권한을 부여
받았고, 이것이 곧 자유재량이라는 것이다.[22]

　　현재의 재량에 관한 논의에 비추어 보면, 위와 같은 설명은 재량부여의 근
거와 목적에 대한 '재량' 일반에 대한 설명이지 특별히 '자유재량'에 국한되
는 설명으로 보기는 어렵다고 할 것이다. 그러나 라운의 시대에는 다수의 견
해가 「재량 = 자유재량」이라는 전제 하에서 논의를 전개하였던 것으로 보이
므로, 라운의 이와 같은 설명이 당시의 상황에 비추어 반드시 협소하다거나
오류라고 보기는 어려울 것이다.

---

20) v. Laun, Das freie Ermessen und seine Grenzen, 1910, S. 12-13.
21) v. Laun, Das freie Ermessen und seine Grenzen, 1910, S. 62.
22) v. Laun, Das freie Ermessen und seine Grenzen, 1910, S. 61-62.

2. 자유재량의 본질과 인정영역

라운은 행정이 법률에 의해 동등하게 설정된 여러 개의 행위유형 중에서 합목적성에 의하여 자유롭게 선택을 할 수 있는 곳에서 자유재량이 성립된다고 보았다.[23] 법률효과의 측면에서의 '선택의 자유'를 재량의 본질로 보았다는 점에서는 테츠너와 유사한 견해라고 할 것이다.[24] 그러나 그는 행정청에게 두 개 혹은 그 이상의 행위 중에서 선택권이 주어진 모든 경우에 자유재량이 존재한다고 보는 것은 옳지 않으며, 그 선택권은 입법자의 의사에 의하여 의도적으로 '수권'(授權, Ermächtigung)된 것이어야 한다고 보았다.[25] 즉, 자유재량은 선택의 자유를 의미하되, 그 선택의 자유는 입법자의 의사에 의해 그에 상응하는 수권이 부여됨으로써 입법자가 의도하였던 것이어야만 한다는 뜻이다.[26]

자유재량이 '국가목적실현'(Staatszweckverwirklichung)의 방식 중 하나로 논해질 수 있음은 앞서 본 바와 같다.[27] 이와 같이 입법자가 행정기관에게, 엄격한 법적 규율로부터 지장을 받지 아니하고 시시각각 변하는 요청에 부응할 수 있도록 하고 또한 행정기관 자신의 '의무에 합당한 견해·의사'에 따라 자신의 행동에 관하여 가장 근접하고 직접적인 '목적'(Zweck)이 무엇이어야 하는지를 스스로 결정할 것을 위임한 경우에,[28] 이것이 바로 자유재량

---

23) v. Laun, Das freie Ermessen und seine Grenzen, 1910, S. 62-63.
24) Schindler, Verwaltungsermessen, 2010, S. 20-21.
25) v. Laun, Das freie Ermessen und seine Grenzen, 1910, S. 62-63; Hofer-Zeni, Das Ermessen im Spannungsfeld von Rechtsanwendung und Kontrolle, 1981, S. 21 참조.
26) Hofer-Zeni, Das Ermessen im Spannungsfeld von Rechtsanwendung und Kontrolle, 1981, S. 21 참조.
27) v. Laun, Das freie Ermessen und seine Grenzen, 1910, S. 47; Held-Daab, Das freie Ermessen, 1996, S. 178 참조.
28) v. Laun, Das freie Ermessen und seine Grenzen, 1910, S. 62; Jellinek, Rezension von v. Laun, AöR 27, 1911, S. 463.

의 본질적 내용이라고 할 것이다. 그래서 자유재량을 허용하는 규범은 집행 권력에 대한 '백지위임'(Blankovollmacht)으로 규정되고, 행정은 그 공백을 자기 자신의 견해에 따라 채워나가야만 하는 것이다.[29] 행정은 여기서 법률 이 구현한 '국가의사'(Staatswille)와 동등한 위치에 서는 새로운 국가의사를 스스로 형성할 수 있는 것으로 볼 수 있다.[30] 다만, 자유재량 영역에서 행 정의 자유는 입법자의 자유와 대등하다고 볼 수는 없고,[31] 아래에서 보는 바와 같이 자유재량에는 외부적·내부적인 한계가 있다는 점을 간과해서 는 안 된다. 또한 행정청이 재량을 행사하는 경우에는, 자신의 고유한 '권 위'(Machtvollkommenheit)에 의하여 구체적인 사안에서 어느 지점에서 '공 익'이 성립되는지를 확인하고 결정할 수 있다고 한다.[32] 다시 말해서, 행정 청이 공익으로 간주하는 것이 바로 법적인 의미에서 실제로 공익이 된다는 의미이다.[33]

결국 자유재량은 행정청이 두 개 또는 그 이상의 종류의 행위들 사이에서 선택을 함에 있어서 '입법자의 영향 없이' 여러 행위의 목적 중 하나의 목적 을 스스로 선택할 수 있는 자유에 그 핵심이 있다고 할 것이다.[34] 그러나 여 러 행위의 유형 중에서 선택을 하는 것이 반드시 재량의 징표라고 할 수는 없다. 왜냐하면 그러한 선택의 문제는 ― 어려운 해석의 문제이기는 하지만

---

29) Hofer-Zeni, Das Ermessen im Spannungsfeld von Rechtsanwendung und Kontrolle, 1981, S. 22-23. 다만, 라운은 이때 행정의 '목적선택'(Zweckwahl)에 대 한 유일한 제한은 바로 '최종적인 국가목적'의 수호라고 보았다고 한다. v. Laun, Das freie Ermessen und seine Grenzen, 1910, S. 64; Held-Daab, Das freie Ermessen, 1996, S. 178 참조.
30) v. Laun, Das freie Ermessen und seine Grenzen, 1910, S. 70; Hofer-Zeni, Das Ermessen im Spannungsfeld von Rechtsanwendung und Kontrolle, 1981, S. 23.
31) v. Laun, Das freie Ermessen und seine Grenzen, 1910, S. 63-64.
32) v. Laun, Das freie Ermessen und seine Grenzen, 1910, S. 62.
33) v. Laun, Das freie Ermessen und seine Grenzen, 1910, S. 66; Hofer-Zeni, Das Ermessen im Spannungsfeld von Rechtsanwendung und Kontrolle, 1981, S. 23.
34) v. Laun, Das freie Ermessen und seine Grenzen, 1910, S. 62-63.

― '기속재량'에서도 발생할 수 있기 때문이다.35) 기속재량의 경우에는 행정청의 선택이 입법자의 영향으로부터 완전히 벗어나는 것이 아니고, 앞서 본 바와 같이 입법자에 의하여 표현된 목적을 가장 잘 성취할 수 있는 방식으로 입법자의 정신에 부합되게 그 선택이 이루어져야만 한다.36) 이와 같은 자유재량과 기속재량의 대조를 생각해 볼 때, 라운은 자유재량의 핵심을 '법률에 의해 영향을 받지 않고' 행위 할 수 있는 행정의 자유에 있다고 본 것이다.37) 따라서 이와 같은 행정의 자유가 인정되는 경우에는 당해 처분이 적합한 것인지 여부를 판단할 수 있는 어떠한 법률상의 척도도 존재하지 않는다는 결론에 이를 수 있다.38) 이를 달리 표현하자면, 자유재량의 영역에 관하여, 입법자는 스스로의 자유로운 의사에 따라 집행권력에 대하여 영향을 미치는 것을 포기하였으므로, 행정청은 법적 추론의 대전제를 '법질서'(Rechtsordnung)에서 찾기 보다는 행정 일선의 '정치적', '행정(학)적'인 견해를 그 대전제로 삼아 행위를 할 수 있다는 것이다.39) 즉, 행정청은 ― 아래에서 상술하는 재량의 한계를 넘지 않는 한 ― 법적 규율에 구애되지 않고, 순전히 정치적·행정적인 시각에서의 합목적적인 판단40)에 근거하여 행정작용을 할 수 있다는 의미이다. 따라서 이러한 자유재량의 대전제를 형성하는 행위준칙은 행정법학에서 찾을 수 있는 것이 아니라, 정치현실과 행정학적

---

35) Hofer-Zeni, Das Ermessen im Spannungsfeld von Rechtsanwendung und Kontrolle, 1981, S. 22.
36) v. Laun, Das freie Ermessen und seine Grenzen, 1910, S. 55-60.
37) Hofer-Zeni, Das Ermessen im Spannungsfeld von Rechtsanwendung und Kontrolle, 1981, S. 23 참조.
38) Hofer-Zeni, Das Ermessen im Spannungsfeld von Rechtsanwendung und Kontrolle, 1981, S. 23.
39) v. Laun, Das freie Ermessen und seine Grenzen, 1910, S. 70-71.
40) 그러나 '합목적성'(Zweckmäßigkeit)이라는 용어는 "제대로 설정된 목적에 알맞은" 것이라는 의미를 가진 경험적인 개념이지만, 중의적 의미로 사용될 수 있어 그 의미가 불확실한 단어이고, 또한 '결단'(Entschließung)의 자유와는 무관하다고 비판하는 견해로는 Jellinek, Rezension von v. Laun, AöR 27, 1911, S. 465 참조.

인 시각에서 찾을 수 있다고 한다.

그러나 한편 자유재량의 위임은 행정에게 선택의 자유를 부여함과 동시에 공익에 가장 잘 부합하는 것을 선택하여 행하라는 '명령'으로서의 의미를 가진다는 점41)을 유의할 필요가 있다. 이는 베르나치크의 "당신의 견해에 따라 공익이 요구한다고 생각하는 것을 행하라"(Tue, was du glaubst, daß es durch das öffentliche Wohl bedingt ist)라는 법원칙과도 일맥상통하는 것이다.42)

이와 같은 견해를 통해 라운은 자유재량의 본질에 관해 비교적 상세히 밝히고 있으나, 정작 언제 재량수권이 법률에 의해 인정되는가에 대해서는 구체적인 설명을 하고 있지 않은 점은 그의 견해의 취약점이라고 할 수 있다.43) 특히 라운은 재량수권과 불확정 법개념이 구별되어야 한다고 강하게 주장하였지만, 막상 양자는 모두 당해 행위에 관하여 법률상 미리 결정 내지 한정이 되어 있지 않다는 점에서 공통점을 가지고 있으므로,44) 일응 서로가 쉽게 구별되지 않는다고 할 것인데, 이러한 점에 대해 그는 더 나아가 어떠한 해명이나 언급을 하고 있지 아니하다.

3. 공익에 대한 예외적 취급

자유재량의 본질을 목적선택의 자유에서 찾는 라운은, 다른 한편으로 '공

---

41) v. Laun, Das freie Ermessen und seine Grenzen, 1910, S. 176.

42) v. Laun, Das freie Ermessen und seine Grenzen, 1910, S. 176. Schindler, Verwaltungsermessen, 2010, S. 22에서는 재량이 의무에 합당하게 행사되어야 한다는 베르나치크의 요청이 라운에 의하여 한층 더 발전하였다고 서술하고 있다.

43) Hofer-Zeni, Das Ermessen im Spannungsfeld von Rechtsanwendung und Kontrolle, 1981, S. 23.

44) Hofer-Zeni, Das Ermessen im Spannungsfeld von Rechtsanwendung und Kontrolle, 1981, S. 23.

익'(公益, öffentliches Interesse)이라는 개념을 어떻게 다룰 것인지를 고민하였다. 앞서 본 베르나치크의 견해에서는 재량의 본질을 법률요건에 대한 제3자의 심사불가능성에 있다고 보면서 행정청에게 전적으로 '공익'에 관한 판단이 맡겨진 사안에서 자유재량의 성립을 인정하고 있었는데,[45] 베르나치크의 제자인 라운은 위에서 본 바와 같이 그의 스승과는 달리 재량의 본질을 법률효과 면에서 행정의 목적선택의 자유로 옮겼는바, 그렇다면 '공익'에 대한 취급은 어떻게 할 것인지가 궁금해지는 것은 당연하다고도 볼 수 있겠다.

결론적으로 라운은 집행권력에게 부여된 '백지위임 규정'(Blankettnorm)에 의해 행정이 자신의 견해에 따라 그 공백을 메워나가야 하는 자유재량 규범[46]과 유사하게 보아, '공익' 개념은 그 특성상 법으로 자세히 설명될 수 있는 개념이 아니어서 세분화된 보충이 요구되는 것이고, 이때 백지로 된 공익의 내용을 보충하고 세분화하는 별도의 규범이 발령되어 있지 않는 한, 행정청은 개별 사안에서 스스로 그 공익의 내용을 채워 나가야 한다고 보았다.[47] 다시 말해서, 이와 같이 행정청 스스로가 공익의 내용을 보충하여야 한다는 점은, 백지위임에 따라 여러 목적 중 하나를 선택하고 그 공백을 메워야 하는 원칙적 형태의 자유재량과 구조적으로 유사할 수 있다는 점을 라운은 주목한 것이다. 따라서 라운은 원칙적으로 — 테츠너와 같이 — 법률효과 측면에서의 '선택의 자유'를 재량의 본질로 보면서도, 예외적으로 '공익'이라는 개방된 법률요건규범을 통한 자유로운 선택에서도 — 결과면에서 베르나치크에 동조하여 — 자유재량을 인정하였다. 다만, 테츠너는 효과재량

---

45) Bernatzik, Rechtsprechung und materielle Rechtskraft, 1886, S. 43-44.
46) v. Laun, Das freie Ermessen und seine Grenzen, 1910, S. 70.
47) v. Laun, Das freie Ermessen und seine Grenzen, 1910, S. 70; Held-Daab, Das freie Ermessen, 1996, S. 178 참조. 한편, 이와 같이 라운이 자유재량이 성립되는 경우를 ① 공익을 보장하는 경우와 ② 자유로운 목적의 선택으로 한정하는 것은 부당하다고 비판하는 견해로는 Jellinek, Rezension von v. Laun, AöR 27, 1911, S. 464 f. 참조.

이론의 예외로서 법률요건 측면에서 기술적 재량을 인정함에 있어서 특별한
논리 구조를 내세우지 않은 반면, 라운은 '선택의 자유'라는 논리 구조를 공
익 개념에도 차용·도입하여 체계적으로 구성함으로써 선택의 자유라는 원칙
과 공익 개념을 통한 자유재량 인정의 예외 사이에 최대 한도로 조화를 꾀
하였다는 점에서 특징이 있다.

또한 리운은 공익의 개념이 개방적인 것으로서 특정한 내용으로 정해져
있는 것이 아니라 모든 공적인 기관에게 동가치적이면서도 유일한 공익의
범주가 존재하는 것으로 생각을 하였다.[48] 다시 말해서, 여러 법규범에서 사
용된 '공익'의 개념은 각각 그 가치와 위상이 대등하게 여겨지면서도, 그 내
용은 구체적으로 채워지지 않은 상태의 공익 개념을 상정한 것이다. 그리고
자유재량 영역에서는 행정의 의사가 공익의 내용을 결정하기 때문에, 행정
의 의사가 변경됨에 따라 공익의 내용도 변경될 가능성이 내포되어 있다고
보았다.[49]

한편, 라운의 전체적인 견해를 통해 명시적으로 표현되지는 않았으나, 그
는 '공익' 이외의 다른 추상적·불확정 법개념이 사용된 영역에 대해서는 자
유재량을 인정하지 않았던 것으로 보인다.[50] 라운은 기본적으로 개념의 불
명확성 자체만을 근거로 행정에게 재량이 인정되는 것으로 보지는 않았
고,[51] 베르나치크의 견해에서 대표적인 기술적 재량의 예시로 인정되는 '위
험성' 판단에 대해서도 라운은 이를 법기속의 영역의 예시로 보거나 법률요
건의 문제 내지 법률요건 평가 및 법적용의 문제로서 행정재판의 통제 대상

---

48) v. Laun, Das freie Ermessen und seine Grenzen, 1910, S. 72.

49) v. Laun, Das freie Ermessen und seine Grenzen, 1910, S. 71-72.

50) Held-Daab, Das freie Ermessen, 1996, S. 178에서도, 라운은 유일한 '재량개
   념'(Ermessensbegriff)으로서 공익 개념을 승인하였다고 서술하고 있어 위와 같은
   이해는 타당한 것으로 보인다.

51) Hofer-Zeni, Das Ermessen im Spannungsfeld von Rechtsanwendung und
   Kontrolle, 1981, S. 21 참조.

이 된다고 보았다는 점 등에서 이를 추론해 볼 수 있다.[52] 또한 라운은 법률상의 기속을 법률이 스스로 행정청의 행위에 관하여 직접적으로 그 목적을 확정하여 규율하는 경우로 정의하면서, 이러한 법률상의 기속은 상세하고 엄격한 법적 규율을 두는 경우뿐만 아니라, 다소 애매하고 불확정적인 개념이 사용되었다고 하더라도 그 의미가 일의적으로 확정될 수 있다면 역시 법기속이 인정될 수 있음을 분명히 지적하고 있다.[53] 이와 같이 추상적·불확정적 법개념이 사용된 경우를 재량의 인정 영역에서 배제한 라운의 견해는 후술하는 바와 같이 그 학문적 의의가 적지 않다고 할 것이다.

4. 상·하급 행정청 사이의 자유재량

상급행정청은 하급행정청에 대하여 '직무상 명령'(Dienstbefehl)을 할 수 있고, 하급행정청은 직무상 명령에 기속되는바,[54] 그렇다면 법률상 하급행정청에게 자유재량이 부여되어 있음에도 하급행정청의 직무명령 기속성으로 인해 당해 하급행정청이 한 행위의 성격이 기속적으로 변경되는 것인지 의문이 제기될 수 있다. 이에 대하여 라운은 직무명령의 기속성은 단지 대내적 관계에서만 존재하는 것이고, 대외적으로는 여전히 하급행정청은 자유재량에 의해 활동하는 것으로 이해할 수 있다고 설명한다.[55] 즉, 상급행정청은 명시적인 훈령에 의해서뿐만 아니라 그 외의 형태로도 그 의사가 하급행정청에 영향을 미치고, 심지어 상급기관의 정치관(政治觀)까지도 직무명령과

---

52) v. Laun, Das freie Ermessen und seine Grenzen, 1910, S. 76, 258.

53) v. Laun, Das freie Ermessen und seine Grenzen, 1910, S. 258. 다만 법률요건에 추상적·불확정 법개념이 사용되고 그 의미가 해석을 통해 일의적으로 확정되기 어려운 경우에는 이를 (자유)재량으로 취급할 것인지 여부에 대해서 라운이 명확한 설명과 논의를 하고 있지 않은 점은 아쉬운 부분으로 남는다.

54) v. Laun, Das freie Ermessen und seine Grenzen, 1910, S. 73.

55) v. Laun, Das freie Ermessen und seine Grenzen, 1910, S. 74.

마찬가지로 하급행정청에 영향을 미치지만, 이는 어디까지나 대내적 관계에서의 기속일 뿐이라는 것이다.56) 따라서 그러한 직무명령 등에 의한 기속은 어디까지나 대내적인 것일 뿐이므로 어느 누구도 행정청에 대하여 특정한 행위를 요구할 주관적 권리를 가지지는 못한다고 한다.57)

5. 현행법에 나타난 자유재량의 형태

(1) 문언 표현 방식

라운은 크게, 법률이 명시적으로 '공익' 목적을 실현할 것을 명한 경우 또는 법률 문언에서 "할 수 있다"(kann), "허용된다"(darf), "권한이 있다"(ist befugt), "수권이 되어 있다"(wird ermächtigt) 등의 표현이 사용된 경우에는 대체로 자유재량이 인정된다고 보고 있다.58) 그러나 법률 문언의 특정한 표현이 반드시 자유재량 인정 여부의 절대적인 기준이 될 수는 없다고 본다.59) 왜냐하면 동일한 법률 문언상의 표현이라도 경우에 따라서는 자유재량이 아닌 '기속재량'이나 법기속이 인정되는 것으로 해석될 여지도 충분히 있기 때문이다. 따라서 법률 문언상의 특정한 표현만에 한정할 것이 아니라, 현행법상 자유재량이 인정되는지 여부는 입법자의 의사나 법률의 정신·취지를 근

---

56) v. Laun, Das freie Ermessen und seine Grenzen, 1910, S. 73-74.

57) v. Laun, Das freie Ermessen und seine Grenzen, 1910, S. 75.

58) v. Laun, Das freie Ermessen und seine Grenzen, 1910, S. 79-87.

59) v. Laun, Das freie Ermessen und seine Grenzen, 1910, S. 87 참조. 다만, 라운이 '입법론'(de lege ferenda)으로서 자유재량에 의한 행정작용이 수권되어 있는지 여부를 법률문언에서 사용되는 조동사(助動詞, Hilfszeitwort)를 통해 구별하자는 제안을 한 것은 매우 타당하다고 보는 견해로는 Jellinek, Rezension von v. Laun, AöR 27, 1911, S. 466.

거로 하거나 또는 당해 법령 안에서 다른 규범과의 관계 등을 종합한 해석
에 의하여 판단할 수 있을 것으로 본다.[60]

(2) 관할배제 규정

또한 라운은 자유재량 사건에 대한 행정재판소의 관할을 배제하는 실정법
률 규정에 주목을 하였다. 특히 오스트리아, 바이에른, 뷔르템베르크, 바덴
및 스페인의 행정재판소에 관한 법률에서는 원칙적으로 행정재판소의 심판
대상을 한정하지 않되, 다만 '자유재량' 사건에 대해서는 행정재판소의 관할
을 배제하는 소위 '유보적 개괄주의'를 취하였는데, 라운은 위 각국의 해당
법조항을 상세히 분석하면서 사법통제가 배제되는 '자유재량' 사건의 의미
를 고찰하고 있다.[61] 결론적으로 그는 이러한 관할배제 규정에서의 '자유재
량'의 의미는 앞서 본 학설상의 자유재량의 개념과는 구별된다고 보았는데,
그 이유는 위 각 규정의 입법자는 '자유재량 대 법률상 기속'의 대립이라는
공식이 명백한 것을 전제로 입법을 하였고,[62] 당시의 논의 상황 상으로는 이
러한 입법이 라운이 다루고 있는 정도의 수준의 자유재량 개념까지도 반영
할 수 있는 법문언으로는 볼 수는 없다는 점에 근거한다. 결국 라운은 종래
이와 같은 관할배제 규정에서의 '자유재량'에 포함되었던 상당수의 사건은
'기속재량'에 해당한다고 볼 수 있어 사법심사의 대상이 되어야 하고, 따라
서 관할배제의 범위는 축소되어야 함을 역설하고 있다.

---

60) v. Laun, Das freie Ermessen und seine Grenzen, 1910, S. 87.
61) v. Laun, Das freie Ermessen und seine Grenzen, 1910, S. 90-91 참조.
62) v. Laun, Das freie Ermessen und seine Grenzen, 1910, S. 91.

IV. '자연적 법원칙'(natürliches Rechtssatz)

1. 자유재량의 '근거'로서의 자연적 법원칙

라운에 의하면, 자유재량의 개념은 원래 특정한 법률 조항에 근기하여 발생한 것이 아니라, 학계와 실무에서 전승되고 받아들여진 '사물의 본성'(Natur der Sache)에 근거하는 것이라고 한다.63) 특히 종래의 절대적인 왕권에 의하여 임의적·자의적으로 이루어져 오던 집행권력의 행사에 대하여 이를 법학의 영역으로 받아들여 개념화하고 원칙적으로 통제를 가하되, 여전히 행정재판소의 심사에서 배제되는 영역을 인정하여 이를 개념화한 것이 바로 '자유재량'이라고 할 수 있으며, 이러한 자유재량에 대한 '심사불가능성'이 특히 사물의 본성에 의해 도출된다고 보았다.64)

라운은 이와 같은 사물의 본성 내지 자연적 법원칙에 의하여 일반적으로 받아들여질 수 있는 두 개의 명제를 제시하였는데, 첫째로는 행정청의 자유재량에 대하여는 개인의 어떠한 '주관적 권리'(subjektives Recht)도 존재할 수 없다는 것이고, 둘째로는 당해 행정행위가 자유로운 것이 아니고, 기속적인 경우에만 행정재판소의 통제 대상이 된다는 것이 바로 그것이다.65) 위 첫번째 명제에 대해서는, 행정의 자유재량의 본질은 여러 가지의 행정 목적 사이에서 행정이 자유로운 선택을 할 수 있는 것에 있고, 그러한 하나의 선택 자체가 위법성을 초래하지는 않으므로,66) 그 선택에 규범위반이 없는 이상

---

63) v. Laun, Das freie Ermessen und seine Grenzen, 1910, S. 92-93.

64) 다만, 자유재량에 대한 심사불가능성을 현행법에 의하여 자유재량의 관할배제로 명문화하였다면, 그때에는 더 이상 자연적 법원칙이나 사물의 본성이 근거가 될 수 없고, 존재하는 실정법이 그 근거가 된다고 볼 것이다. v. Laun, Das freie Ermessen und seine Grenzen, 1910, S. 90 참조.

65) v. Laun, Das freie Ermessen und seine Grenzen, 1910, S. 94.

주관적 권리의 침해도 상정할 수 없다는 점에서[67] 자유재량과 주관적 권리는 서로 배타적이라 할 것이다.[68] 위 두 번째 명제에 대해서는, 일부 국가의 입법례에 의한 예외는 있을 수 있겠으나, 일반적으로 행정에 대한 재판소의 통제는 그 본질상 '법문제'(Rechtsfrage)에만 미치고 '합목적성 고려'(Zweckmäßigkeitserwägung)에는 미치지 않음이 원칙이고,[69] 행정재판소가 재량을 심사하는 사례는 대부분 '자유'재량이 아닌 '기속재량'의 사안이거나,[70] 자유재량이 후술하는 법적 한계를 명백히 위반한 경우로 한정된다는 점에서 역시 옳다고 할 것이다. 또한 행정재판소의 설립 목적이 독립된 기관에 의해 절차의 객관성을 가능한 한 보장하면서 행정청의 명령을 심사하기 위한 것이므로, 행정재판소의 심사범위는 법문제에 그쳐도 족할 것이라는 점도 이를 뒷받침한다.[71]

2. 자유재량의 '한계'로서의 자연적 법원칙

전통적인 견해에서는, 행정작용을 하는 공적(公的) 기관이 전체의 이익을 보장하고 공익을 위한 합목적적인 조치를 취할 권한 및 의무를 실현하기 위하여 자유재량이 존재한다고 보았다.[72] 당초 이러한 자유재량의 행사가 자

---

66) v. Laun, Das freie Ermessen und seine Grenzen, 1910, S. 260; Schindler, Verwaltungsermessen, 2010, S. 21.

67) v. Laun, Das freie Ermessen und seine Grenzen, 1910, S. 94-95.

68) v. Laun, Das freie Ermessen und seine Grenzen, 1910, S. 101-102.

69) v. Laun, Das freie Ermessen und seine Grenzen, 1910, S. 103.

70) v. Laun, Das freie Ermessen und seine Grenzen, 1910, S. 104.

71) v. Laun, Das freie Ermessen und seine Grenzen, 1910, S. 105-106. 실제로 오스트리아 고등행정재판소의 실무에서도 반복적으로 경찰처분의 합목적성·적절성·필요성을 심사할 수는 없고, 사실문제를 심사하는 것도 어디까지나 법문제의 기초로서 심사를 하는 것일 뿐임을 명백히 하고 있다. v. Laun, Das freie Ermessen und seine Grenzen, 1910, S. 109-111.

의(恣意)로 흐르지 않기 위해서 '윤리적인 한계'가 존재한다고 보았고, 이러
한 윤리적 한계를 법적으로 구성하지 않은 국가에서는 도덕적인 타락을 경
험하게 되었다. 이에 따라 이론적으로는 점차 자유재량의 한계를 윤리적 한
계에서 '자연법적인 한계'로 대체해 나가게 되었다.[73] 통시적으로 볼 때 자
유재량 이론의 역사를 자유재량 '제한'의 역사로 파악한다면, 이러한 자유재
량에 관한 이론의 출발점은 바로 사연법의 역사로부터 비롯된다고 볼 수 있
을 것이다.[74]

V. 자유재량의 소송상 문제

1. 심사범위와 소송상 취급

행정재판소는 단지 '법문제'(Rechtsfrage)만을 심사할 수 있고, '재량문
제'(Ermessensfrage)는 심사할 수 없다는 것이 자연적 법원칙으로부터 도출
될 수 있음은 앞서 본 바와 같다.[75] 여기서 '법문제'라 함은 넓은 의미로 사
용되어, 법률상 기속의 영역에서의 '사실관계 조사'와 '경험칙' 문제를 포함
한다고 본다.[76] 또한 자유재량 영역에서는 정치적 고려와 행정편의주의에
따라 행위가 이루어지고, 그러한 판단은 법문제인 법적용과는 별개의 것이
므로, 그 설립 목적상 한계가 있는 행정재판소에서는 자유재량에 대해 심사

---

72) v. Laun, Das freie Ermessen und seine Grenzen, 1910, S. 20.
73) v. Laun, Das freie Ermessen und seine Grenzen, 1910, S. 20. 따라서 국가가 이러
    한 자연법적 한계를 존중하지 않으면 '자연법'(Naturrecht)에 위반하는 것이 된다
    고 본다.
74) v. Laun, Das freie Ermessen und seine Grenzen, 1910, S. 20.
75) Jellinek, Rezension von v. Laun, AöR 27, 1911, S. 463.
76) v. Laun, Das freie Ermessen und seine Grenzen, 1910, S. 108.

를 할 수 없다고 보는 것이 논리 필연적이라고 할 것이다.[77] 한편 자유로운 행정행위는 주관적 권리를 침해하지 않는 한 재판소의 심사대상에서 제외된다고 보므로, 역으로 아무리 자유재량에 의한 행위라고 하더라도 원고(原告)의 주관적 권리를 침해하는 경우에는 사법심사의 대상이 될 수 있다고 할 것이다.[78]

그렇다면 자유재량에 해당하는 사건에 대해 소가 제기된 경우 소송상 어떻게 취급해야 할 것인지가 문제된다. 그 가능성은 두 가지인데, 하나는 자유재량의 본질상 행정재판소의 관할이 없다는 점을 이유로 부적법 각하(却下)를 하는 것이고, 다른 하나는 자유재량 행위로 인하여 원고의 주관적 권리침해가 없다는 점을 근거로 이유 없음의 기각(棄却)을 하는 것이다. 라운은 소송제기의 유형별로 달리 보아야 한다고 하면서, 첫째로 원고가 당해 재량행위가 합목적성을 결여하여 부당하다는 취지의 주장을 한 경우에는 행정재판소의 관할이 없음을 이유로 부적법 각하를 해야 할 것이고, 둘째로 원고가 당해 재량행위의 위법성 및 자신의 권리침해를 주장하는 경우에는 재판소가 이에 대한 적합성 여부를 심사하고 권리침해가 부정될 경우 이유 없음의 기각을 함이 옳다고 본다.[79] 첫 번째의 경우는 형식적 사유에 근거한 것이고, 두 번째의 경우는 실체적 사유에 근거한 것인데, 이와 같이 당해 재량행위가 법적 한계를 유월하였다는 주장은 재판소의 실체심리의 근거가 되어 재판소의 본안판단을 허용한다는 점에 의의가 있다고 할 것이다.[80]

---

77) v. Laun, Das freie Ermessen und seine Grenzen, 1910, S. 105 f.; Hofer-Zeni, Das Ermessen im Spannungsfeld von Rechtsanwendung und Kontrolle, 1981, S. 23 참조.

78) v. Laun, Das freie Ermessen und seine Grenzen, 1910, S. 111 참조. 이와 같은 견해는 후술하는 바와 같이 재량행위에 대해 원칙적으로 사법심사가 부정된다고 하더라도, 재량의 남용·일탈과 같은 재량하자가 있으면 당해 행정작용은 위법하게 되고 따라서 재판소는 행정청의 재량권 행사의 하자 유무를 판단할 수 있다고 보는 '재량하자론'에 해당된다.

79) v. Laun, Das freie Ermessen und seine Grenzen, 1910, S. 111-112.

2. 재량심사에 있어서의 입증 문제

아래에서 논하는 바와 같이, 재량일탈을 이유로 위법성 심사가 인정되는 유형 중 주관적인 '동기'(動機, Moment)의 증명을 요구하는 경우와 객관적인 동인(動因)의 증명으로 족한 경우를 나누어 살펴볼 수 있다는 것이 라운의 견해이다. 전자에 해당하는 위법사유로는 행정이 금지된 목적을 고의로 추구한 경우인 '재량남용'(Ermessensmißbrauch)과 행정이 무분별하고 신중하지 못한 판단으로 금지된 목적을 추구하게 된 경우인 '신중성 위반'(Diskretionsverletzung)이 있고, 후자에 해당하는 위법사유로는 행정에게 어떠한 의도나 무분별한 태도 등의 잘못은 없으나 방법의 착오로 인하여 금지된 결과를 발생시킨 '재량착오'(Ermessensverirrung)가 있다.[81]

행정청의 주관적 동기는 주로 결정이유를 통해 파악될 수 있고, 그 외에도 당해 처분의 형태를 통해 포착되거나, 또는 행정재판소의 재판심리 중 당해 행정청에 대한 질의를 통해 도출될 수도 있지만,[82] 대체로 당해 행정청은 자신의 책임을 회피하기 위해서라도 변명을 하거나 진정한 동기를 숨기고자 하는 속성이 있으므로 이러한 주관적 동기를 증명하고 판단하는 것은 여러 모로 어려움을 야기한다. 결국 재판소는 외부로 표현된 객관적·사실적 동인(動因)으로부터 자유심증의 원칙에 따라 행위를 한 공무원의 정신적 활동의 내부적 과정을 추론해 내는 방식으로 주관적 동기를 파악할 수밖에 없다.[83] 반면 객관적 동인(動因)으로서의 재량착오의 심리는 내면적 동기를 심사하는 것이 아니라 발생된 결과를 조사하는 것으로 족하고, 그 결과가 재량의 목적에 부합하는지 여부만 판단하면 되므로 상대적으로 어려움이 없다고 할 것이다.[84]

---

80) v. Laun, Das freie Ermessen und seine Grenzen, 1910, S. 112.
81) v. Laun, Das freie Ermessen und seine Grenzen, 1910, S. 228.
82) v. Laun, Das freie Ermessen und seine Grenzen, 1910, S. 229-231.
83) v. Laun, Das freie Ermessen und seine Grenzen, 1910, S. 231.

VI. 자유재량의 한계

1. 외부적·내부적 한계의 구분

라운은 자유재량의 한계를 체계화함에 있어 우선 외부적 한계와 내부적 한계로 구분하였다. 즉, 자유재량은 적어도 첫째로 '관할 규정에 의한 한계'로서, 당해 행정청은 자신의 관할 범위 내의 처분을 자유재량에 의해서 할 수 있는 한계를 가지고, 둘째로 '형식·절차규정에 의한 한계'로서, 자유로운 행정행위의 발급에 있어서도 경우에 따라서는 특정한 '형식'(Form)을 요구받기도 하며, 셋째로 '부분적인 실체법 규범상의 한계'로서, 사안에 따라서는 부분적으로 실체법적인 규범에 구속되는 규율을 받기도 하므로, 이러한 한계를 자유재량의 '외부적 한계'라고 보았다.[85] 또한 라운은 프랑스 판례로부터 재량은 단지 실정법적으로 허용되거나 적어도 금지되지 않은 목적을 위해 행사되어야만 한다는 점을 도출하였고,[86] 위와 같은 형식적·실체적 규범에 대한 대외적 기속을 보충하는 기능을 하고[87] 또한 행정청의 허용된 동기(動機)와 금지된 동기를 구별하여 목적위반 여부를 논하는 '내부적 한계'를 의미하는 것으로서, '목적기속성'(Zweckbindung)을 전제로 한 '재량일탈'(Ermessensüberschreitung)의 개념을 제시하였다.[88] 자유재량의 외부적 한계와 내부적 한계 사이의 구별은, 전자는 외형적으로 드러나는 명백한 법규정을 전제로 하고 있다는 점에서 '외부적'으로 칭해진 것으로 보이고, 후자는

---

84) v. Laun, Das freie Ermessen und seine Grenzen, 1910, S. 240 참조.
85) v. Laun, Das freie Ermessen und seine Grenzen, 1910, S. 113-114, 262; Schindler, Verwaltungsermessen, 2010, S. 21.
86) Held-Daab, Das freie Ermessen, 1996, S. 208.
87) v. Laun, Das freie Ermessen und seine Grenzen, 1910, S. 115 ff., 175 ff.
88) v. Laun, Das freie Ermessen und seine Grenzen, 1910, S. 174.

내면적 요소인 행정청의 '동기'나 '목적'을 문제 삼고 있다는 점에서 '내부
적'으로 명명된 것으로 보인다.[89] 특히 자유재량의 내부적 한계는 법문에
규정되지 않은 관계로 실정법적 근거를 가진다고 보기 어렵고, 따라서 자연
적 법원칙에서 그 근거를 찾아야 할 것인지를 고민해 보아야 할 문제라고
한다.[90]

2. '재량일탈'(Ermessensüberschreitung)

라운은 프랑스의 법개념인 '권한남용'(détournement de pouvoir)을 차용
하여 자유재량에 대한 내부적 한계의 총칭으로 '재량일탈'(Ermessensüber-
schreitung)의 개념을 도입하였다.[91] 그는 재량행위가 위법하게 되는 상당수
의 사례가 행정청에 의해 임의적으로 금지된 목적이 추구되는 사안이라는
점에 주목하여, 프랑스에서 법률의 의미나 동기를 위반하는 경우에 인정되
는 '권한남용'의 개념을 차용·도입하기에 이른 것이다. 이러한 재량일탈은
다시 재량의 주관적 한계인 '재량남용'(Ermessensmißbrauch), 재량의 객관적
한계[92]인 '신중성 위반'(Diskretionsverletzung)과 '재량착오'(Ermessensverirrung)

---

89) 이와 같은 재량의 외부적 한계와 내부적 한계의 구별은 도그마틱적으로 만족스럽
   지 못하고, 대외적 한계는 법률상 기속과 동의어임에도 이를 별도로 달리 표현하는
   것은 불필요할 뿐만 아니라, 오히려 혼란을 불러일으키는 것이라는 비판에 관해서
   는 Held-Daab, Das freie Ermessen, 1996, S. 209-210 참조.
90) v. Laun, Das freie Ermessen und seine Grenzen, 1910, S. 174-175; Held-Daab,
   Das freie Ermessen, 1996, S. 208 참조.
91) Schindler, Verwaltungsermessen, 2010, S. 21; v. Laun, Das freie Ermessen und
   seine Grenzen, 1910, S. 175. 특히 라운은 프랑스의 이론과 실무가 기속재량과 자
   유재량 사이에 구분을 하지 않는 것을 비판하였다. v. Laun, Das freie Ermessen
   und seine Grenzen, 1910, S. 151-164; Schindler, Verwaltungsermessen, 2010, S.
   21.
92) '객관적'이라고 표현한 이유는 비난가능성에 관련된 주관적 동기(動因, Moment)

로 분류된다.[93)]

　먼저 '재량남용'은 행정기관이 '고의로'(vorsätzlich, dolos) 공익에 위반되는 행위를 하는 중대한 재량일탈을 범한 경우를 말한다.[94)] 이러한 재량남용이 확인된 경우 해당 행정행위는 무효가 된다고 한다.[95)] 또한 상급행정청과 하급행정청이 직무명령을 통해 기속되는 관계일 때에는 법학적으로 하나의 '단일체'(Einheit)를 구성한다고 볼 것이므로, 상급기관이 자신의 직무명령을 통해 재량남용을 범한 경우에는 그에 따른 하급기관의 행정행위는 무효가 된다고 할 것이다.[96)]

　다음으로 '신중성 위반'은, 공무원이 최선으로 공익을 보장한다는 취지에서 자유재량에 의해 행위를 했으나, 입법자가 기대했던 신중한 직무수행으로 인정될 수는 없어서 결과적으로 금지된 목적을 달성하게 된 경우를 말하는데, 주로 공무원이 '법률의 착오'(Rechtsirrtum)를 범한 경우에 발생한다.[97)] 재량일탈의 주관적 고의가 없었다는 점에서 재량남용과 구별된다.[98)] 또한 '재량착오'는, 행정청이 그 결과를 전혀 의도하지 않았고, 자신의 위임받은 바를 무분별하거나 신중하지 못하게 사용한 것이 아님에도 금지된 결과를 발생하게 한 경우를 말한다.[99)] 이는 공무원이 그가 의도한 것과는 다른 결과가 발생하였다는 점에서 '방법(타격)의 착오'(aberratio ictus)가 존재하는 경우에 해당한다.[100)]

과 연결 짓지 않기 때문이다. Held-Daab, Das freie Ermessen, 1996, S. 208 참조.

93) v. Laun, Das freie Ermessen und seine Grenzen, 1910, S. 175-218; Jellinek, Rezension von v. Laun, AöR 27, 1911, S. 464.

94) v. Laun, Das freie Ermessen und seine Grenzen, 1910, S. 177.

95) 다만, 행정기관이 '과실로'(culpa) 공익에 위반되는 행위를 한 경우에는 이를 곧바로 재량남용으로 보기는 어렵고, 따라서 당해 행위도 항상 무효라고 볼 수는 없다고 한다. v. Laun, Das freie Ermessen und seine Grenzen, 1910, S. 182.

96) v. Laun, Das freie Ermessen und seine Grenzen, 1910, S. 183-185.

97) v. Laun, Das freie Ermessen und seine Grenzen, 1910, S. 187-188.

98) v. Laun, Das freie Ermessen und seine Grenzen, 1910, S. 188.

99) v. Laun, Das freie Ermessen und seine Grenzen, 1910, S. 188-189.

한편 자유재량의 객관적 한계를 규정하는 방식으로는, 가능한 수많은 자유재량의 목적 중에서 특히 행정청이 추구해서는 안 될 목적을 특정하여 배제하는 방식의 '소극적 한정 방식'[101])과, 여러 자유재량의 목적 중 특정된 범주 안에서만 자유로운 선택이 가능하도록 규정하는 '적극적 한정 방식'[102])으로 분류가 가능하다고 한다.[103]) 전자의 대표적인 예로는, 원칙적으로 행위의 자유가 인정되지만 특별히 몇몇 사유를 들어 차별적으로 취급하는 것이 금지되는 '평등권 위반'을 들 수 있고, 후자의 대표적인 예로는, 재량을 추구하는 목적을 일반적 공익이 아닌 '경찰 목적'으로 한정하는 것이 타당한 '경찰 사안'을 들 수 있다고 한다.[104])

---

100) v. Laun, Das freie Ermessen und seine Grenzen, 1910, S. 189.

101) 소위 "(적어도) 이것과 이것(만)은 안 된다"는 식의 제한방식으로서 금지로 열거된 것 이외에는 모두 가능하다고 새길 수도 있을 것이어서 그 제한의 범위가 상대적으로 작다는 의미에서도 '소극적'이라는 표현이 옳다고 할 것이다.

102) 소위 "이것과 이것의 범위 안에서(만) 가능하다"는 식의 제한방식으로서 허용으로 열거된 것 이외에는 모두 불가능하다고 새길 수도 있을 것이어서 그 제한의 범위가 상대적으로 크다는 의미에서도 '적극적'이라는 표현이 옳다고 할 것이다.

103) v. Laun, Das freie Ermessen und seine Grenzen, 1910, S. 189-190.

104) v. Laun, Das freie Ermessen und seine Grenzen, 1910, S. 189-217 참조.

제3절 분석과 영향

Ⅰ. 이론에 대한 비판

테츠너를 비롯한 학자들은 라운의 효과재량이론에 대해 아래와 같은 내용으로 비판을 가하고 있다.

1. 비판의 요지

먼저 테츠너는 라운의 위와 같은 견해에 대하여, 첫째로 공익 개념의 판단을 전적으로 행정에게 내맡겨 두고 자유재량에 해당한다고 보아 사법심사를 부정하는 것은 소위 '제한 없는 독재자'(schrankenlose Diktatur)를 인정하는 셈이 되어 부당하고, 둘째로 라운의 이론은 마치 서로 다투는 두 저자가 각자의 견해를 서술해 놓은 것을 한데 섞어 놓은 것처럼 모순적인데, 특히 행정에게 자유로운 공익 판단이 가능하도록 하는 등으로 '주관주의'(Subjektivismus)적인 문을 열어주면서도, 다른 한편으로는 행정청의 판단에 대해 일정한 경우 행정재판소에 의한 권리보호가 가능한 것으로 보는 모순이 동시에 존재하며, 셋째로 라운의 견해는, 재량사안에서는 행정공무원의 고의나 중대한 과실이 입증되는 경우에만 행정의 판단이 사법심사의 대상이 될 수 있다는 베르나치크의 소위 '의사하자론'의 틀을 벗어나지 못하여, 행정행위의 하자를 '객관적 법위반'에서 구해야 하는 연구방향에 어긋나고, 넷

째로 모든 법적인 제한 그 자체는 외부적인 것이고, 다만 '제한의 대상'이 내
부적인 것일 수 있을 뿐이라는 점에서 재량의 '내부적 제한'이라는 용어는
적절하지 않으며,[105] 다섯째로 프랑스의 '권한유월'(excès de pouvoir)이나
'권한남용'(détournement de pouvoir)은 라운이 제시한 '의사하자'가 의미하
는 내용과 상이하다는 등의 격렬한 비판을 가하고 있다.[106]

또한 라운의 위와 같은 재량 한계의 개념 구별괴 범주화는 지나치게 상세
하고 복잡하여 쉽게 개관하여 이해하기 어렵고 단지 부분적으로만 실무적인
의미를 가질 뿐이며, '지나친 세분화'라는 비판을 면하기 어렵다는 견해가
제시된다.[107] 특히 지나치게 상세한 세분화는 오히려 '구분'의 본래적 기능
을 훼손한다고 할 것이고, 또한 유효하고 실익이 있는 구별 척도를 도출한다
는 학문적 의미를 반감시키며 방법론적으로도 의문스럽다는 취지이다.

2. 검토

라운의 견해가 베르나치크의 견해와 마찬가지로 '공익' 개념에 대한 자유
재량을 인정하면서도, 재량의 본질은 원칙적으로 목적선택의 자유에 있다고
보아 테츠너의 견해와 흐름을 같이 함으로써, 일견 대립되는 두 학자의 견해
를 섞어 놓은 듯하여 혼란스럽게 보일 수는 있다. 그러나 라운은 앞서 본 바
와 같이 행정청 스스로가 공익의 내용을 보충하는 것이 여러 목적 중 하나
를 선택하는 원칙적 형태의 자유재량과 구조적으로 유사할 수 있다는 점에

---

105) 특히 Tezner, Das freie Ermessen der Verwaltungsbehörden, 1924, S. 20에서는
     재량의 내부적 한계에 관한 라운의 이론은 "카멜레온 같은 구조"(Konstruk-
     tionschamäleon)라고 표현하고 있다.
106) Tezner, Das freie Ermessen der Verwaltungsbehörden, 1924, S. 4-9.
107) Schindler, Verwaltungsermessen, 2010, S. 22-23; Ehmke, „Ermessen" und
     „Unbestimmter Rechtsbegriff" im Verwaltungsrecht, 1960, S. 20.

주목을 하였고, 이에 선택의 자유라는 논리 구조를 공익 개념에도 차용·도입하여 체계적으로 구성함으로써, 선택의 자유라는 원칙과 공익 개념을 통한 자유재량 인정의 예외 사이에 조화를 추구하였다는 점 자체에서 그의 견해는 학문적 가치를 가진다고 할 것이다.

또한 라운은 단순히 법률에 '공익'이나 이와 유사한 개념이 적시되었다고 하여 이를 모두 자유재량의 사안으로 인정한 것이 아니라, 해석을 통해 자유재량이 수권된 것인지를 개별적으로 판단함이 원칙이라고 보았다.[108] 따라서 해석에 의해 일의적으로 그 의미가 확정될 수 있는 경우에는 자유재량이 인정되는 공익 사안에 해당하지 않는다고 볼 여지도 충분히 두었다는 점에서, '공익'에 대한 행정청의 독재자와 같은 판단이 가능하다거나 사법통제가 방치된다는 취지의 테츠너의 비판은 타당하다고 볼 수 없다.

그리고 라운의 재량이론은 베르나치크의 견해를 어느 정도 전승한 것은 사실이지만, 베르나치크의 견해와는 달리 소위 '의사하자론'을 그대로 답습한 것이 아니고, 객관적 사유에 의한 재량의 외부적 한계뿐만 아니라 재량의 내부적 한계 안에서도 다시 주관적·객관적 한계사유를 구별하여 이를 위반한 경우까지도 자유재량의 위법사안으로 보았다. 따라서 그는 자유재량에 대한 사법통제의 범위를 넓히고 위법사유를 구체화하였다는 점에서 오히려 그 학문적 의의를 인정받아야 할 것이라고 생각한다. 이러한 라운의 재량한계에 관한 구별과 용어 사용은 그에 의하여 최초로 제시된 체계화 모델로서, 그 용어 사용 자체가 분류의 틀이 의미하는 바를 제대로 담아내지 못하거나 큰 오해나 혼란을 유발할 정도로 잘못된 개념 설정으로까지 보이지는 않는다. 또한 프랑스의 실무와 학설에서 착안을 하여 '재량일탈'이라는 총체적 재량하자 개념을 도입함에 있어서도, 라운은 프랑스의 법체계·법현실과의 차이를 인정하는 전제에서 먼저 프랑스에 대한 면밀한 분석을 하고 있으며, 이를 바탕으로 오스트리아와 독일의 현실에 맞도록 이론과 개념의 의미 및

---

108) v. Laun, Das freie Ermessen und seine Grenzen, 1910, S. 79-82. 특히 S. 82 참조.

내용을 일부 수정하여 받아들이고 있다. 따라서 라운이 프랑스의 개념에 착안하여 이론을 전개하였다는 점만을 가지고 이러한 학문적 시도 자체를 비판하는 것은 바람직하지 못하다고 할 것이다.

또한 위에서 살펴본 라운의 재량한계에 대한 분류와 체계화가 복잡하고 어려운 편이어서 다소 혼란스러워 보이고, 용어 사용면에서도 일견 논란의 여지가 없을 정도로 명확한 것은 아니어서 선뜻 이해하기가 용이하지 않은 것은 사실이다. 실제로 라운은 자신의 견해를 전개함에 있어서 여러 국가의 수많은 사례를 들고 있는바, 독자의 입장에서는 다소 어지러운 느낌마저 드는 것 역시 부인할 수 없다. 그러나 반대로 종래 재량에 관한 학설상의 견해는 대체로 의견제시에 그칠 뿐, 이해하기 용이한 실례를 적절히 거시하고 있는 경우가 많지 않아 오히려 독자의 입장에서 이해의 어려움이 적지 않았던 것도 문제였다. 무엇보다도 테츠너도 인정한 바와 같이 라운의 연구는 비교법적으로 오스트리아 안팎의 행정재판소의 판례를 다양하게 예증하고 정리한 것만으로도 충분히 학문적 가치가 있다고 할 것이다.[109]

II. 라운의 재량이론의 가치와 영향

1. 재량 범위의 실질적 제한

라운은 사실상 공익을 제외한 나머지 추상적·불확정적 개념에 대하여 이를 자유재량의 수권으로 인정하지 않는 태도를 취하였음은 앞서 본 바와 같다. 그는 별도로 '기술적 재량'과 같은 개념을 인정하지 않고 있고, 공익 이외의 추상적·불확정 개념에 대해서도 해석을 통한 일의적 확정가능성이 있

---

109) Tezner, Das freie Ermessen der Verwaltungsbehörden, 1924, S. 7 참조.

는 한 일반적인 법개념의 적용과 마찬가지로 취급을 하여 행정재판소의 사
법심사가 가능하다는 견해를 제시하고 있다. 다시 말해서 라운은, 해석을 통
하여 더 이상 해소가 불가능한 불명확성이 모두 재량수권으로 파악될 수 있
는 것은 아니라는 견해를 취함으로써, 종래 인정되던 자유재량의 범위를 제
한하기 위해 노력하였음을 알 수 있다.110)

2. 기속재량을 통한 사법심사의 확대

앞서 본 바와 같이 라운은 종래 논의되던 자유재량과 대립되는 개념으로
서 '기속재량'의 개념을 인정하여 법기속의 경우와 마찬가지로 취급을 하였
다. 종래의 학설은 사실상 「재량 = 자유재량」을 의미한다고 보아 재량영역
에 대해서는 사법심사가 인정되지 않는다고 보았는데, 라운은 재량의 영역
을 다시 자유재량과 기속재량으로 나누어, 자유재량에 대해서는 여전히 사
법심사를 부정하였지만, 기속재량에 대해서는 ― 법기속의 경우와 마찬가지
로 ― 사법통제가 가능하다고 본 것이다. 따라서 그는 사법심사가 배제되는
종래의 재량의 영역을 축소한 것이고, 이는 달리 말하면 종전보다 재량영역
에 대하여 사법심사를 확대한 결과가 되는 것이다. 또한 행위규범적 측면에
서 보자면, 라운은 종래 '재량'이라고 칭해지던 영역의 상당 부분은 '기속재
량'의 성질을 가지고 있으므로, 행정기관의 입장에서는 다소의 활동여지가
부여되어 있다고 하더라도 입법자의 의사와 법률의 진정한 의미에 따라 행
위를 해야만 하는 제한이 있다는 점을 인식할 것을 강조하고 있다.

그리고 라운은 법기속과 재량 사이의 관계가 일정한 기준에 의해 날카롭
게 양분되는 단락(短絡)적인 관계로 본 것이 아니라, 연속(連續)적인 관계에

---

110) Hofer-Zeni, Das Ermessen im Spannungsfeld von Rechtsanwendung und Kontrolle, 1981, S. 21.

있다고 보았고, 「법기속 ↔ 기속재량 ↔ 자유재량」의 각 범주 사이에서도 여러 가지의 단계와 중간적 형태가 존재하는 연속구조로 이를 파악하였다. 따라서 라운은 종래의 법기속과 자유재량 간의 구분 사이에도 소위 '중간적' 성질의 영역으로서 기속재량이 존재할 수 있다는 가능성을 본격적으로[111] 언급하였다는 점에서 또한 그의 학설의 의의가 있다고 할 것이다.

3. 합목적성 판단으로서의 재량

종래 베르나치크나 테츠너가 법적용의 일부로서 자유재량을 논하였다면, 라운은 합목적성의 고려가 지배하는 별도의 '자유재량 영역'을 설정하여 두고 논의를 하였다는 특징이 있음은 앞서 살펴본 바와 같다. 행정재판소는 원칙적으로 법문제와 법적용에 관해서만 심사를 할 수 있다는 전제 하에서, 베르나치크나 테츠너는 종래 인정되어 오던 지나치게 넓은 범위의 자유재량 중에서 일정 부분을 선별하고 개념을 정립하여 법적용의 일부로서 자유재량을 포착해 냄으로써 사법심사의 가능성을 더 열기 위해 노력하였다고 볼 수 있다. 그러나 라운은 한 걸음 더 나아가 자유재량의 범위 축소의 문제를 — 베르나치크나 테츠너와 같이 — 법질서가 지배하는 법적용의 영역으로 끌어당기는 방식을 취한 것이 아니라, 법현실을 보다 현실적으로 받아들이기 위해 합목적성이 지배하는 독자적인 재량영역을 구축하되, 그 재량영역 안에서 다시 사법심사가 가능한 기속재량의 개념을 선별해 내고, 자유재량의 영역에서 위법사유를 구성할 수 있는 재량의 한계에 관한 이론을 체계화하는 노력을 통해 재량에 대한 사법심사의 확대라는 시대적인 학문적 사명을 수

---

111) 라운에 의하면 '기속재량'이라는 용어 자체는 오토·마이어(Otto Mayer)에 의해 처음 사용되었지만 그 의미는 자신의 기속재량과는 다른 맥락이라고 한다. v. Laun, Das freie Ermessen und seine Grenzen, 1910, S. 208.

행하는 것을 게을리하지 않았다.

　그러나 라운이 독자적인 재량 영역을 구축함에 있어서 ① 자유재량과 기속재량의 구별기준이나 ② 기속재량과 법기속의 구별기준과 같은 난해한 문제에 대해 일정 부분의 언급에 그칠 뿐, 명확한 기준을 제시하지 못한 점은 아쉬움으로 남는다.112)

4. 다원적 법비교 방법론

　라운은 풍부한 사례와 다원적 법비교 방법론에 따른 각국의 판례 분석을 통해, 그의 다소 복잡한 이론 체계에도 불구하고, 독자의 이해를 돕고 있다. 그는 비단 오스트리아나 독일의 사례 분석에 그치지 아니하고, 필요한 경우 프랑스, 이탈리아, 스페인, 스위스, 노르웨이 등 각국의 비교법적인 사례 분석과 이론의 검토를 통한 매끄러운 논리전개를 하고 있다는 점은 매우 인상적이다.113) 특히 라운은 자신이 정립한 재량이론이 비단 오스트리아나 독일의 이론에 그치는 것이 아니라, 근대 문명국가에서 공통적으로 겪는 재량문제를 해결할 수 있는 일반화된 이론으로서 사용될 수 있기를 기대하고 있음을 그의 논문의 행간에서 분명히 읽어낼 수 있다.114) 자칫 산만해질 수도 있는 이와 같은 여러 가지의 비교법적 사례의 거시는 그의 간결하면서도 선명한 문장구조와 읽기 쉬운 글솜씨를 통해 다채롭고도 흥미로운 연구성과를 낳았으며, 후세의 다원적 법비교 방법론의 모범이 될 만한 훌륭한 성과를 거

---

112) Hofer-Zeni, Das Ermessen im Spannungsfeld von Rechtsanwendung und Kontrolle, 1981, S. 23 참조.
113) 라운은 특히 프랑스법에 관해서 성실한 분석을 하면서 조심스럽게 이를 받아들이고 있다고 평가한 것으로는 Jellinek, Rezension von v. Laun, AöR 27, 1911, S. 467 f. 참조.
114) Jellinek, Rezension von v. Laun, AöR 27, 1911, S. 463 참조.

두었다고 감히 평가할 수 있을 것이다.

5. 후세의 재량행위 이론에 대한 영향

라운은 오스트리아 행정재판소에서 자유재량에 관한 사건을 관할이 없음을 이유로 각하하지 아니하고 본안판단에까지 나아간 경우에 주목을 하면서, 행정청의 동기가 의심스럽고 다른 관할요건이 모두 충족된 경우에는 자유로운 행정행위가 자유재량의 내적 한계를 일탈하였는지 여부에 관하여 행정재판소가 심사를 할 권한이 있음을 인정하였다.115) 이로써 재량에 대한 본안판단의 가능성이 확대될 수 있는 본격적인 길을 열어 놓았다는 점에서 라운의 위와 같은 견해는 학문적으로 큰 의미가 있다.

다만, 오늘날은 단지 소송의 대상이 된 행정행위가 재량행위라는 이유만으로 항고소송의 대상적격이 부정되는 것이 아니므로, 라운의 이와 같은 견해는 ― 현재의 재량행위 이론에 비추어 보았을 때에는 ― 그 전제부터가 잘못된 것이라는 평가가 존재할 수도 있다. 그러나 당시 '자유재량'(freies Ermessen) 사건에 대해 행정재판소의 관할을 배제하는 '유보적 개괄주의'를 취하던 오스트리아의 법상황에 비추어 보면, 라운의 견해는 '재량의 내부적 한계'라는 도구개념을 끌어들여서라도 재량행위에 대한 사법심사의 범위를 더 넓게 포착하려 하였다는 점에서는 그 의의를 충분히 인정받아야만 할 것이다. 이러한 견해는 '재량하자론'(Ermessensfehlerlehre)의 일종으로서 후속 연구에도 적지 않은 영향을 미쳤다. 즉, '재량하자론'은 재량행위에 대해 원칙적으로 사법심사가 부정된다고 하더라도, 재량의 남용·일탈과 같은 재량하자가 있으면 당해 행정작용은 위법하게 되고 따라서 재판소는 행정청의 재량권 행사의 하자 유무를 판단할 수 있다고 함으로써 재량 자체에 대한

---

115) v. Laun, Das freie Ermessen und seine Grenzen, 1910, S. 221.

사법심사가 가능하도록 한다는 점에 의의가 있다. 그렇다면 라운의 위와 같은 이론은 「내적 한계를 초과한 재량행위 → 하자 있는 재량행위 → 취소소송의 대상성 긍정」이라는 논리적 과정으로 분석할 수 있으므로, 재량에 대한 사법심사를 확대하고자 한 '재량하자론'으로서 굳건한 지위를 차지하고 있다고 평가할 수 있다.

그리고 라운은 '공익'이라는 예외를 제외하고는 원칙적으로 법률요건에 추상적·불확정 개념이 사용되었다는 것 자체만으로는 행정에게 재량이 수권된 것이 아님을 분명히 함으로써, 현재까지 논의가 되고 있는 재량과 불확정 법개념 사이의 구별을 실현할 수 있는 이론적 기초를 제공하였다고 평가할 수 있다.116)

또한 재량에 대한 사법심사의 확대와 유사한 맥락에서, 라운은 프랑스에서 유래한 '통치행위'(Regierungsakt; acte de gouvernement) 이론117)을 부정하였다는 점을 주목할 만하다. 즉, 군주 내지 행정권이 행하는 국가작용 중 의회의 소집과 해산, 계엄의 선포, 전쟁, 외교, 사면 등 고도의 정치적 행위는 의회의 정치적 통제에 유보되어 있을 뿐 애초부터 행정재판소의 통제를 받지 아니한다는 이론이 통치행위 이론인데, 군이 이러한 '통치행위' 이론과 같은 새로운 개념을 도입하지 않더라도 자유재량 이론이나 그 밖의 설명방식을 통해서 일정한 경우에는 사법심사가 배제되어 왔다는 점에서 이러한 개념의 인정은 '개념의 과잉'에 해당한다고 보았다.118)

끝으로 방론이기는 하지만, 라운은 자유로운 행정행위에 대해서도 "행정청이 그의 재량을 허용되지 않는 목적을 위해 사용하지 않는다"는 점에 관하여 이를 요구할 수 있는 개인의 주관적 권리를 상정할 수도 있다고 언급

---

116) Hofer-Zeni, Das Ermessen im Spannungsfeld von Rechtsanwendung und Kontrolle, 1981, S. 21 참조.
117) 이에 관해서는 v. Laun, Das freie Ermessen und seine Grenzen, 1910, S. 139-144 참조.
118) v. Laun, Das freie Ermessen und seine Grenzen, 1910, S. 144.

함으로써,[119) 국민이 행정청에 대하여 하자 없이 재량을 행사하여 줄 것을
청구할 수 있는 권리인 '무하자 재량행사 청구권'의 개념을 인정할 수 있는
단초를 제공하였다고 평가할 수도 있겠다.[120)

---

119) v. Laun, Das freie Ermessen und seine Grenzen, 1910, S. 219.
120) 독일에서의 무하자재량행사청구권의 성립과 발전과정에 관한 상세한 글로서 정하
    중, "무하자재량행사청구권의 의미와 그 효용", 행정작용법, 2005, 271-288면 참조.

제5장 효과재량이론의 수정 — 요건재량의 예외적 인정: 발터·옐리네크(W. Jellinek)

— 법률이 의도한 다의성으로서의 재량 —

제1절 엘리네크의 생애

발터·엘리네크(Walter Jellinek, 1885~1955)는 유명한 국법학자인 게오르그 엘리네크의 아들로서, 베를린과 함부르크에서 수학하였고, 1908년에 파울·라반트(Paul Laband)의 지도 아래에서 박사학위[1]를 취득하였으며, 1912년에 교수자격논문[2]의 작성에는 라이프치히 대학의 오토·마이어(Otto Mayer)의 지도를 받았다. 그 후 엘리네크는 1913년부터 킬 대학에서 조교수 및 공법강좌 담당 정교수로, 1929년부터는 하이델베르크 대학에서 정교수로 봉직하였다.

그는 초기에 국가사회주의(Nationalsozialismus)에 대해 무비판적인 태도를 취하기도 하였으나, 유태인이라는 이유로 1935년경에 교수활동을 중단해야만 했다. 그러나 1945년에 다시 교수로서 하이델베르크 대학에 복귀하여 계속 활동을 하였다. 전후(戰後)에는 행정재판소법의 제정 등 많은 입법 작업에도 참여하였고, 바덴-뷔르템베르크 주 행정재판소와 공법재판소의 재판관도 겸직하는 등 독일공화국의 재건을 위해 힘썼으며, 작고할 때까지 교편을 잡았고 학문의 발전을 위해 부단한 노력을 하였다.[3]

---

1) 박사학위논문 제목은 "하자 있는 국가행위와 그 효과"(Der fehlerhafte Staatsakt und seine Wirkung)이다. 김효전, 독일의 공법학자들 (4), 동아법학 제15호, 1993, 400면; http://de.wikipedia.org/wiki/Walter_Jellinek 참조.
2) 교수자격논문 제목은 "법률, 법률의 적용 및 합목적성 고려"(Gesetz, Gesetzesanwendung und Zweckmäßigkeitserwägung)이다.
3) 이상의 엘리네크에 대한 전기(傳記)적 내용에 관하여는 김효전, 독일의 공법학자들 (4), 동아법학 제15호, 1993, 400-401면; Schindler, Verwaltungsermessen, 2010, S. 33, Fn. 167; Ziekow, Die Einhelligkeit der Rechtsentscheidung — Zu Leben und Werk Walter Jellineks, AöR 111, 1986, S. 219-221, 223-224 및

발터·옐리네크의 재량행위 이론은 『법률, 법률의 적용 및 합목적성 고려』(Gesetz, Gesetzesanwendung und Zweckmäßigkeitserwägung)에서 구체적인 예시 및 분석과 함께 상세하게 다루어지고 있고, 이보다 요약적·압축적이면서도 핵심적인 내용의 재량행위 이론이 그의 『행정법』(Verwaltungsrecht) 단행본에 담겨 있으며, 위 글은 모두 고전의 반열에 올라있다고 평가된다.[4]

---

http://de.wikipedia.org/wiki/Walter_Jellinek 참조.

4) Schindler, Verwaltungsermessen, 2010, S. 33. 또한 테츠너(Tezner)는 자신의 Das freie Ermessen der Verwaltungsbehörden, 1924, S. 9에서 옐리네크의 위 교수자격 논문에 대해 "진정한 행정공무원과 행정재판관이 되려는 사람은 반드시 이 책을 읽어야한다"라고까지 평가하고 있다.

제2절 이론의 주요 내용

I. 기속과 재량의 구별

엘리네크는 기속과 재량이 대별됨을 전제로 하여 아래와 같은 이유에서 기속과 재량을 구별할 필요성이 있음을 논증하고 있다.

1. 기속행정과 재량행정

엘리네크는 기속행정을 그 행위의 내용이 법률에 의해 일의적으로 규정되어 있고 그에 따른 법률요건을 반드시 실현해야만 하는 경우로 설명하고 있다.[5] 특히 무엇보다도 입법자가 동일한 법률요건 하에서는 동등한 취급을 하는 것이 매우 중요하다고 생각하는 영역에서 기속행정이 인정된다고 보았다. 대표적인 예로 공평한 취급에 의한 조세정의의 실현이 강조되고 법원칙에 강하게 기속되는 조세행정을 들고 있다.[6] 이에 대비되는 것으로 그는 재량행정을 행정청에게 '결정의 자유'(Entschlußfreiheit)가 부여된 경우로 상정했다.[7] 다시 말해서 행정의 다양성이 의미와 가치가 있는 경우에는 행정에게 자유가 허용되고 재량행정이 인정되어야 한다고 이해한 것이다.[8] 이러한

---

5) Jellinek, Verwaltungsrecht, 1931, S. 28.
6) Jellinek, Verwaltungsrecht, 1931, S. 28-29.
7) Jellinek, Verwaltungsrecht, 1931, S. 28.
8) Jellinek, Verwaltungsrecht, 1931, S. 28-29.

기속행정과 재량행정 사이의 구별은 법기속과 자유재량의 대립관계를 전제로 하고 있다.

한편, 그는 종래 자유재량을 행정 본연의 특성 내지는 소위 '행정의 전유물'인 것처럼 이해하던 견해에 반대하면서 '재량'이라는 현상과 속성 자체는 비단 행정에서 뿐만 아니라, 입법과 사법(司法) 영역에서도 확인할 수 있는 보편적인 개념으로 보았다. 또한 그는 '자유'재량은 아무런 제한이 없는 무한정한 자유를 의미하는 것이 아니고, ― 베르나치크의 견해와 마찬가지로 ― '의무에 합당한 재량'(pflichtmäßiges Ermessen)을 의미하는 것으로 이해하였다.9) 다만, 개별사안에서 그러한 '의무에 합당하게'가 의미하는 것이 무엇인지는 행정청 스스로 결정한다는 점에서 재량의 특성이 있다고 보았다.10) 그렇다면 과연 옐리네크가 행정청에게 자유가 허용되는 지점이 어디이고, 그 근거가 무엇이며, 그러한 자유와 직결되는 자유재량의 본질을 어디에서 구했는지는 아래에서 별도로 살펴보기로 한다.

2. 기속행정과 재량행정의 구별 필요성

옐리네크는 위와 같이 기속과 재량의 의미 차이를 분명히 인식하면서도, 자유재량과 법기속을 구별할 수 있는 척도가 무엇인지를 이해하는 것과 양자 사이의 경계를 획정하는 것은 쉽지 않은 문제라고 보았다.11) 그러면서도 다음과 같은 점에서 자유로운 행정과 기속적 행정의 구별이 필요하다고 보았다.

먼저 옐리네크는 행정재판권의 도입 이래로 자유재량이 무엇인지를 구별

---

9) Jellinek, Verwaltungsrecht, 1931, S. 30.
10) Jellinek, Verwaltungsrecht, 1931, S. 30.
11) Jellinek, Verwaltungsrecht, 1931, S. 29.

할 실무상의 필요성이 생기게 되었고, 그와 대비되는 기속과 취급상 차이가 있게 되었음에 주목하였다. 즉, 행정재판소에게 행정에 대한 심사가능성으로 서의 행정재판권이 인정되면서, 과연 행정재판소에서는 어느 범위까지 심사를 할 수 있을 것인지를 결정해야 하는 문제가 대두되었던 것이다. 이에 관해 대체적인 견해로는 행정재판소는 취소대상이 되는 행정행위가 사실관계의 인정에 있어서 정확하였는지 여부라는 '사실문제'(Tatfrage)와 당해 행위가 법률에 의하여 적법하게 이루어진 것인지 여부라는 '법문제'(Rechtsfrage)만을 심사할 수 있을 뿐, 더 나아가 취소대상이 된 당해 행정행위가 합목적적인 것인지 여부라는 '재량문제'(Ermessensfrage)는 심사할 수 없다고 보았다.[12] 옐리네크도 이러한 견해에 기본적으로 동조하면서, 원칙적으로 행정재판소의 심사가 배제되는 자유재량의 특성을 긍정하였다.

다음으로 자치단체에 대한 '국가 감독권'(Staatsaufsicht)의 범위와 한계를 살펴봄에 있어서 기속행정과 재량행정의 구별이 문제된다.[13] 다시 말해서, 국가는 일반적으로 자치단체의 자율성을 존중하여 그 자치행정에 개입하지 않는 것이 원칙이지만, 만약 자치단체가 위법한 결정, 작용 및 부작위를 범하는 경우에는 이에 개입하여 감독권한을 행사할 수 있다고 보는 것이다. 따라서 단지 자치행정의 재량 범위 내에서의 '목적위반적'(zweckwidrig)인 결정 등에 대해서는 국가감독권을 명목으로 한 개입은 금지된다는 점에서 기속과 재량의 구별 필요성이 있다고 한다.[14]

---

12) 즉, 어떠한 명령이나 처분을 발령하는 것이 필요한지, 그리고 그것이 합목적적인지 여부는 법률의 한계 안에서 행정청만이 결정할 수 있다는 의미와도 일맥상통한다. Jellinek, Verwaltungsrecht, 1931, S. 32 참조.
13) Jellinek, Verwaltungsrecht, 1931, S. 29.
14) Jellinek, Verwaltungsrecht, 1931, S. 29.

II. '법률이 의도한 다의성'으로서의 재량

1. 자유재량의 본질과 인정영역

법률이 의도를 가지고 '다의성'(Mehrdeutigkeit)[15]을 허용한 곳에서 자유재량이 성립한다고 보는 것이 옐리네크의 핵심적인 견해이다. 여기서 '법률이 의도한 다의성'이란, 법률이 해당 용어의 의미를 구체적으로 한정하지 아니하고 여러 가지의 해석이 가능한 다의적인 상태로 규정을 하였으며, 그것을 입법자가 의욕하였던 경우를 말한다. 즉, 옐리네크의 견해에 의하면, 자유재량은 입법자가 의도적으로 다의성을 허용하여 행정기관에게 법률의 의미와 내용을 결정할 수 있도록 수권을 한 경우에 인정된다.[16] 유의할 것은 아래에서 상술하는 바와 같이 다의성이 인정될 수 있는 부분은 법률요건과 법률효과 모두에 해당한다는 점이다. 여기서 입법자가 다의성을 허용하는 방식으로 주로 이용되는 것이 바로 '불확정개념'(unbestimmter Begriff)[17]의 사

---

15) 여기서의 'Mehrdeutigkeit'라는 용어는 사전적 의미로, 해당 용어나 문장이 여러 가지의 해석가능성을 가진다는 의미에서의 '다의성(多義性)' 또는 뜻이 희미하여 분명하지 아니함을 의미하는 '애매함', '모호함'이라고 옮길 수 있을 것이나, 아래에서 보는 바와 같이 해당 용어의 언어적으로 가능한 극단적인 양측 한계 내에서의 여러 가능한 구분·정의 중에서의 선택의 자유라는 의미로 자유재량을 파악하고 있으므로 '애매·모호성'이라는 용어보다는 '다의성'으로 번역하는 것이 더 적절하다고 생각한다. 따라서 본 논문에서는 'Mehrdeutigkeit'를 '다의성'으로 옮기기로 한다.

16) Hofer-Zeni, Das Ermessen im Spannungsfeld von Rechtsanwendung und Kontrolle, 1981, S. 24.

17) 私見으로는 엄밀히 따지면, '불확정개념'이라는 용어는 두 가지의 의미 단계로 접근할 수 있을 것으로 생각한다. 첫째로는 일견 용어의 문자적 의미 그대로, 확정적이지 않아 보이는 개념, 즉 추상적이고 애매모호한 개념 자체를 뜻한다고 할 수 있을 것이다. 바로 서술할 두 번째 접근방식에 비해서 상대적으로 그 외연이 넓고,

용이다. 이러한 여러 가지의 해석가능성을 의미하는 다의성과 반대되는 개념이 바로 '일의적 확정가능성'이라고 할 수 있다.[18]

엘리네크는 이러한 '법률이 의도한 다의성'으로부터 성립되는 자유재량과 구별되어야 할 것으로서, 법률해석에 있어서의 자유에서 나타나는 '외견상의 자유'(scheinbare Freiheit)를 든다.[19] 여기서의 외견상의 자유라 함은, 재판관의 자유심증, 재판관의 손해액 평가, 법률해석의 자유 등과 같이 외견상 보기에 판단자에게 자유가 주어진 것처럼 보이지만, 실제로는 법에 기속된 작용에 해당하는 것을 말한다.[20] 다시 말해서 위에서 거시한 재판관의 자유심증 등은 일견 보기에는 자유가 허용된 것처럼 보이지만 실제로는 정의(正義) 관념과 연관되어 일의적인 방향으로 그 결론이 정해지도록 법에 의해 기속되어 있다는 의미이다. "법률해석자는 각각의 다른 법률해석자와 사이에 각기 다른 (해석의) 결론에 이를 수는 없다"는 이념의 지배를 받기 때문이다.[21]

해석 등을 통한 일의적 확정과정을 아직 거치지 않은 용어 그 자체의 상태를 이르는 것이다. 둘째로는 전자에 해당하는 용어 중에서 더 나아가 일견 추상적이고 애매모호한 개념으로 보이지만 해당 법률의 목적이나 체계적인 해석 과정을 통해 일의적으로 확정이 가능한 경우들을 모조리 배제하고 난 이후의, 더 이상의 확정가능성이 없음이 최종적으로 확인된 개념으로서의 (순수한) '불확정개념'을 생각해 볼 수도 있다. Jellinek, Gesetz, Gesetzesanwendung und Zweckmäßigkeitserwägung, 1913이라는 논문에서는 양자의 접근 방식에 따른 용어가 혼용되어 특별한 구분이나 설명 없이 사용되고 있는 것으로 보이는데, 전후 문맥과 내용 전반에 따라서는 양자를 구별하여 달리 이해할 필요가 있다고 생각한다. 따라서 본 논문에서는 가급적 전자의 경우를 '추상적·불확정 개념'으로 표현하고, 후자의 경우를 '(순수한) 불확정개념'으로 표현하고자 한다.

18) Jellinek, Verwaltungsrecht, 1931, S. 31.
19) Jellinek, Verwaltungsrecht, 1931, S. 30 f.
20) Jellinek, Verwaltungsrecht, 1931, S. 30-31.
21) Hofer-Zeni, Das Ermessen im Spannungsfeld von Rechtsanwendung und Kontrolle, 1981, S. 26; Jellinek, Gesetz, Gesetzesanwendung und Zweckmäßigkeitserwägung, 1913, S. 159.

또한 그는 자유재량은 '개념형성(Begriffsbildung)의 자유'에 그 본질이 있다고 본다.[22] 국가기관에게 어떠한 한계 내에서 법률에 의해 규정된 개념의 의미와 내용을 자유롭게 확정할 수 있는 개념형성의 자유가 부여되어 있다면, 이것이 바로 자유재량이라는 것이다.[23] 따라서 행정청이 개념형성의 자유를 부여받게 되면 자신의 창조성을 활용하여 용어의 진정한 의미를 결정할 수 있게 된다.[24] 특히 이러한 자유재량의 본질에 관한 내용은 아래에서 상세히 살펴보는 바와 같이 옐리네크의 자유재량에 대한 정의(定義) 내용에 잘 드러나 있으므로, 이 부분에 대한 더 이상의 상세한 논의는 생략하기로 한다.

2. 자유재량과 불확정개념의 관계

법률이 의도한 다의성에서 자유재량이 성립된다면, 반대로 일의적으로 확정된 또는 확정가능한 개념이 사용된 경우에는 입법자가 다의성을 의도한 것이라고 할 수 없으므로 자유재량이 성립될 수 없다고 할 것이다.[25] 여기서 전형적인 '다의성'의 본거지가 되는 것이 바로 '불확정개념'(unbestimmter Begriff)이라 할 수 있다.[26] 즉, 추상적이고 애매모호한 불확정개념이 사용된 곳에서 바로, 행정에게 여러 가지 다의적 법률 내용을 결정할 수 있는 여지와 운신의 폭이 주어져 있는 것으로 볼 수 있다. 따라서 행정은 이러한 불확정개념의 의미와 내용을 자유롭게 결정할 수 있다.[27]

---

22) Jellinek, Gesetz, Gesetzesanwendung und Zweckmäßigkeitserwägung, 1913, S. 36-37.
23) Jellinek, Gesetz, Gesetzesanwendung und Zweckmäßigkeitserwägung, 1913, S. 36.
24) Jellinek, Gesetz, Gesetzesanwendung und Zweckmäßigkeitserwägung, 1913, S. 190.
25) Jellinek, Verwaltungsrecht, 1931, S. 31.
26) Jellinek, Verwaltungsrecht, 1931, S. 31.
27) Jellinek, Gesetz, Gesetzesanwendung und Zweckmäßigkeitserwägung, 1913, S. 36

엘리네크는 입법자가 부여한 자유재량 영역의 범위를 분명하게 하기 위하여 불확정개념에 대해 좀 더 깊고 상세하게 연구를 진행하였다.[28] 불확정개념은 '확정된 개념'(bestimmter Begriff)과 대립관계에 놓여 있는데,[29] 확정된 개념과 불확정개념은 그 '경계'와 '판단 영역의 특성'에서 차이가 난다고 한다. 먼저 확정된 개념은 그 개념에 속하는지 아닌지를 결정하는 '하나의 경계'를 가지고 있고, 그 경계선도 분명하며, 그 경계를 사이에 두고 해당 개념에 속한다는 '긍정적 판단'(bejahendes Urteil)과 그 개념에 속하지 않는다는 '부정적 판단'(verneindes Urteil)은 모두 '확실한 판단'(sicheres Urteil)으로서의 특성을 가지고 있다고 한다.[30] 반면에 불확정개념은 극단적인 '두 개의 경계'를 가지고,[31] 그 경계도 상대적으로 불명확하다. 예를 들어 법률에 "집시들이 '집단'(Horde)을 형성하여 함께 돌아다니는 것을 금지한다"라는 규정이 있다면 여기서 사용된 불확정개념인 집단에 해당하기 위해서는 어느 숫자까지가 위 개념의 경계 안에 들 것인지가 문제될 수 있다. 1명의 집시는 결코 '집단'에 이라고 볼 수 없고, 역으로 50명의 집시는 의문의 여지없이 '집단'에 해당한다고 볼 수 있을 것이다.[32] 그렇다면 '집단'이라는 불확정개념은 1명과 50명이라는 — 상대적으로 불분명한 — 두 개의 경계를 가지는 것으로 볼 수 있고, 양 경계의 사이에서 행정청에 의해 '집단'에 해당한다는 판단이 내려질 수 있을 것이다. 이와 같이 불확정개념에 대한 판단에는, 불확정개념에 해당한다는 의미의 '긍정적 판단'과 불확정개념에 해당하지 않

---

f.; Schindler, Verwaltungsermessen, 2010, S. 34.

28) Hofer-Zeni, Das Ermessen im Spannungsfeld von Rechtsanwendung und Kontrolle, 1981, S. 24 참조.

29) Jellinek, Gesetz, Gesetzesanwendung und Zweckmäßigkeitserwägung, 1913, S. 37.

30) Jellinek, Gesetz, Gesetzesanwendung und Zweckmäßigkeitserwägung, 1913, S. 37.

31) Jellinek, Gesetz, Gesetzesanwendung und Zweckmäßigkeitserwägung, 1913, S. 37; Held-Daab, Das freie Ermessen, 1996, S. 170.

32) Jellinek, Gesetz, Gesetzesanwendung und Zweckmäßigkeitserwägung, 1913, S. 37-38.

는다는 의미의 '부정적 판단', 그리고 위 양자의 경계선 부근의 '경계 영역'(Grenzgebiet)에 있는 순전한 가능성이라는 의미에서의 '문제가 되는 판단'(problematisches Urteil)의 세 개의 영역이 존재한다고 한다.[33] 여기서 불확정개념의 양자의 경계는 시간의 흐름에 따라 의미가 변화할 수 있는 '사회의 평균적 견해'(durchschnittliche Anschauung der Gesellschaft)[34]에 의해 결정되고, 행정청의 개념형성의 사유로서 자유재량의 행사는 양자의 경계 사이에서만 미치게 된다.[35]

여기서 유의할 것은, 법률이 추상적·불확정 개념을 사용하는 모든 경우에 대하여 자유재량이 수권된 것으로 볼 수는 없다는 점이다.[36] 그러나 반대로

---

33) Jellinek, Gesetz, Gesetzesanwendung und Zweckmäßigkeitserwägung, 1913, S. 37; Hofer-Zeni, Das Ermessen im Spannungsfeld von Rechtsanwendung und Kontrolle, 1981, S. 24에서는 위의 긍정적 판단을 '적극적 확실성'(positive Gewißheit), 위의 부정적 판단을 '소극적 확실성'(negative Gewißheit), 위의 '문제가 되는 판단'을 '가능한 의심'(möglicher Zweifel)으로 기술하고 있다.

34) Schindler, Verwaltungsermessen, 2010, S. 34.

35) Jellinek, Gesetz, Gesetzesanwendung und Zweckmäßigkeitserwägung, 1913, S. 38; Hofer-Zeni, Das Ermessen im Spannungsfeld von Rechtsanwendung und Kontrolle, 1981, S. 24. 더 나아가 Held-Daab, Das freie Ermessen, 1996, S. 170-171에서는, 옐리네크의 위와 같은 견해를 '세 개의 영역 모델'(Drei-Sphären-Modell)로 지칭하면서, 그 견해에 의한다면 불확정개념의 적용은 그 문제가 되는 판단 영역(Held-Daab은 이를 '모호한 영역'으로 표현한다)의 한계가 준수되었는지 여부에 관해서만 행정재판소에 의해 심사가 될 수 있다고 보면서, 구체적으로는 ① 행정이 불확정적 법률요건 개념의 존재를 인정할 경우에 그 판단은 단지 해당 사실관계가 '부정적 판단' 영역에 해당되는 경우에만 위법하고, ② 행정이 법률요건 개념의 적용가능성을 부정할 경우에 그 판단은 단지 해당 사실관계가 '긍정적 판단' 영역에 해당되는 경우에만 위법하다고 볼 것이라고 해설하고 있다. 또한 여기서 Held-Daab은 '문제가 되는 판단' 내지 '모호한 영역' 내에서는 행정을 포함한 모든 법적용자는 그 결정을 함에 있어서 법적으로 자유롭고, 따라서 모호한 영역에 대한 심사는 '법적 통제'(Rechtskontrolle)가 아니라, '재량통제'(Ermessenskontrolle) 내지는 '재량대체'(Ermessenssubstitution)가 된다고 한다.

36) 즉, 「불확정개념 → 자유재량 수권」은 옳은 명제가 아니라는 의미이다. Jellinek, Gesetz, Gesetzesanwendung und Zweckmäßigkeitserwägung, 1913, S. 36-37;

자유재량에 의한 행위는 불확정개념에 의한 법률 규정으로 소급될 수 있다.[37] 또한 법률에 의해 일견 추상적·불확정 개념이 사용된 경우라고 하더라도, 해석을 통하여 규정의 목적에 따라 그리고 지역의 언어관습 등에 따라 특정한 의미가 도출되어 일의적으로 확정될 수 있는 경우에는 자유재량이 인정된 것으로 볼 수 없다.[38]

그리고 옐리네크의 견해에 의하면, '가치개념'(Wertbegriff)이 인정되는 경우가 재량이 부여된 것으로 볼 수 있는 적합한 예로서 서술되고 있다. 이러한 가치개념은 순수한 인식적인 고찰보다는 '평가적인 고찰'을 전제로 하고 있는데, 구체적인 예로는 '정치적인 합목적성', '공무원의 전보에 있어서 직무상 필요성', '공무원 신청자 중의 인적 적합성', '건물의 건축학적인 미관' 등이다.[39] 그러나 불확정개념에 관한 일반적인 설명과 마찬가지로 '신의성실'(Treu und Glauben), '선량한 풍속'(gute Sitten)과 같은 가치개념도 사회의 평균적 견해의 조사를 통하여 일의적으로 확정이 가능하다면 자유재량이 추론될 수 없다.[40]

3. 공익의 취급

공익의 취급과 관련하여, 베르나치크는 행정청에게 전적으로 공익에 관한 판단이 맡겨진 사안을 자유재량이 성립되는 대표적인 경우로 들고 있고,[41]

Schindler, Verwaltungsermessen, 2010, S. 34 참조.

37) 즉, 「자유재량 수권 → 불확정개념」의 명제가 성립한다는 의미이다. Jellinek, Gesetz, Gesetzesanwendung und Zweckmäßigkeitserwägung, 1913, S. 36-37 참조.

38) Jellinek, Verwaltungsrecht, 1931, S. 31.

39) Jellinek, Verwaltungsrecht, 1931, S. 32.

40) Jellinek, Verwaltungsrecht, 1931, S. 32; Schindler, Verwaltungsermessen, 2010, S. 34.

41) Bernatzik, Rechtsprechung und materielle Rechtskraft, 1886, S. 43.

라운은 재량의 본질을 '행정의 목적선택의 자유'로 보면서도 예외적으로 공
익의 경우에는 자유재량의 성립을 인정하고 있다.[42] 반면 테츠너는 공익을
포함한 불확정적 또는 모호한 개념 역시 하나의 법개념에 불과하다는 전제
하에 법률요건에서 공익이 규정된 경우 자유재량의 성립을 부정하고 있
다.[43] 이러한 공익에 관하여 옐리네크는 '공익'이라는 용어 역시 사회적 견
해에 의하여 일의적으로 확정될 수 있는 성질의 개념이라고 보아 자유재량
이 성립되지 않고, 따라서 공익의 존부에 대한 사법심사도 가능하다고 이해
하였다.[44]

4. 필요성과 합목적성의 취급

혼히 '필요성'(Notwendigkeit)이나 '합목적성'(Zweckmäßigkeit)이라는 용어
가 법률에 등장하는 경우에는 자유재량이 인정되는 것으로 볼 가능성이 있
다. 필요성이나 합목적성은 일견 불확정개념으로 이해될 수 있기 때문이다.
옐리네크도 '경찰명령'(Polizeiverordnung)에 관한 법률에서 사용된 '필요성
및 합목적성'이라는 표현은 '재량문제'(Ermessensfrage)와 전적으로 같은 문
제로 취급[45]된다고 보면서도, 이를 제외한 다른 법률에 필요성이나 합목적
성이라는 용어가 사용되었다고 하여 항상 자유재량이 인정되는 것으로 볼
수는 없다고 설명한다.[46] 즉, 사안에 따라서는 '필요성'이나 '합목적성'이라

---

42) v. Laun, Das freie Ermessen und seine Grenzen, 1910, S. 61-79 참조.
43) Tezner, Das freie Ermessen der Verwaltungsbehörden, 1924, S. 29-38 참조.
44) Jellinek, Verwaltungsrecht, 1931, S. 33.
45) 이와 같이 순수한 불확정개념으로 취급되는 경우를 '절대적인'(absolut) 필요성 및
    합목적성으로 칭하였다. Jellinek, Verwaltungsrecht, 1931, S. 34.
46) 옐리네크는, 이러한 필요성 및 합목적성과 같은 용어들은 재량문제와 혼동
    될 수 있는 '숙명적인 이중적 의미'를 내포하고 있다고 표현하고 있다. Jellinek,
    Verwaltungsrecht, 1931, S. 34.

는 용어가 사용된 경우에도 '평가'(Bewertung)와 관계가 없이 사회적 견해에 의하여 일의적으로 확정이 가능한 경우를 상정할 수 있고, 이러한 경우를 '상대적인'(relativ) 필요성 및 합목적성이라고 칭하였다.[47] 엘리네크는 입법자가 명시적 또는 묵시적으로 행정작용의 목적에 관하여 밝히지 아니한 채로, 행정작용을 규정하기 위해서 필요성과 합목적성이라는 범주를 사용하였고, 그에 따라 국가기관에게 스스로 선택한 목적에 의하여 또는 자신의 선호에 따라 자신의 행위를 결정하도록 수권한 곳에서 재량이 성립한다고 보았다.[48]

5. "할 수 있다" 규정(Kann-Vorschrift)의 취급

이미 라운이 언급한 바와 같이, "할 수 있다"는 '가능규정'(Kann-Vorschrift)으로 되어 있는 문언의 형식은 재량이 부여되어 있음을 강하게 시사한다고 할 것이다. 엘리네크도 공법에 있어서 이러한 "할 수 있다"의 규정형식은 자유재량을 의미하는 강한 징표가 된다고 할 것이지만, 반드시 행정청에게 자유재량이 부여된 것으로 단정할 수는 없다고 보았다.[49] 마찬가지로 위와 같은 문언이 사용되었다고 하더라도 사회적 관점과 해석을 통해 일의적으로 그 의미가 확정될 수 있는 경우에는 행정청의 자유재량 사안에 해당된다고는 볼 수 없다는 취지이다. 나아가 엘리네크는 해당 법규범의 '강도'(强度; Stärkegrad)와 자유재량의 허용 여부는 관련성이 없음을 분명히 하였다.[50] 예를 들어, 어떤 법률에 "(원칙적으로) 해야 한다"의 규정

---

47) Jellinek, Verwaltungsrecht, 1931, S. 34.
48) Jellinek, Gesetz, Gesetzesanwendung und Zweckmäßigkeitserwägung, 1913, 80; Hofer-Zeni, Das Ermessen im Spannungsfeld von Rechtsanwendung und Kontrolle, 1981, S. 25.
49) Jellinek, Verwaltungsrecht, 1931, S. 34.

(Soll-Vorschrift)[51]이 사용되었다고 하여, 법률에 "해야만 한다"(Müssen)라는 표현이 사용된 것보다 국가기관이 더 자유롭게 행위할 수 있는 것으로 보아서는 안 된다고 설명한다.[52]

Ⅲ. 자유재량에 대한 정의(定義)

1. 정의

엘리네크가 자유재량의 본질을 행정청이 불확정개념의 양 극단의 경계 안에서 그 개념의 의미와 내용을 자유롭게 결정하는 것에 있다고 보았음은 앞서 살펴본 바와 같다. 엘리네크는 나아가 여러 단계의 검토와 분석 작업을 통해 자유재량에 대한 정의를 시도하였다. 그는 자유재량을, 법률에 의하여 근거 내지 권위를 부여받고, 하자 없이 이루어지며, 그 개념의 양 극단 안에서 불확정개념을 개별적으로 한정[53]하는 것, 특히 그 (목적)실현[54]의 내적

---

50) Jellinek, Gesetz, Gesetzesanwendung und Zweckmäßigkeitserwägung, 1913, S. 113.

51) 이러한 'Soll-Vorschrift'를 '의무규정'이라고 번역하기도 한다. 이러한 의무규정이란, 행정청은 법률이 정한 전형적인 사안에 있어서 그 법률요건이 충족되는 경우에는 원칙적으로 그 행위를 할 의무가 있고, 단지 전형을 벗어난 예외적인 사안에서는 그 행위의무에서 벗어날 수 있는 경우를 의미한다. Maurer, Allgemeines Verwaltungsrecht, 2006, § 7 Rn. 11; Wolff/Bachof/Stober, Verwaltungsrecht Ⅰ, 1994, § 31 Rn. 34 등 참조.

52) Jellinek, Gesetz, Gesetzesanwendung und Zweckmäßigkeitserwägung, 1913, S. 113.

53) 私見으로는, 여기서의 '한정'(Abgrenzung)은 양 극단의 경계 내에서 다의적인 여러 의미 지점 중에 하나를 자유롭게 선택하는 것으로서, 그 개념의 의미를 (권한 있게) '정의(定義)하여'(definieren) 한정짓는 것을 뜻한다고 이해된다. 따라서 본

가치 또는 무가치에 관한 개별적인 견해로 정의하고 있다.[55] 아래에서는 위와 같은 엘리네크의 자유재량에 관한 정의를 요건별로 검토해 보기로 한다.

2. 요건별 의미 분석

(1) 법률에 의하여 근거 내지 권위를 부여받음

먼저 엘리네크는 '법률에 의하여'라는 표현을 사용함으로써, 자유재량에 관한 수권의 근거가 '법률'이라는 점, 다시 말해서 이러한 '법률에 의하여' 자유재량이 부여됨을 분명히 하고 있다. 또한 그는 '법적 통제'(Rechtskontrolle)와 관련하여 법률이 국가기관의 개별적 견해에 대해 그것이 취소될 수 없는 '근거 내지 권위'(Maßgeblichkeit)[56]를 부여하지 않는 곳에서는 법적 통제, 즉 사법심사가 가능하다고 보고 있다.[57] 이러한 견해를 뒤집어 역으로 생각해 보면, 사법심사가 불가능한 '자유재량'이 인정되기 위해서는 국가기관의 자유로운 견해에 따라 법의 내용과 의미를 결정할 수 있도록,

---

논문에서는 'Abgrenzung'의 의미를 '한정'으로 새기기로 한다.

54) 여기서의 '실현'(Verwirklichung)은 '현실화'라고도 하는데, '목적'(Zweck)과 관련된 개념으로서 私見으로는 '목적 실현'을 의미하는 것으로 이해된다. 따라서 본 논문에서는 'Verwirklichung'의 의미를 '(목적)실현'으로 새기기로 한다.

55) Jellinek, Verwaltungsrecht, 1931, S. 32; Merkl, Rezension von Walter Jellinek, Gesammelte Schriften, 2006, S. 322.

56) 여기서의 '근거 내지 권위'(Maßgeblichkeit)는 아래에서 다시 살펴보는 바와 같이 '(당해 처분이) 쉽게 취소될 수 없다는 의미에서의 권위'를 의미한다. Jellinek, Gesetz, Gesetzesanwendung und Zweckmäßigkeitserwägung, 1913, S. 139. 위의 '취소'는 사법(司法) 내지 행정재판에 대한 관계에서의 '쟁송취소'를 의미하는 것으로 새기는 것이 타당할 것이다.

57) Jellinek, Gesetz, Gesetzesanwendung und Zweckmäßigkeitserwägung, 1913, S. 114.

법률이 그 견해가 취소될 수 없게끔 하는 '근거 내지 권위' (Maßgeblichkeit)를 부여해야 한다고 볼 수 있을 것이다.[58] 자유재량에 해당되기 위해서는 행정이 불확정개념을 구체화한 견해가 행정재판소에 의해 취소될 수 없어야만 하고, 그러한 취소불가능성은 법률에 의해 부여될 수 있기 때문이다. 이러한 자유재량의 요건은 여전히 자유재량이라는 개념과 사법통제의 가능성 배제라는 내용적 속성의 연결고리를 유지하고 있는 옐리네크의 견해를 반영한 것으로 이해된다.

(2) 하자 없는 이행

또한 옐리네크는 국가기관에 의한 불확정개념의 내용과 의미의 결정이 '하자 없이' 이행될 것임을 요건으로 삼고 있다.[59] 만약 국가기관의 재량행사가 '하자가 있는' 경우에는 아래에서 상술하는 소위 '재량하자론'에 의하여 일응 행정의 재량에 속하는 행위라도 사법심사의 대상이 될 수밖에 없다는 의미에서, 진정한 자유재량이 인정되기 위해서는 하자 없는 재량행사가 되어야 함을 전제로 한 것으로 이해할 수 있다.

---

58) 옐리네크는 자신의 글에서 이와 같은 사고과정에 대해 상술하고 있지는 않다. 그러나 더 나아간 이해를 위해 수학적·논리적으로 접근해 보자면 다음과 같이 추론해 볼 수 있을 것이다. 즉, 「법률이 국가기관의 견해에 대해 (취소될 수 없다는 의미의) 근거 내지 권위를 부여하지 아니함 → 그에 대한 사법심사가 가능함」이 참인 명제라면, 그 대우(對偶)로서 「(자유재량 사안으로서) 사법심사가 가능하지 않음 → 법률이 국가기관의 견해에 대해 취소될 수 없는 근거 내지 권위를 부여함」의 명제 역시 참인 관계가 성립된다는 점에서 위와 같은 이해가 가능하다.

59) 이와 같은 하자 없는 '결정과정'(Entscheidungsfindung)에 대한 요구를 옐리네크는 작센과 바이에른의 판례에서 차용하였다고 한다. Held-Daab, Das freie Ermessen, 1996, S. 214-215.

(3) 불확정개념의 양 경계 안에서의 개별적 한정

앞서 재량의 본질을 '법률이 의도한 다의성'으로 보고, 그 근거가 되는 불확정개념에 관한 판단의 특성을 살펴보았던 바와 같이, 행정청의 개념형성의 자유로서의 자유재량의 행사는 양자의 경계 사이에서만 미치게 된다는 의미에서, 국가기관의 자유재량의 행사는 '불확정개념의 양 경계 안에서' 이루어질 것을 요건으로 한 것이다. 또한 사견(私見)으로는 '개별적인' (individuell)이라는 요건에 주목할 필요가 있다고 생각하는데, 불확정개념 일반에 대하여 전부 재량을 부정하고 법적용의 대상으로 삼았던 테츠너의 견해와는 달리, 엘리네크는 불확정개념에 근거하여 자유재량의 인정영역을 찾되, 예를 들어 필요성 및 합목적성 개념과 같은 동일한 불확정개념이라고 하더라도 개별 사안에 따라서는 법률 목적과 사회적 견해, 해석을 통해 그 개념의 내용과 의미가 일의적으로 확정될 수 있는 경우에는 자유재량에 해당한다고 볼 수 없다는 견해이다. 따라서 엘리네크에게는 어떤 불확정개념이 항상 자유재량이 인정되거나 인정되지 않는 절대적인 개념이 아니라, 개별 사안별로 달리 볼 수 있는 '상대적인 개념'으로 이해되었다는 점에서 '개별적인' 한정이 자유재량의 전제라고 보았던 것이다.

(4) 목적실현의 내적 가치 또는 무가치에 관한 개별적인 견해

자유재량의 부여를 통해 국가기관이 향유하는 '자유'의 대상을 엘리네크는 '내적인'(inner) 가치 또는 무가치로 보고 있다. 내적 '가치'에 대한 판단은 앞서 언급한 '가치개념'(Wertbegriff)에 관한 판단으로서,[60] 다의성에 관한 평가적 요소와 관련될 수밖에 없고, 따라서 이러한 평가와의 관련성은 자

---

60) Held-Daab, Das freie Ermessen, 1996, S. 175.

유재량의 본질과도 부합한다고 볼 수 있다. '개별적인'이라는 용어의 의미는
앞서 위 (3)에서 본 바와 같고, 국가기관의 '견해'가 입법자가 의도한 다의성
의 범주 안에서 관철될 수 있다는 점 역시 앞서 본 바와 같다.

Ⅳ. 목적·수단 선택상의 자유재량

  엘리네크는 자유재량이 목적의 선택에 있어서 뿐만 아니라, 수단의 선택
에 있어서도 존재할 수 있다고 보았다.[61] 실제로 행정청이 자유롭게 하나의
목적을 선택한 이후에도 어떤 사안에 대해 조치를 취하거나 개입을 함에 있
어서는 여러 가지 수단 중에서 적합한 것을 자유롭게 선택할 수 있는바, 이
러한 수단 선택에서의 자유 역시 자유재량의 한 유형으로 새겨야 한다는 것
이다. 그 예시로서, 만일 행정상 의무불이행이 있는 경우에 행정청은 강제집
행의 방법으로서 '대집행'(Ersatzvornahme)을 선택할 것인지, 아니면 '집행
벌'(Erzwingungsstrafe)을 부과할 것인지를 선택할 수 있다.[62] 한편 사법통제
의 입장에서 보면, 예를 들어 경찰행정에 있어서 행정재판관은 경찰이 목적
과 수단을 선택함에 있어서 어떠한 방해를 받지 않는 채로 내버려 두는 것
이 원칙이라고 할 것이고, 따라서 재판관은 경찰이 가장 최선인 목적과 수단
을 선택했는지 여부를 심사하면 안 된다.[63] 그러면서 엘리네크는 자유재량
에서의 자유는 수단의 선택이 아니라 오직 '목적'의 선택에 있어서만 존재한

---

61) 물론 엘리네크는 개입이나 조치를 할 것인지 여부를 결정하는 '결정재량'도 인정하
   고 있다. Jellinek, Gesetz, Gesetzesanwendung und Zweckmäßigkeitserwägung,
   1913, S. 194.
62) Jellinek, Verwaltungsrecht, 1931, S. 35-36.
63) Jellinek, Gesetz, Gesetzesanwendung und Zweckmäßigkeitserwägung, 1913, S.
   87-88.

다는 취지의 라운의 견해에 대해 부정적인 태도를 취하였다.[64] 목적 선택으로 한정하여 자유재량의 본질을 파악하는 것은 협소한 견해일 뿐만 아니라, 굳이 수단의 선택을 배제할 만한 합리적인 근거도 없다는 취지로 이해된다.

V. 요건재량의 인정 문제

자유재량을 위한 입법자의 수권이 행정청에 대한 '법률상의 명령'(gesetzliche Anweisung), 즉 법률효과에만 존재하는 것인지, 아니면 조치를 위한 '법률상의 요건'(gesetzliche Voraussetzung), 즉 법률요건에도 포함될 수 있는 것인지가 문제될 수 있다.[65] 이는 곧 어떠한 경우에 재량이 성립될 수 있는가 라는 재량의 인정영역에 관하여, 효과재량이론 이외에 요건재량이론도 인정될 수 있는지의 문제이기도 하다. 그때까지의 학설은 효과재량이론을 주창한 테츠너 이래로, 자유재량은 필연적으로 법률효과에 존재한다고 주장되어 왔던 것이 사실이다. 그러나 엘리네크는 "A 또는 B 둘 중 어느 하나"(Entweder A oder B)라는 선택 관계는 법률효과뿐만 아니라 법률요건에서도 위치할 수 있는 것[66]으로서 요건과 효과를 달리 볼 것은 아니라는 입장이고, 반대로 불확정개념이 사용될 수 있는 영역도 법률요건뿐만 아니라 법률효과도 포함될 수 있다는 견해이다.[67] 특히 경우에 따라서는 법률

---

64) Jellinek, Verwaltungsrecht, 1931, S. 35; Jellinek, Gesetz, Gesetzesanwendung und Zweckmäßigkeitserwägung, 1913, S. 87.

65) Jellinek, Verwaltungsrecht, 1931, S. 36.

66) Jellinek, Gesetz, Gesetzesanwendung und Zweckmäßigkeitserwägung, 1913, S. 132에서는 구체적인 경우로서 ① "A하거나 또는 B하면, …한다"(요건에서 선택가능성이 존재하는 경우), ② "A하거나 또는 B하면, C하거나 또는 D한다"(요건 및 효과에서 모두 선택가능성이 존재하는 경우), ③ "…하면, A하거나 또는 B한다"(효과에서 선택가능성이 존재하는 경우)의 세 가지 가능한 유형이 존재한다고 보았다.

요건에 있어서도 행정청의 재량에 의한 요건의 구체화가 필요하다고 주장한다.[68]

　이와 같이 옐리네크가 효과재량이론과 함께 요건재량이론도 같이 취하는 것을 두고 재량의 인정 범위가 지나치게 확대되는 것은 아닐까 라는 비판이 있을 수 있다. 그러나 옐리네크는 오히려 두 가지의 방향에서 재량의 범위를 실질적으로 축소하기 위한 재량행위 이론을 만들기 위해 노력하였다고 평가할 수 있다. 즉, 첫째로는 후술하는 바와 같이 광범위한 재량하자를 인정함으로써 재량에 대한 사법심사의 범위를 확대해 나갔다.[69] 둘째로는 불확정개념 전반에 대해 자유재량을 인정한 것이 아니라, 불확정개념 중에서도 일의적 확정가능성이 있는 개념을 걸러냄으로써 보다 좁은 범위에서 자유재량을 인정하고자 하였다.[70] 특히 '일의적 확정가능성'의 의미를 보다 넓게 인정할수록 실질적으로 요건재량의 범위는 보다 축소된다. 또한 앞서 본 바와

---

67) Jellinek, Gesetz, Gesetzesanwendung und Zweckmäßigkeitserwägung, 1913, S. 132. 여기서는, 자유재량의 특징적인 징표가 단지 행정청에 의해 이루어지는 논리적 추론의 사실관계상의 전제(Prämisse), 즉 법률요건에만 존재한다고 보는 베르나치크의 견해는 아무런 근거 없이 자유재량의 영역을 제한하는 것이라고 비판하고 있다.

68) Jellinek, Verwaltungsrecht, 1931, S. 36. 여기서 옐리네크는 구체적인 예로서, 경찰처분을 할 것인지 여부에 있어서 '위험'이 존재함에도 경찰의 조치 여부가 재량적이라고 보는 것은 위법하다고 일견 생각할 수 있으나 이러한 경우는 어디까지나 경찰처분이 기속적이고 의무적인 것으로 보아야만 할 예외적인 사안의 경우에 한정되는 것이고, 그렇다고 해서 경찰의 조치 여부에 대해 일반적으로 인정되어야 할 '재량'을 부정하고 경찰처분 전체를 '기속'으로 만들어서는 안 된다고 한다. 다른 한편으로는 '위법'이라는 추상적·불확정적 개념이 사용되었다고 하여 곧바로 자유재량이 인정된다고 볼 것은 아니고, 상세하게 구분을 하여 ① 경찰이 조치를 해야만 하는 위험의 지점이 있을 수도 있고, ② 더 이상 경찰 조치가 필요 없는 위험의 지점이 존재할 수도 있으며, 이러한 위험의 구분과 세분화는 자유재량에 의한 활동 여지가 허용되는 근거가 될 수 있다고 본다.

69) Schindler, Verwaltungsermessen, 2010, S. 36.

70) Schindler, Verwaltungsermessen, 2010, S. 36.

같이 옐리네크는 비교적 추상성이 강한 '공익' 개념조차도 일의적 확정가능
성을 긍정하고 있다. 그러므로 그가 요건재량이론을 취한다고 하여 종전의
다수설인 효과재량이론에 비해 지나치게 자유재량의 인정범위가 확장된다고
보기도 어렵다.

VI. 자유재량과 법적용 및 법질서의 관계

1. 자유재량과 법적용의 대립관계

베르나치크는 일찍이 자유재량과 법적용의 차이를 부정하면서 자유재량
의 행사도 법적용에 속한다고 보았다. 그러나 옐리네크는 자유재량과 법적
용은 원칙적으로 상이한 작용이라고 하면서, 양자를 동일시한 베르나치크의
견해를 비판하였다.[71] 그 비판의 요지는, 법을 말하는 것, 즉 사법은 심지어
사인(私人)에 의해서도 가능한 것이나, 의무에 합당한 행위를 해야 한다는
명령에 기속되는지 여부라는 측면에서 사인과 국가기관 사이에 차이가 나는
것이라고 한다.[72] 다시 말해서 사법(司法)의 본질적인 핵심은 '입법자의 생
각(Gedanke)에 대한 기속성'에 있다고 본다.[73] 또한 법률은 비록 그 의미가
의심스러울 수는 있다고 하더라도, 단지 하나의 확정된 의미만을 가질 수 있

---

71) Schindler, Verwaltungsermessen, 2010, S. 33; 특히 Jellinek, Gesetz, Gesetze-
   sanwendung und Zweckmäßigkeitserwägung, 1913, S. 190에서는 베르나치그의
   견해는 본질적인 것을 간과한 채, 우연한 표지를 부당하게 강조하고 있다고 평가하
   였다.
72) Jellinek, Gesetz, Gesetzesanwendung und Zweckmäßigkeitserwägung, 1913, S.
   190.
73) Jellinek, Gesetz, Gesetzesanwendung und Zweckmäßigkeitserwägung, 1913, S.
   190.

는 반면, 재량의 경우에는 "A 또는 B 둘 중 어느 하나"(Entweder A oder B)
라는 법률상의 규정방식에 의해 집행기관에게 선택을 위한 더 많은 동등한
가치의 해결책이 주어진다는 점에서 일의적인 법률적용은 부득이하게 멈추
게 된다는 것이다.[74] 즉, 'A 또는 B 둘 중 어느 하나'라는 것 자체를 확인하
는 것은 여전히 법률적용이지만, A, B 양자 중 선택을 하는 것은 더 이상
법률적용이 아니라고 한다.[75] 따라서 비록 법률상의 수권이 재량행사의 요
건이 된다고 하더라도, 자유재량과 법적용은 근본적으로 다른 성격을 가진
다는 것이다.[76]

옐리네크가 행정이 법률에 사용된 용어의 진정한 의미를 창조적으로 확정
할 수 있다는 점에서 자유재량의 본질을 찾았다는 것[77]을 연상해 본다면, 그
는 자유재량을 행사하는 행정의 지위를 사법(司法)보다는 오히려 '입법자'에
가까운 것으로 생각하였던 것으로 추론해 볼 수 있다. 특히 그는 법률을 국
가기관에 대한 입법자의 명령이자 '사상'(思想; Gedanke)으로 보면서 자유재
량의 핵심이 이러한 입법자의 사고와 명령으로부터의 자유라고 보았다.[78]
이러한 견해에 비추어 보면, 자유재량을 행사하는 행정의 모습을, 입법자의

---

74) Jellinek, Gesetz, Gesetzesanwendung und Zweckmäßigkeitserwägung, 1913, S.
   159; Hofer-Zeni, Das Ermessen im Spannungsfeld von Rechtsanwendung und
   Kontrolle, 1981, S. 25.
75) Jellinek, Gesetz, Gesetzesanwendung und Zweckmäßigkeitserwägung, 1913, S.
   159; Hofer-Zeni, Das Ermessen im Spannungsfeld von Rechtsanwendung und
   Kontrolle, 1981, S. 25-26.
76) Jellinek, Gesetz, Gesetzesanwendung und Zweckmäßigkeitserwägung, 1913, S.
   190; Hofer-Zeni, Das Ermessen im Spannungsfeld von Rechtsanwendung und
   Kontrolle, 1981, S. 25 참조.
77) Jellinek, Gesetz, Gesetzesanwendung und Zweckmäßigkeitserwägung, 1913, S.
   190.
78) Jellinek, Gesetz, Gesetzesanwendung und Zweckmäßigkeitserwägung, 1913, S.
   33. 또한 옐리네크는 달리 표현하여, 재량은 법률상 '표현내용'(Vorstellungsinhalt)
   으로부터의 자유라고 서술을 하고 있다. Jellinek, Gesetz, Gesetzesanwendung und
   Zweckmäßigkeitserwägung, 1913, S. 189.

생각에 기속되지 아니하고 오히려 입법자가 행정에게 맡긴 자유로운 법률내용 확정의 수권을 실현함으로써 입법자를 대체하는 위치로 상정하였던 것으로 보인다. 따라서 엘리네크의 견해에 의하면 입법자의 생각과 사고에 기속적인 사법(司法)과 법적용은 자유재량과 완전히 구별되는 대립관계에 서게 되는 것이다.

2. 자유재량에 대한 법질서의 의미

아무리 국가기관에게 자유롭게 법률의 내용과 의미를 결정할 수 있는 자유재량이 수권되어 있다고 하더라도, 국가기관은 법질서의 명령 아래에 놓여 있음에는 변함이 없다.[79] 특히 법질서에 의해 이루어지는 각종의 '금지'(Verbot)는 자유재량의 객관적인 한계를 설정한다.[80] 즉, 국가기관은 형식규정과 절차규정의 준수 하에서만 활동을 할 수 있고, 법률과 모순되는 처분을 할 수 없으며, 아무런 법률상의 수권근거가 없거나 법률요건에 부합하는 사실관계가 존재하지 않는 경우에는 행위를 할 수 없다는 점[81] 등에서 국가기관의 행위는 법질서의 한계를 넘지 못한다. 이러한 법질서는 자유재량에 의한 개별적인 견해를 허용하는지 여부를 결정하는 데에서 그 힘을 발휘한다고 볼 수 있다.[82] 달리 말하면 법질서에 의해 자유재량의 수권 여부와 한

---

79) Jellinek, Gesetz, Gesetzesanwendung und Zweckmäßigkeitserwägung, 1913, S. 137.
80) Jellinek, Gesetz, Gesetzesanwendung und Zweckmäßigkeitserwägung, 1913, S. 137; Hofer-Zeni, Das Ermessen im Spannungsfeld von Rechtsanwendung und Kontrolle, 1981, S. 25.
81) Jellinek, Gesetz, Gesetzesanwendung und Zweckmäßigkeitserwägung, 1913, S. 137.
82) Jellinek, Gesetz, Gesetzesanwendung und Zweckmäßigkeitserwägung, 1913, S. 137-139.

계가 형성된다고 이해할 수 있다.

특히 옐리네크는 재량행사를 위하여 규정된 법률을 가리켜 '권한부여적 법규'(machtverleihender Rechtssatz)라고 칭했는데, 재량을 행사하는 행정청의 개별적인 견해는 법률이 그것을 허용하고 근거를 부여했다는 점에서만 존중될 수 있기 때문이다.[83] 다시 말해서, 행정청이 자유재량의 내적 한계를 순수하면서도 나아가 법질서의 명령에 부합한다면, 당해 법률은 행정청의 개별적인 견해에 대해 취소될 수 없는 '근거 내지 권위'(Maßgeblichkeit)를 부여하게 되고, 이러한 사안에서 그 법률은 권한부여적 법규가 된다는 것이다.[84]

Ⅶ. 재량하자의 유형화

1. 재량하자의 의미와 근거

옐리네크는 어떠한 자유재량의 행사가 일응 형식·절차 규정에도 부합하고, 실체법적 요건과 모순되지는 않지만 그 실상에는 '위법한 고려'(gesetzwidrige Erwägung)[85]를 하여 부당한 결과를 초래함으로써 '법적인 하자'(rechtliche Fehlerhaftigkeit)가 있는 경우를 인정하고 이러한 경우에는 자유재량에 대한 사법심사가 가능하도록 할 이론을 전개하고자 하였다. 이에 따라 그는 법률이 설정한 한계 안에 있기는 하지만 행정청이 개별적인 견해

---

83) Hofer-Zeni, Das Ermessen im Spannungsfeld von Rechtsanwendung und Kontrolle, 1981, S. 25.
84) Jellinek, Gesetz, Gesetzesanwendung und Zweckmäßigkeitserwägung, 1913, S. 139.
85) Jellinek, Verwaltungsrecht, 1931, S. 37.

를 하자가 있게 형성한 경우를 '재량하자'(Ermessensfehler)로 정의(定義)하고 있다.[86] 따라서 이러한 엘리네크의 재량하자의 정의에 의한다면, 테츠너나 라운이 언급하기도 하였던 '재량일탈'(Ermessensüberschreitung)이라는 개념은 재량하자의 범주에 속할 수 없게 된다. 왜냐하면 재량일탈이라는 용어 자체가 이미 법에 의해 정해진 재량의 한계를 넘어섰다는 것을 의미하므로, 재량의 객관적인 한계 안에서 하자가 있는 것을 전제로 하는 엘리네크의 재량하자 개념과는 배치되기 때문이다.[87]

이와 같이 하자 없이 자유재량이 행사되어야 하는 근거는 바로 앞서 본 '의무에 합당한 재량'이다. 비록 행정청에게 재량에 의한 자유가 부여되어 있다고 하더라도, 행정청은 자신의 기분이나 자의에 따라 행위를 할 수는 없고 '의무에 합당하게'(pflichtmäßig) 행위하여야만 한다.[88] 따라서 재량하자론의 근거는 바로 '행정청의 의무에 합당한 재량행사'에 있다고 할 수 있다.

엘리네크의 재량하자에 관한 논의는 두 단계로 나눌 수 있다. 첫 번째는, 재량하자에 관하여 교수자격논문에 드러난 자신의 초기 이론이다. 여기에서는 민사소송법에서의 사실문제와 법문제의 구분으로부터 비롯된 하자의 유형론을 기초로 여러 공법학자들의 재량하자에 관한 견해를 종합하여 9가지의 유형으로 재량하자를 논하였다.[89] 두 번째는, 그 후 자신의 저서인 행정법 교과서에서 재량하자론을 보다 간소화한 시도가 있었다. 위 교과서에서는 의무에 합당한 재량행사의 내용에 착안하여, 행정청이 자신의 고려를 함

---

86) Jellinek, Gesetz, Gesetzesanwendung und Zweckmäßigkeitserwägung, 1913, S. 331; Jellinek, Verwaltungsrecht, 1931, S. 36; Schindler, Verwaltungsermessen, 2010, S. 35.

87) Schindler, Verwaltungsermessen, 2010, S. 35 참조. 법에 의해 정해진 재량의 한계를 넘어서서 법이 정한 기준에 배치된다는 의미에서, 이는 단순한 '법위반'의 문제에 해당한다고 볼 수도 있을 것이다.

88) Jellinek, Verwaltungsrecht, 1931, S. 37.

89) Jellinek, Gesetz, Gesetzesanwendung und Zweckmäßigkeitserwägung, 1913, S. 331-349 참조.

에 있어서 '법착오'(Rechtsirrtum)를 범하지 않아야 하고 또한 재량의 사용에 있어서 법률에 의한 여러 명령에 복종해야만 한다는 내용 등을 종합하여 3 가지의 유형으로 재량하자를 논하기도 하였다.[90] 이하에서는 이를 차례로 살펴보기로 한다.

2. 재량하자의 유형

(1) 9가지의 유형

엘리네크는 민사소송법에서의 하자유형론[91]에다가 기존의 공법학자들[92]이 산발적으로 논한 재량하자의 유형을 먼저 6가지로 정리를 한 후,[93] 자신의 독창적인 견해를 덧붙여 아래와 같이 재량하자의 9가지 유형을 정리하였다.[94]

---

90) Jellinek, Verwaltungsrecht, 1931, S. 36-39 참조.

91) 그 대표적인 학자로는 Wach, Friedrich Stein을 들 수 있다. Jellinek, Gesetz, Gesetzesanwendung und Zweckmäßigkeitserwägung, 1913, S. 332 참조.

92) 엘리네크 이전에 재량하자에 대해 논의한 학자들로서 프리드리히 프란츠 마이어 (F. F. Mayer), 그나이스트(Gneist), 로신(Rosin), 베르나치크(Bernatzik), 테츠너 (Tezner), 라운(v. Laun) 등을 들 수 있다. Jellinek, Gesetz, Gesetzesanwendung und Zweckmäßigkeitserwägung, 1913, S. 333-334.

93) 그 구체적인 내용은, ① 법적인 기속으로 착오한 경우(irrtümliche Annahme einer rechtlichen Gebundenheit), ② 자유로운 임의(freies Belieben), ③ 불고려 (Nichtberücksichtigung), ④ 부당한 고려(Berücksichtigung von etwas Unrichtigem), ⑤ 허용되지 않는 관점의 고려(Berücksichtigung unzulässiger Gesichtspunkte), ⑥ 더 나은 지식에 반하는 행동(Handeln wider besseres Wissen)이다. Jellinek, Gesetz, Gesetzesanwendung und Zweckmäßigkeitserwägung, 1913, S. 331-337.

94) Jellinek, Gesetz, Gesetzesanwendung und Zweckmäßigkeitserwägung, 1913, S. 331-349 참조.

① 재량이 주어진 사안임에도 착오로 기속적인 것으로 인정한 경우(Irrige Annahme eines Gebundenseins): 법률, 요건사실, 직무명령을 통해 원래는 재량이 주어진 경우임에도 기속적인 것으로 오인한 경우를 말한다. 옐리네크는 이러한 법기속에 관한 착오가 주로 부당한 법률해석, 사실관계의 부당한 평가, 잘못 이해된 직무명령 등에서 기인하는 것으로 보고 있다.95)

② 기속적인 사안임에도 착오로 제한으로부터 자유로운 것으로 인정하는 경우(Irrige Annahme der Freiheit von einer Schranke): 원래는 기속적인 경우임에도, 법률, 요건사실, 직무명령을 통해 설정된 한계로부터 자유로운 것으로 오인한 경우를 의미한다.96) 위의 ①과 함께 '법적착오'(Rechtsirrtum)로 취급된다.97)

③ 자유로운 임의(任意)에 의하여 선택을 할 수 있다고 생각한 경우(Meinung, nach freiem Belieben wählen zu dürfen): 행정은 원칙적으로 자유로운 '임의'(Belieben)에 따라 선택을 해서는 안 된다.98) 위의 ②는 객관적인 상황이 기속적인 사안이고, 재량이 있는 것으로 착오를 일으킨 경우를 전제로 하지만, 이 하자유형은 착오를 전제로 한 것이 아니고, 자기 마음대로 선택을 할 수 있다는 잘못된 생각을 가진 경우 자체를 의미한다는 점에서 위의 ②와 구별된다.

④ 신민(臣民)에게 유리한 상황을 (부당하게) 전혀 고려하지 않은 경우(Nichtberücksichtigung der dem Untertan günstigen Umstände): 신민에게 유리한 상황은 대체로 사전적인 '청문'(Gehör)을 통하여 파악된다. 이의제기나

---

95) Jellinek, Gesetz, Gesetzesanwendung und Zweckmäßigkeitserwägung, 1913, S. 337-339.

96) Jellinek, Gesetz, Gesetzesanwendung und Zweckmäßigkeitserwägung, 1913, S. 339-340.

97) 人見 剛, 近代法治國家の行政法學, 1993, 100頁.

98) Jellinek, Gesetz, Gesetzesanwendung und Zweckmäßigkeitserwägung, 1913, S. 340-341.

당사자의 신청에 의해서도 신민에게 유리한 상황이 고려될 수 있다.[99]

⑤ 신민에게 불리하도록 부당한 것을 고려하는 경우(Berücksichtigung von etwas Unrichtigem zuungunsten des Untertans)[100]: 다른 말로 표현하면 '타사고려'(他事考慮)의 문제로 칭할 수 있다.[101] 당해 사안과의 관련성상 타당성을 결여한 사정을 고려하여 재량행사를 그르친 경우를 의미한다.

⑥ 부낭한 관점을 고려하는 것, 특히 부적절한 목적의 추구 — 권한남용 (Berücksichtigung eines unsachlichen Gesichtspunkts, insbesondere Verfolgung eines unsachlichen Zwecks: détournement de pouvoir)[102]: 이 하자유형은 프랑스의 '권한남용'(détournement de pouvoir)에 상응하는 것이다. 행정의 부당한 고려라는 주관적 동기를 입증하는 것은 통상 쉽지 않은 경우가 많을 것이다.[103]

⑦ 행위의 이유와 반대되는 이유의 형량에 있어서 신중성을 결여하는 것 (Mangelnde Sorgfalt bei Abwägung der Gründe und Gegengründe)[104]: 특히 경찰처분에 있어서 당해 행위를 하는 이유와 그에 대한 반대 이유를 주의 깊게 형량할 것이 요구된다.[105]

---

99) Jellinek, Gesetz, Gesetzesanwendung und Zweckmäßigkeitserwägung, 1913, S. 341-343.

100) Jellinek, Gesetz, Gesetzesanwendung und Zweckmäßigkeitserwägung, 1913, S. 343-344.

101) 人見 剛, 近代法治國家の行政法學, 1993, 100頁.

102) Jellinek, Gesetz, Gesetzesanwendung und Zweckmäßigkeitserwägung, 1913, S. 344-347. 앞서 본 바와 같이 라운은 이러한 프랑스의 '권한남용'(détournement de pouvoir)으로부터 '재량남용'(Ermessensmißbrauch)이라는 개념을 도출해 낸 바 있는데, 이에 대하여 엘리네크는 이러한 개념이 너무 프랑스 이론을 향하고 있고, 결과적으로는 위와 같이 '부당한 관점을 고려하는 것'이라는 범주에 포함될 수 있다는 이유로 '재량남용'의 개념을 사용하지 않고 있다. Schindler, Verwaltungsermessen, 2010, S. 35 참조.

103) 人見 剛, 近代法治國家の行政法學, 1993, 100-101頁.

104) Jellinek, Gesetz, Gesetzesanwendung und Zweckmäßigkeitserwägung, 1913, S. 347-348.

⑧ 일반적인 원칙성을 결여함; 자의(Grundsatzlosigkeit; Willkür)[106]: 원칙 없이 행정이 자의적으로 처분을 하는 경우를 말한다. 위의 ③에서 말하는 임의(Belieben)와 자의(Willkür)는 구별됨을 유의해야 한다. 위의 ③의 하자유형은 행정이 마음대로 해도 된다고 생각한 경우를 의미하지만, 위의 ⑧의 경우는 주로 원칙과 달리 처분을 하거나 이익형량을 제대로 하지 않는 경우를 의미한다.[107] 이러한 재량하자 유형은 평등원칙 위반의 문제에서 특히 두드러진다고 본다.[108]

⑨ 논리일관성의 부족(Mangelnde Folgerichtigkeit)[109]: 행정이 전후 일관된 처분을 하지 못하는 경우를 말한다. 이러한 재량하자 유형은 '재량기준의 구속성 문제' 또는 '행정의 자기구속 법리'와 연결된다.[110]

(2) 간소화된 세 개의 유형

또한 엘리네크는 재량하자의 유형을 보다 간소화하여, 종전의 9개의 유형을 ① '법착오'(Rechtsirrtum), ② '불복종'(Ungehorsam), ③ '법률이 고려할 가치가 있는 것으로 의도한 상황을 고려하지 않은 경우'(Nichtberück-

---

105) Jellinek, Gesetz, Gesetzesanwendung und Zweckmäßigkeitserwägung, 1913, S. 347-348 참조.
106) Jellinek, Gesetz, Gesetzesanwendung und Zweckmäßigkeitserwägung, 1913, S. 348-349.
107) 人見 剛, 近代法治國家の行政法學, 1993, 101頁.
108) Jellinek, Gesetz, Gesetzesanwendung und Zweckmäßigkeitserwägung, 1913, S. 261; Held-Daab, Das freie Ermessen, 1996, S. 218; 人見 剛, 近代法治國家の行政法學, 1993, 101頁.
109) Jellinek, Gesetz, Gesetzesanwendung und Zweckmäßigkeitserwägung, 1913, S. 349.
110) 人見 剛, 近代法治國家の行政法學, 1993, 101頁 참조. 특히 이러한 재량하자의 유형은 엘리네크의 고유한 창작물이라고 한다. 이에 관해 Held-Daab, Das freie Ermessen, 1996, S. 215 참조.

sichtigung der vom Gesetze als berücksichtigungswert gewollten Umstände) 의 세 개의 유형으로 통합하여 정리하였다.[111] 법착오의 대표적인 경우가 바로 행정청이 실제로는 자유로운 영역임에도 기속된 것으로 잘못 생각 한 사례이다.[112] 불복종의 대표적인 경우로는 '부당한 관점'(unsachlicher Gesichtspunkt)의 고려를 들 수 있다.[113]

3. 재량하자론의 의의

앞서 살펴본 자유재량의 정의에서와 같이, 옐리네크는 자유재량의 요건으 로서 행정청의 개별적인 견해가 '하자 없이'(fehlerfrei) 실현되어야만 한다고 보았다. 그는 원칙적으로 사법심사가 불가능한 자유재량의 요건으로서 하자 가 없을 것을 내세움으로써 만약 재량사건이라고 하더라도 하자가 있을 경 우에는 사법심사가 가능하게 된다는 결론에 이를 수 있는 중요한 근거점을 마련하였다고 볼 수 있다. 즉, 옐리네크의 재량하자에 관한 견해는 자유재량 의 정의 내지 본질과 자유재량에 대한 사법심사 가능성 사이의 관계에서 '재 량하자론'을 본격적으로 논의하고 전개한 견해로 평가할 수 있다. 또한 이러 한 재량하자 유형으로부터 자의의 금지, 신중한 심사를 할 의무, 법착오에서 비롯된 고려에 의해 당해 처분이 발급되지 않도록 할 것 등의 요청 등과 같 은 재량행사에 대한 각종의 금지 또는 요청을 도출할 수 있다. 이를 곧 개인 의 측면에서 보자면, 국가기관에 대해 이러한 금지와 요청을 요구할 수 있는 '주관적 권리'(subjektives Recht)와 연결될 수 있고, 따라서 자유재량이 항상 주관적 권리의 부정으로 귀결되지는 않는다고 보았다.[114] 이러한 그의 견해

---

111) Jellinek, Verwaltungsrecht, 1931, S. 36-39 참조.
112) Jellinek, Verwaltungsrecht, 1931, S. 37.
113) Jellinek, Verwaltungsrecht, 1931, S. 37-38.
114) Jellinek, Verwaltungsrecht, 1931, S. 211.

는 한편으로는 자유재량의 요건을 분명히 함으로써 자유재량의 개념을 보다 명확화 하였다는 측면도 중요하지만, 특히 재량하자를 광범위하게 인정함으로써 재량에 관한 사법심사가 실질적으로 확대될 수 있는 이론적 뒷받침을 했다는 점에서 자못 그 의미가 크다.

제3절 분석과 영향

I. 이론에 대한 비판

테츠너를 비롯한 학자들은 옐리네크의 재량행위 이론에 대해 아래와 같은 내용으로 비판을 가하고 있다.

1. 비판의 요지

테츠너는 옐리네크의 재량하자에 관한 서술이 매우 상세하고 구체적이어서 마치 '판덱텐 체계'(Pandektensystem)와 같다고 평한 바 있고,[115] 그의 재량이론은 라운의 이론과 마찬가지일 정도로 복잡하여 지나치게 세분된 것이며,[116] 실무가에게 유용하게 이용되기는 어려운 이론이라고 비판하였다.[117] 이러한 비판의 취지는 한편으로는 옐리네크의 재량하자에 관한 분류가 지나치게 구체적이고 세세한 부분까지 언급하고 있다는 점을 지적하는 것으로 보인다. 다른 한편으로는 자유재량에 대한 정의와 개념 분석을 함에 있어서 종래의 연구방법보다 더 다양하고 상세하게 서술이 이루어져 있어서 핵심적

---

115) Tezner, Das freie Ermessen der Verwaltungsbehörden, 1924, S. 9.
116) Ehmke, „Ermessen" und „Unbestimmter Rechtsbegriff" im Verwaltungsrecht, 1960, S. 20.
117) Schindler, Verwaltungsermessen, 2010, S. 35-36.

이면서도 간명한 법도그마틱을 추구하는 실무가는 활용하기 어렵다는 취지로 이해된다.

또한 옐리네크의 견해에 의하면, 행정작용이 필요성과 합목적성에 의해서만 지배되도록 입법자가 해석에 대해 어떠한 목표도 설정하지 않은 곳에서만 '적용-기관'(Anwendungsorgan)이 자유로울 수 있어서 자유재량이 인정된다고 한다.[118] 그러나 필요성과 합목적성 자체도 입법자가 설정한 목표에 해당하는 것이 아닌가 라는 의문이 제기된다.[119]

2. 검토

옐리네크는 지금까지의 다른 어떤 학자들보다도 더 상세하고 구체적으로 자유재량의 본질을 밝히고 개념을 구체화하여 재량의 범위를 한정하려는 시도를 하였으며, 이와 같은 과정에서 일관된 이론을 전개해 왔다고 평가할 수 있다.[120] 그의 이러한 상세한 분석과 개념정의가 있었기에 후대의 재량에 관한 논의가 더 활발해질 수 있었고, 기존의 자유재량에 관한 시각보다 더 넓은 학문적 시야를 확보할 수 있었다고 생각한다. 특히 재량하자론이 상세하게 서술되었던 부분은 재량하자의 사유와 범위를 확대함으로써 보다 효과적인 재량통제를 이루기 위한 시도였다는 점에서 그 자체로 의미를 찾을 수 있을 것이다. 그리고 뒤에 옐리네크는 종전의 상세했던 9가지의 유형을 간소화하여 세 개의 유형으로 통합하고 있다는 측면에 비추어 보더라도, 스스로

---

118) Hofer-Zeni, Das Ermessen im Spannungsfeld von Rechtsanwendung und Kontrolle, 1981, S. 25-26 참조.

119) Hofer-Zeni, Das Ermessen im Spannungsfeld von Rechtsanwendung und Kontrolle, 1981, S. 26.

120) 같은 취지로 Hofer-Zeni, Das Ermessen im Spannungsfeld von Rechtsanwendung und Kontrolle, 1981, S. 26 참조.

도 유형의 복잡성을 시정하기 위한 노력을 하였다는 점은 높게 평가할 수 있을 것이다.

또한 자유재량이 인정된다고 하여 행정이 어떠한 법적 제한으로부터도 완전히 자유로울 수는 없다고 보는 것이 일반적인 견해이다. 옐리네크는 입법자의 생각에 기속되는 법적용과 대비하여, 입법자의 생각과 대비되는 개념으로서 합목석성과 필요성이라는 최소한의 틀 안에서 입법자의 외도적인 수권에 근거하여 자유롭게 선택을 하고 개념을 형성할 수 있는 자유를 행정의 자유재량의 본질로 보았던 것이다. 이러한 자유재량의 개념을 설명하기 위한 최소한의 개념도구로서 옐리네크는 필요성과 합목적성을 언급하였을 뿐이고, 따라서 필요성과 합목적성은 입법자가 '의도적으로' 설정한 목표가 아니라는 점에서 위의 두 번째와 같은 비판은 타당하지 않다고 할 것이다.

Ⅱ. 옐리네크의 재량이론의 가치와 영향

1. 재량이론의 심화

옐리네크는 자유재량에 관한 이론을 전개함에 있어서, 종래와 마찬가지로 자유재량 자체의 특성에 주목하여 분석을 하는 데 그치지 아니하였다. 나아가 논의의 기초가 되는 법률, 법적용, 사법과 행정 등에 관해서도 매우 분석적이고 논리 일관된 검토를 해 나감으로써 공법체계 전체 중에서 재량행위 이론이 차지하는 위치와 역할, 위상에 대해 조망을 할 수 있는 계기를 마련하고 있다. 특히 그는 자유재량과 대비하여 볼 때 그 속성이나 본질 면에서 중첩이 되거나 오해될 수 있는 여러 접변 부분의 개념과 사고에 대해 전반적으로 다루어 나감으로써 이론적인 면에서 자유재량 개념의 경계선을 보다

분명히 하였다. 다른 한편으로는 사회적인 관점에서 자유재량의 한계를 구하는 등 법현실 내지 실무와의 관련성이라는 측면도 경시하지 않으면서 자신의 재량이론을 발전시켜 나가기 위해 노력하였다고 평가할 수 있다.

　그때까지의 자유재량에 관한 여러 학설들은 주로 재량사안 중에서 그 위법·부당성의 정도가 일정한 수준을 초과하여 사법통제가 필요로 되는 사례들을 중심으로 초기적인 형태의 이론구성을 시도하는 정도에 그쳤을 뿐이었고, 앞서 언급한 베르나치크 이후의 학설에 이르러서야 비로소 자유재량의 속성이나 본질, 인정영역 등에 관하여 부분적으로 논의가 이루어지기 시작하였다. 이러한 단계를 넘어서서 옐리네크는, 비록 완전하지는 않다고 하더라도, 자유재량에 관한 정의를 본격적으로 시도하고 완성한 학자라는 점 자체로도 의미가 적지 않다고 할 것이다. 특히 그의 자유재량에 관한 정의는, 비단 자유재량의 본질과 인정영역에 관한 설명에 그치지 않는다. 나아가 입법자가 부여한 법질서에 의해 자유재량이 부여되고 그 한계가 정해진다는 점, 자유재량의 정의 자체를 통해서도 하자 있는 재량행사의 경우에는 자유재량의 범주에 포함되지 아니하여 사법심사의 대상이 된다는 점 등과 같은 맥락과 쟁점까지도 포함하고 있어 법이론적으로도 우수하다고 평가할 수 있겠다.

2. 불확정개념의 범위 한정

　불확정개념의 취급에 있어서, 옐리네크는 베르나치크와 같이 불확정개념 전반에 대해 자유재량을 지나치게 넓게 인정하거나 또는 테츠너, 라운과 같이 불확정개념에 관해 원칙적으로 자유재량을 인정하지 않는 극단적인 견해를 취하지 아니하였다. 그는 불확정개념이 사용된 경우를 다시 구분하여, 일견 추상적·불확정 개념으로 보이더라도 규정의 목적이나 사회적 관념 등을

고려한 해석을 통하여 그 의미가 일의적으로 확정될 수 있는 경우에는 자유
재량이 인정된 것으로 볼 수 없다고 함으로써, 베르나치크의 견해보다 자유
재량의 범위를 축소하였다. 특히 종래 자유재량의 징표로 대표적으로 거론
되던 '공익', '필요성 및 합목적성' 등과 같은 개념이 사용된 사안에서도 경
우에 따라서는 일의적 확정가능성이 있으므로 무조건 자유재량이 인정되는
것은 아니라고 보고 있다. 이러한 불확정개념의 범위를 한정하는 작업을 통
해 그는 자유재량의 인정 범위를 줄여나감으로써 자유재량에 대한 사법통
제를 확대하고 있다는 점에서 옐리네크의 자유재량 이론은 그 의미가 적지
않다.

3. 재량하자론을 통한 자유재량의 축소

다른 한편으로 그는 재량의 한계 내에서 다시 구체적인 재량하자의 유형
을 인정함으로써, 그간의 법현실에서 존재하였던 올바르지 않은 자유재량의
행사에 제동을 걸고 사법통제를 확대해 나가고자 노력하였다. 특히 재량하
자의 개념을 정함에 있어서 일견 법률에 의해 정해진 재량의 한계를 준수하
고 있는 경우에도 내용적인 면에서 법적인 하자가 있는 것으로 평가할 수
있는 사안을 포착하였다. 이로써 재량이 부여된 활동여지 안에서도 다시금
사법통제가 가능한 영역을 확보하여 재량에 대한 사법통제를 실질적으로 확
대하는 한편, 사법통제가 불가능한 자유재량의 범위를 실질적으로 축소하였
다는 점에서 큰 의미가 있다. 다시 말해서, 그전까지의 재량하자에 관한 논
의는 재량의 한계를 넘어선 '재량일탈'의 사안에서 사법통제를 하는 경우에
주로 초점이 맞추어졌던 반면, 옐리네크의 재량하자론은 이러한 재량일탈을
아예 재량하자의 개념 자체에서 배제하고, 이미 인정된 재량의 범위 안에서
다시 사법통제가 가능한 영역을 인정하고 그 하자유형을 구체화하였다는 점

이 특징적이라고 할 수 있다. 이와 같은 자유재량의 범위 축소와 재량에 대한 사법통제의 확대라는 양자의 기본적인 방향성은 옐리네크가 추구했던 법치국가의 실현 및 진정한 법률의 지배라는 이념과도 일맥상통하는 것이다.[121)

4. 후세의 재량행위 이론에 대한 영향

옐리네크의 재량하자에 관한 이론은 훗날의 재량하자론과 재량하자의 유형에 관한 본격적인 연구의 기초를 형성하였다는 점에서 학문적 가치가 크다.[122] 오늘날까지도 재량하자의 체계론에 대해서는 여러 학설이 존재하고 있는데, 이러한 학문적 성과는 옐리네크의 재량하자론이 없이는 불가능하였을 것이라고 평가할 수 있겠다. 그의 이러한 재량하자론은 오늘날까지도 여전히 유효한 것으로 여겨지고 있다.[123] 그리고 앞서 간단히 언급한 '자유재량의 정당한 행사를 구할 청구권'으로서의 주관적 권리와 재량하자의 연결관계에 관한 옐리네크의 논의는 추후 '무하자재량행사 청구권'의 개념에 대한 확실한 기반과 근거를 제공해 주었다고 평가할 수 있겠다.[124]

---

121) 특히 이러한 옐리네크의 사고는 "종국적으로 법률의 지배는 자유재량을 가능한 한 제한할 것을 요구한다"(Jellinek, Verwaltungsrecht, 1931, S. 90)라는 서술에서 특징적으로 나타난다고 한다. Schindler, Verwaltungsermessen, 2010, S. 36 참조.

122) 재량하자에 관한 연구는 학설사적으로 프리드리히 프란츠 마이어(Friedrich Franz Mayer)로부터 비롯되어 여러 학자들이 다루어 왔으나, 특히 라운(v. Laun)과 옐리네크(W. Jellinek) 등에 의해서 그 내용이 풍부해졌으며, 후대의 학설에 대한 영향을 감안한다면 옐리네크가 재량하자론의 본격적인 출발점에 있다고 볼 수 있다는 견해로는 이호용, "재량하자의 체계론 연구—알렉시의 이론을 중심으로", 한양법학 제18집, 2005, 150면 각주 4 참조.

123) Ziekow, Die Einhelligkeit der Rechtsentscheidung — Zu Leben und Werk Walter Jellineks, AöR 111, 1986, S. 221.

124) 우성기, "무하자재량행사청구권의 법리", 계명대 사회과학논총 제7집, 1988, 216

또한 옐리네크는 테츠너 이후 효과재량이론으로 그 중심이 기울고 있던 재량행위 이론에 있어서 법률요건 부분에도 여전히 재량이 성립될 가능성이 있음을 다시금 상기시켜 주고 균형을 잡아 주었다는 점에서 그 의미가 적지 않다. 이와 같이 효과재량이론을 기본으로 하여 요건재량이론을 일부 수용하여 발전시킨 옐리네크의 재량행위 이론 이후에 나치시대와 제2차 세계대선을 거쳐, 법률요건에 사용된 불확정개념에 대한 재판소의 심사자제 내지 심사강도의 완화가 요건재량이 인정되기 때문인지, 아니면 재량과는 구별되는 '판단여지'가 인정되는 것인지에 관한 학설의 대립이 등장하게 되었다. 이와 같은 재량행위 이론의 발전에 있어서 옐리네크의 재량행위 이론이 제공한 논의의 단초는 결코 작지 않다고 평가할 수 있다.[125]

면; 人見 剛, 近代法治國家の行政法學, 1993, 99頁; Jellinek, Verwaltungsrecht, 1931, S. 211 참조.
125) 비슷한 취지로는 人見 剛, 近代法治國家の行政法學, 1993, 109頁 참조.

제6장 종합적 분석 및 시사점

제1절 독일 재량행위 이론의 형성과 변천

I. 서설

지금까지 독일 재량행위 이론이 형성되던 시기의 주요한 이론을 살펴보았다. 각 학자별로 이론과 논리전개를 달리하면서 자유재량에 관해 견해를 피력하고 있는데, 이러한 개별 견해에서 공통적으로 다루고 있는 논제는 크게는 다음의 두 가지가 될 것이다. 첫째로는 이론적인 관점에서 보았을 때 '재량이란 무엇인가'라는 문제이고, 둘째로는 실무적인 관점에서 보았을 때 '재량을 어떻게 다루어야 할 것인가'라는 문제로 집약할 수 있을 것이다. 아래에서는 각 견해의 내용을 종합적으로 분석하기에 앞서, 위에서 다룬 각 재량행위 이론의 전제가 되는 개별 쟁점을 논의에 필요한 범위 안에서 간략하게 살펴보기로 한다.

1. 재량의 위상 변화

종래 행정의 재량은 '법 이전의'(vorrechtlich) 것으로서 국가권력의 본성으로 여겨졌다.[1] 다시 말해서, 절대군주의 지배하에 놓여 있던 행정의 재량은 한편으로는 신분제의회의 참여권을 통해서 제한을 받지 않고, 다른 한편으로는 행정재판소의 재판관할에서 배제되어 통제되지 않는,[2] '전능

---

1) Held-Daab, Das freie Ermessen, 1996, S. 228.

한'(allmächtig) 존재로 인정되었다. 이러한 관점과 속성이 독일 재량행위 이론의 형성 시기까지도 그 흔적이 남은 채 계속 영향을 미쳐서, 지방군주의 '재량'에 따른 행위는 그 성질상 행정재판의 대상에서 제외되었던 것이다. 이러한 사고는 오스트리아 행정재판소법과 같이 재량사건에 대한 행정재판소의 관할을 배제하는 내용의 실정법이 제정됨으로써 재차 확인되었다.

그러나 행정의 법기속성을 주요한 내용으로 하는 법치주의의 발전에 따라, 전적으로 법으로부터 자유로운 행정을 생각할 수는 없게 되었고, 이에 부합하여 '재량'의 의미 역시 법적 한계 내에서 입법자가 수권을 하는 경우에 행정이 누리게 되는 상대적3)·소극적인 자유를 의미하게 되었다. 즉, 재량은 법의 규율 영역 안으로 들어오게 되었고, 재량행위 이론에서 논의하는 '재량'의 의미는 입헌주의적인 법에 의하여 국가권력이 제한되고 있는 점을 포착하여 이를 표현하기 위한 개념으로서 사용되었던 것이다.4) 요컨대, 이제 재량은 법적 제한을 받는 객체 내지 대상으로 그 의미가 변모한 것이다.

이러한 변천 과정은 '종래 법질서 밖에서 누리던 자유라는 국가권력의 특성으로서의 재량으로부터 법치주의에 의해 법질서로 편입된 재량으로'라는 재량의 위상과 의미변화로 설명될 수 있을 것이다. 비록 실질적 법치주의·민주주의 국가의 성립과 발전에 따라 과거의 '법이전의 전능한' 재량의 특성은 그 위력이 약화되었다고 볼 수 있겠지만, 여전히 '재량'이라는 용어 자체가 부정적인 뉘앙스까지도 포함하는 '주관적인 결정의 권한'이라는 의미표지를 가지고 있고,5) 다른 한편으로는 법치국가라고 하더라도 국가적 문제의 전반에 걸쳐서 모두 법규범으로 규율을 할 수 없다는 점에서6) 여전히 법률적 공

---

2) Held-Daab, Das freie Ermessen, 1996, S. 23 참조.
3) 여기서 '상대적'이라는 의미는 입법자가 가지고 있는 자유의 크기에 비해 행정의 자유는 상대적으로 작은 것이라는 의미에서 한 표현이다.
4) Held-Daab, Das freie Ermessen, 1996, S. 228 참조.
5) Held-Daab, Das freie Ermessen, 1996, S. 22-23 참조.
6) 백윤기, "재량행위에 대한 통제", 행정작용법, 2005, 227면 참조. 여기서는 법률적 근거 또는 법률의 위임에 의한 법규명령의 근거를 가지지 못한 행정은 '법률로부

백이 있는 행정영역이 존재할 수 있는 것이 현실이다.

2. 입법자에 의한 재량부여

독일 재량행위 이론의 형성시기부터도 주요한 논의대상이 되었던 부분이 바로 '어떠한 경우에 재량이 부여된 것으로 볼 수 있을 것인가'라는 재량부여 내지 재량수권에 관한 문제이다. 입법자의 재량수권에 의해서 재량이 인정될 수 있다고 전제하고, 법률요건과 법률효과로 구별되는 법규범의 일반적인 체계에 비추어 보았을 때, 이 문제를 먼저 재량수권의 수범자인 행정의 관점에서 보자면, 재량은 법률효과에 관한 판단과정에서 인정되는 것인지, 아니면 법률요건의 인정 여부의 판단에서 승인되는 것인지의 문제[7]로 설명할 수 있을 것이다. 각도를 달리 하여 재량을 부여하는 주체인 입법자의 관점에서 보자면, 입법자가 법률을 통해 행정에게 재량을 부여하는 경우는 크게 두 가지로 상정해 볼 수 있을 것이다. 첫째는 추상적·불확정 법률요건 개념을 사용하여 재량을 부여하는 방식이고, 둘째는 선택적인 법률효과를 규정함으로써 재량을 부여하는 방법이다.[8]

행정현실에 있어서 실제로 해당 행정작용의 근거가 되는 법률이 법률요건의 측면에서 추상적·불확정 개념이 사용되는 경우나 법률효과의 측면에서 행정에게 여러 가지의 선택의 여지를 두고 있는 등으로 느슨하게 규정이 되어 있는 경우에 모두 재량이 존재하는 것으로 여겨지는 것이 사실이다. 한편으로는 행정청이 추상적·불확정적 개념을 구체화하여 의미를 형성하고 해당 사실관계가 거기에 포섭되는지를 판단하는 과정에서 크게 하자가 없다면 그

터 자유로운 행정'(gesetzesfreie Verwaltung)이라고 표현될 수 있다고 한다.
7) 백윤기, "재량행위에 대한 통제", 행정작용법, 2005, 225면 참조.
8) Held-Daab, Das freie Ermessen, 1996, S. 229 참조.

것이 그대로 직권취소·쟁송취소됨이 없이 관철될 수 있다는 의미에서 행정
에게 재량이 있다고 인정되기도 한다. 다른 한편으로는 일단 해당 법률요건
에 해당한다는 점까지는 엄격한 규율을 받는다고 하더라도 법률효과 면에서
여러 가지의 선택지가 존재한다면 행정은 자신의 '결단'으로 그 중에서 자신
의 상황에 맞는 것을 '선택'할 수 있다는 의미에서 행정에게 재량이 있다고
생각할 수도 있다. 특히 전자의 경우는 행정청이 효과결정의 단계를 도외시
한 채 순전히 인식적인 요소에 의해서만 법률요건을 판단하는 경우보다는,
당해 요건 판단시 암암리에 효과결정을 염두에 두고 인식적·의지적·평가적
요소가 함께 작용하여 결정을 내리는 경우도 많다는 점을 유의할 필요가 있
다.9) 이와 같은 재량부여 내지 재량수권에 관한 문제는 논리적으로 '재량은
무엇인가'라는 재량의 본질론에 관한 문제와도 연결될 수 있다.

3. 재량과 법적용의 관계

재량을 법적용의 일종으로 볼 것인가의 문제도 재량의 본질과 인정영역을
논하는 경우에 쉽게 간과할 수 없는 쟁점이다. 재량을 법적용으로 보지 아니
하는 견해는 법기속을 지배하는 대전제가 법률이 되는 경우와는 달리, 재량
을 지배하는 대전제는 법률이 아니라 정치적 판단이나 행정적 편의 등이 될
수 있으며, 따라서 재량은 합목적성의 판단이 된다고 한다.10) 여기서 유의할
점은, 재량을 법적용의 일종으로 보지 않고 합목적성의 판단으로 보는 견해
라고 하더라도, 법치주의의 한 내용으로서 재량행정의 법기속성을 부정하는

---

9) 같은 취지로 Held-Daab, Das freie Ermessen, 1996, S. 151 참조. 여기서는 사실관
   계가 법률요건에 해당된다는 긍정의 판단은 이미 법률효과의 적용가능성에 관하여
   도 긍정의 결정을 내리도록 하므로, 법률요건 인정과 법률효과의 발효 사이에는
   '연결관계'(Verknüpfung)가 있다고 설명하고 있다.
10) 대표적으로 Jellinek, Rezension von v. Laun, AöR 27, 1911, S. 462-463 참조.

것이 아니라는 점이다. 재량을 합목적성의 판단으로 보는 견해는 단지 행위의 결정과 선택을 주도하는 대전제가 법률이 아니라는 의미일 뿐, 재량은 법으로부터 자유로운 행위가 아니고, 의무에 합당한 재량행사의 명령은 여전히 유효하기 때문이다.

만약 재량을 법적용의 일종으로 본다면, 불확정개념이 사용된 경우의 그 구체화와 통상적인 법개념의 적용이 어떻게 구별될 것인지를 생각해 보아야 할 것이다. 이때 추상적·불확정 개념에 대해 '해석'(Auslegung)을 통해 일의적으로 의미 확정이 가능하다면 이는 단순한 법개념의 적용문제일 뿐 재량이라고 볼 수 없다는 견해도 가능할 것이다. 그러나 실제로 해석을 통한 불확정개념의 일의적 확정 가능성에는 한계가 있다는 반론 또한 가능하다.

II. 재량의 본질과 착안점

1. 학자별 주장과 근거

베르나치크 이전에는 원칙적으로 재량은 법의 영역 바깥에 머물렀고 단지 남용에 해당하는 경우에만 예외적으로 사법심사를 통해 법의 영역으로 포착되었을 뿐이었다. 베르나치크는 이러한 재량을 법이론의 본격적인 무대로 끌어올린 대표적인 학자이다. 그는 재량도 법적용의 일종이라고 파악하면서, 재량을 행사하는 행정이 전문지식의 측면에서 원칙적으로 사법에 대하여 우위에 있음을 인정하였다. 이러한 베르나치크의 태도는 특히 행정청의 재량행사에 있어서 악의 또는 중과실의 직무의무위반이 있는 경우에만 그것도 형사재판소와 징계재판소에서만 재량행사를 심사할 수 있다고 본 점에서 잘 드러난다. 베르나치크는 사법부를 포함한 제3자가 당해 추론의 옳고 그름을 심사할 수 없는 판단을 재량의 본질이라고 보았다. 독자적 우월성을 향유하는 행정이 내린 판단을 사법부나 제3자가 쟁송을 통해 그 효력을 부정할 수 없다는 점에 착안하여 베르나치크는 자신의 재량론을 전개해 나간 것이다. 베르나치크는 재량의 근거를 행정이 보유한 '전문성'에서 찾고 있다.

테츠너는 자신의 실무 경험상 행정이 공익 등을 명분으로 사실인정과 사실관세 평가의 단계에서 농간을 부리는 폐해의 문제점을 깊이 인식하였다. 이에 따라 법률요건의 판단에서는 행정에게 재량을 허용해서는 안 되고, 행정재판관에게 법률요건 판단에 대한 광범위한 사법심사권한을 인정해야 한다고 보았다. 즉, 행정은 신뢰할 수 없고 행정재판관은 믿을 수 있다고 본 것이다. 이러한 행정재판관의 심사권한의 근거로 재판관의 해석의무를 강조하였고, 설령 법률요건에 추상적·불확정 개념이 사용되었다고 하더라도 이러한 모호성의 문제는 질적인 문제가 아닌 상대적인 양적의 문제에 불과하여 재판관의 사법심사가 충분히 가능하다고 보았다. 테츠너도 재량을 법적용의 일종으로 보는 입장에서, 이미 법해석과 사실인정 및 포섭에서 재량을 부정한 결과로, 그리고 앞서 본 재량부여의 두 방법 중 법률요건에 관해 추상적·불확정 개념을 사용하여 재량을 부여하는 방식을 부정한 이상, 재량의 인정영역은 법률효과로 밀려나게 되었던 것이다. 결국, 테츠너는 재량의 본질을 행정이 법집행을 하는 과정에서의 법률효과 선택의 자유로 파악했다. 이와 같은 테츠너의 재량행위 이론의 근저에는 행정에 대한 통제의 강화라는 법정책적인 의도가 자리 잡고 있다.

라운은 더 이상 재량행사를 법적용의 일종으로 보는 것은 한계가 있다고 보아, 법질서의 지배가 아닌 합목적성이라는 다른 행위목적의 지배를 받는 재량개념을 상정하기에 이르렀다. 즉, 그는 정치적 동기나 행정 고유의 편의적 사고 등에 기인하여 행정청이 재량을 행사하는 현실을 직시하여, 합목적성의 고려로서의 재량을 재량행위 이론의 착안점으로 포착해낸 것이다. 그렇다고 하여 라운이 재량의 본질을 파악함에 있어서 법적 연결고리를 포기한 것은 아니다. 재량이 인정되기 위해서는 입법자의 의도에 따른 재량수권을 필요로 하고 거기서 재량의 한계가 도출될 수 있음을 인정하였다. 다만, 재량수권의 규정은 '백지위임'으로서 행정이 스스로의 견해로 그 공백을 채워나가야 한다고 보았다. 이와 같이 라운은 '목적'을 중요시한 관계로 다양한 목적선택의 자유로서의 재량을 그 본질로 삼게 되었고, 이에 따라 수단이나 정도 선택의 자유로서의 재량은 재량의 범주에 포함시키지 아니하였다.[11]

엘리네크는 재량부여의 양 방법을 모두 수용하여, 양자의 공통적인 요소로서 '입법자가 의도한 다의성'을 재량의 본질로 추출해냈다. 즉, 재량은 법률요건에서 추상적·불확정 개념을 사용하는 경우에도 성립될 수 있고, 선택적인 법률효과를 규정함으로써도 인정될 수 있다는 것이다. 입법자가 의도적으로 당해 법규범을 통해 다의성을 허용하는 지점에서 행정은 입법자의 영향 없이 자유롭게 개념형성을 할 수 있고, 이러한 자유가 바로 재량의 핵심이라고 착안한 것이다. 위와 같은 엘리네크의 재량의 본질론을 두고 보면, 법률요건과 법률효과의 양 측면에서 상당히 넓은 범위의 재량이 인정될 것으로 보인다. 하지만 엘리네크는 한편으로는 법률요건에 사용된 추상적·불확정 개념이 해석을 통해 일의적으로 확정될 수 있으면 재량에 해당되지 않는다고 보아 요건에서의 재량을 축소하고 있고, 다른 한편으로는 법률효과 면에서 재량이 허용되더라도 재량하자를 넓게 인정함으로써 재량에 대한 사법통제를 강화하여 실제로 재량이 인정되는 범위를 상당히 제한하고 있다는 점을 유의할 필요가 있다.

---

11) 라운이 이와 같이 목적선택의 자유 외에 수단선택의 자유를 재량의 본질로 삼지 아니한 이유는 그의 전반적인 재량행위 이론을 검토해 보더라도 분명해지는 않다. 그러나 일응 목적에 알맞은 수단은 그 목적에 수반되는 것이라는 전제 하에서 '목적선택의 자유'를 재량의 본질로 삼고 있는 것으로 추론해 볼 수 있다.

2. 분석 및 검토

위와 같은 재량의 본질과 착안점에 대해 살펴봄으로써, 재량을 법적용의 일종으로 보던 베르나치크와 테츠너를 거쳐, 라운에 이르러서는 재량이 법적용과 구별되는 별개의 합목적성 판단으로 분리되는 과정을 파악할 수 있었다. 공통적으로 네 명의 학자들 모두 종전의 행정의 우월적 지위를 삭감·제거하기 위해 행정에 대한 통제를 전반적으로 강화해 나가려던 시대에 전반적으로 속해 있었다. 그렇지만 그 중 베르나치크의 견해는 비교적 초기적인 논의 단계에 속해서인지 우월적 지위에 있던 행정과 재량에 유리한 근거를 제공하는 듯한 뉘앙스를 가지고 있기도 하다. 반면 테츠너는 시민적 자유주의의 확대 관점에서 재량에 대한 사법심사의 확대라는 뚜렷한 목표의식으로 인해 주장이 상대적으로 강한 면이 없지 않다. 한편 라운은 테츠너와 마찬가지로, 법률요건에서의 추상적·불확정 개념의 구체화와 일의적 확정 가능성에 관한 '해석'의 능력을 과신한 측면이 있었고, 목적선택의 자유에만 재량을 인정할 뿐 수단선택의 자유를 인정하지 않은 것은 그 이유가 명확하지 않아 여전히 의문이다. 마지막으로 옐리네크는 일의적 확정 가능성이라는 전제 하에서 법률요건에서의 재량과 법해석을 구별하고 있으나, 일의적 확정 가능성이라는 용어 자체가 분명하지 않을 뿐만 아니라 어느 정도에 이르러야 해당 용어의 의미가 일의적으로 확정되는 것인지도 의문스럽다. 또한 법률효과 면에서 재량을 논함에 있어, 앞서 입법자의 측면에서 본 재량부여에서 언급한 것처럼, 전형적인 사안으로서 여러 가지의 법률효과의 '선택'과 '결단'에서 효과재량을 논하는 것이 아니라, 옐리네크는 언어학적 관점에서 법률효과에서의 '다의성' 내지 '불확정개념'의 사용을 효과재량으로 논하는 것은 다소 어의(語義)상의 차이가 있어 보인다.

Ⅲ. 재량의 인정영역과 재량의 유형

1. 재량의 인정영역

베르나치크는 재량이 인정되는 영역을 법률요건에서 찾았다. 더 정확히는 '논리적 추론의 전제'인 사실인정과 사실관계의 평가에서 재량이 행사된다고 본 것이다. 즉, 행정은 전문적 지식의 보유자로서 기술과 관련된 추상적·불확정 개념이 법률요건이 되는 사안에서 사실인정과 사실관계 평가를 통해 자유롭게 재량에 의해 그 개념을 구체화할 수 있다고 설명한다. 또한 아래에서 살펴보는 바와 같이 행정에게 전적으로 공익에 관한 판단이 맡겨진 사안에서도 행정은 공익의 전문가 입장에서 공익 개념을 구체화하는 권한인 재량을 보유한다고 본 것이다. 이와 같이 재량의 인정영역을 법률요건에서 찾았다는 점에서 그는 요건재량이론의 선구자로 평가된다. 베르나치크의 요건재량이론을 전제로 하여 구체적인 경우를 나누어 살펴보면 다음과 같은 결론에 이를 수 있을 것이다. 베르나치크는 해당 법규범에 선택적인 법률효과가 규정된 경우에도, 그 법률요건이 추상적·불확정 개념으로 규정된 이상은 재량을 부정하지는 않았을 것으로 보인다. 왜냐하면 베르나치크는 이미 법률요건 인정과 법률효과의 발효 사이의 연결관계를 인정하고 있기 때문이다.12) 즉, 해당 사실관계가 법률요건에 해당된다는 긍정의 판단을 하는 과정에서 행정청은 그와 연결관계에 놓인 법률효과의 적용가능성도 고려하는 것이 통상이라고 할 것이고, 이러한 법률요건 면에서의 자유로운 재량의 행사를 통해 법률효과의 선택 역시 한꺼번에 이루어지는 것으로 볼 수 있기 때문이다. 반대로 법률요건에 일의적이고 명확한 개념이 사용되었고 법률효과에서만 선택적인 다수의 법률효과가 규정된 경우에는, 베르나치크의 요건재

---

12) Held-Daab, Das freie Ermessen, 1996, S. 151 참조.

량이론에 의하면 이는 재량사건에 해당되지 않고 행정재판소는 당해 사건을 심사할 권한이 있다고 할 것이다. 물론 행정재판소의 심사범위가 행정청이 선택적인 다수의 법률효과 중 하나를 선택한 것이 합목적적인지 여부에까지 미치는지 여부는 '심사강도'의 측면으로서 별개의 문제이다. 그러나 베르나치크에 의하면 심사대상으로서의 재량행위 이론을 전개하였을 뿐, 나아가 '심사강도' 내지 '심시밀도'에 관해서는 구체적인 견해를 피력하지 않았다.

반대로 테츠너는 법률효과의 측면에서 재량이 인정되는 것으로 보았다. 앞서 본 바와 같이 그는 추상적·불확정 법률요건 개념의 사용을 통한 재량의 부여를 부정함으로써, 재량의 중심축이 선택적인 법률효과의 규정을 통한 재량의 부여로 옮겨가게 된 것이다. 그는 법률효과 전반에 관하여 재량을 인정하였기 때문에, 당해 행위의 정도, 수단 등에 관해서도 법률효과 선택의 자유가 성립된다고 본다. 더 나아가 테츠너는 법률효과 측면에서의 효과재량의 인정에만 머무르지 아니하고, 예외적으로 고도의 전문성이 요구되는 분야에서의 '기술적 재량'도 인정하였으며, 공무원의 임명과 같은 전통적인 재량 사안도 재량의 인정영역으로 받아들였다. 이와 같이 테츠너는 재량의 인정영역의 중심축을 법률요건에서 법률효과로 강하게 이동하였다는 면에서 효과재량이론의 시조로서 오늘날까지도 인정을 받고 있다. 테츠너의 효과재량이론을 전제로 하여 구체적인 경우를 나누어 살펴보면 다음과 같은 결론에 이를 수 있을 것이다. 테츠너는 법률요건에 추상적·불확정 개념이 사용되었다고 하더라도 법률효과가 선택적으로 규정되지 않고 일의적으로 명확하게 규정된 이상 재량을 인정하지는 않았을 것으로 보인다. 따라서 행정재판소는 행정청이 당해 불확정개념을 구체화하여 적용한 것이 타당한지를 심사할 수 있고, 법률효과가 실정법의 규정에 위반되는지도 통제할 수 있다. 그러나 그 심사강도는 '타당성'(Vertretbarkeit) 여부에 그치고 행정재판소가 행정청의 판단을 대체할 수 있는 정도는 아니라고 할 것이다. 다만, 이러한 경우라도 공무원 임용 사건이나 예외적으로 기술적 재량이 인정되는 사안에서는 사법통제가 배제될 것이다. 한편, 법률효과가 조금이라도 선택적이거나 불명확하게 규정된 것으로 볼 수 있는 이상, 아무리 법률요건이 일의적으로 명확하게 규정되었다고 하더라도 당해 처분은 재량사건으로 인정되어 사법심사가 불가능하게 될 것이다.

라운은 앞서 본 바와 같이 재량을 법적용의 영역으로부터 결별시키고, 별개의 합목적성 판단으로 파악하였다. 그는 재량의 본질을 다양한 목적선택의 자유로 보면서, 재량이 인정되는 영역을 법률효과의 측면에서 인정하였다. 입법자가 재량수권에 의하여 행정에게 인정한 동가치적인 행위의 여러 '목적' 중에서 법률효과 면에서의 선택의 자유를 재량이라고 본 것이다. 또한 아래에서 살펴보는 바와 같이 라운은 추상적·불확정 개념 중 공익을 예외적으로 취급하여 재량수권 법규정의 백지위임의 경우와 마찬가지로 공익의 개념을 구체화하는 내용을 행정청이 스스로 채워나갈 수 있다고 보았다. 라운이 원칙적으로 법률효과의 측면에서 재량의 인정영역을 포착했다는 점에서 라운의 재량행위 이론은 효과재량이론의 일종으로 보아야 할 것이다. 라운의 효과재량이론을 전제로 하여 구체적인 경우를 나누어 살펴보면 다음과 같은 결론에 이를 수 있을 것이다. 먼저 법률효과에서 동가치적인 여러 목적에 따른 법률효과가 선택적으로 규정되어 있지 않은 이상은 법률요건에 추상적·불확정 개념이 사용되었는지 여부와 무관하게 재량이 인정되지 않을 것이다. 따라서 행정재판소는 행정청이 당해 불확정개념 또는 법개념을 제대로 구체화하여 적용한 것인지 여부와 해당 법률효과가 실정법의 규정에 위반되는지 여부를 심사할 수 있다. 그러나 라운은 재량의 행사를 합목적성 판단으로 보고 있기 때문에, 법적용을 전제로 하는 행정재판소의 사법심사에 있어서 사법심사의 범위가 합목적성의 심사에까지 미친다고 보기는 어려울 것이다. 다만, 법률요건에 공익 내지 이와 유사한 표현이 규정되어 있는 경우에는 예외적으로 재량사건으로 인정이 되어 행정재판소의 사법심사가 미치지 않을 것이다. 또한 법률효과에서 동가치적인 여러 목적에 따른 법률효과가 선택적으로 규정되었다면, 법률요건에서 일의적이고 명확한 개념이 사용되었다고 하더라도 재량사건에 해당하여 사법심사가 불가능하게 될 것이다. 한편 법률효과에서 하나의 목적을 추구하기 위해 동가치적인 여러 수단에 따른 법률효과가 선택적으로 규정되어 있다고 하더라도, 라운에 의하면, 목적선택의 자유가 재량의 본질이므로, 목적이 단일한 이상, 재량사건에 해당하지 아니하여 행정재판소는 행정청이 선택한 수단에 따른 조치가 실정법에 위반되는지 여부를 심사할 수 있다고 할 것이다.

엘리네크는 법률이 의도한 다의성을 재량의 본질적 특성으로 보아, 법률요건의 측면과 법률효과의 측면을 불문하고 양자에서 모두 재량이 인정될 수 있다고 주장하였다. 그러나 실제로 대부분은 해석에 의하여 법률요건에 사용된 추상적·불확정 개념이 일의적으로 확정될 수 있다고 보아 법률요건 면에서의 재량은 상대적으로 좁게 인정이 되었고, 아래에서 살펴보는 바와 같이 특히 라운이 예외로 인정하여 자유재량성을 긍정한 '공익'에 대해서도 일의적 확정 가능성이 있는 경우가 존재할 수도 있으므로, 공익 개념 역시 사안에 따라서는 법적용의 대상인 단순한 법개념으로 취급될 수 있다고 보았다. 반면 법률효과 면에서, 목적선택의 자유뿐만 아니라 수단, 정도의 선택의 자유도 모두 재량에 해당한다고 보아 상대적으로 더 넓게 재량을 인정하는 것으로 파악된다. 엘리네크의 재량행위 이론을 전제로 하여 구체적인 경우를 나누어 살펴보면 다음과 같은 결론에 이를 수 있을 것이다. 법률요건이나 법률효과를 불문하고 법해석을 거치더라도 그 의미가 일의적으로 확정될 수 없는 불확정개념이 사용된 경우에는 모두 재량사건으로 취급되어 행정재판소의 심사를 받지 않게 될 것이다. 그러나 법률요건에 공익, 필요성, 합목적성 등과 같이 일응 모호하고 추상적으로 보이는 개념이 사용되었더라도 법해석을 통해 그 의미가 일의적으로 확정될 수 있다면 대부분은 재량사건에 해당되지 않아서, 행정법원은 행정청이 당해 추상적·불확정 개념을 제대로 구체화하여 적용한 것인지 여부와 해당 법률효과가 실정법의 규정에 위반되는지 여부를 심사할 수 있다. 한편 법률효과가 조금이라도 선택적이거나 불명확하게 규정된 것으로 볼 수 있는 이상, 아무리 법률요건이 일의적으로 명확하게 규정되었다고 하더라도 당해 처분은 재량사건으로 인정되어 사법심사가 불가능하게 될 것이다.

2. 불확정개념의 취급

베르나치크는 자유재량을 대신하는 대안적인 용어로서 '기술적 재량'을 제시하면서 실제로는 법률요건 측면에서 사용된 추상적·불확정 개념의 상당 부분을 모두 재량수권의 징표로서 파악하였다. 즉, 법률요건에 추상적·불확정 개념이 사용된 것만으로도 곧바로 재량이 수권된 것으로 볼 수 있다는 것이다. 또한 베르나치크는 당연히 추상적·불확정 개념에 속하는 '공익'에 대해서는 그 재량 인정의 근거를 다소 달리 설명하면서도 공익에 대한 판단은 재량행사에 해당됨을 분명하게 강조하고 있다. 따라서 베르나치크는 법률요건에 사용된 추상적·불확정 개념에 대한 행정청의 구체화와 판단 전반을 행정재판소가 심사할 수 없는 것으로 보았다.

테츠너는 언어의 모호성의 상대적·양적 차이와 법률해석의 기능을 앞세워, 비록 법률요건에 추상적·불확정 개념이 사용되었다고 하더라도 그러한 사정만으로는 재량이 수권된 것으로 볼 수 없다는 견해이다. 다시 말해서, 추상적·불확정 개념과 확정적 법개념 사이의 그 모호성 또는 명확성의 차이는 상대적인 것이고 질적 차이가 아닌 양적 차이에 불과한 것이므로, 그 모호성에 다소 간의 차이가 있더라도 추상적·불확정 개념은 해석을 통해 충분히 특정이 될 수 있다고 본 것이다. 다만, 테츠너가 여기서 해석을 통한 추상적·불확정 개념의 구체화에 관하여 일의적 확정에 이를 것을 요구하는 것은 아니고 '타당성'을 확보하면 족하다는 견해를 취했음을 유의할 필요가 있다.

따라서 테츠너는 라운에 비하여 해석능력이나 해석가능성을 과신한 것으로 보기는 어렵다고 할 것이다. 그는 '공익'이라고 하여 예외를 설정하지 아니하고 역시 마찬가지로 법개념의 일종으로 취급을 하였다.

라운은 '공익'의 개념에 주목하면서, 공익의 경우는 재량여지를 백지위임하는 재량수권법률과 마찬가지로 행정 스스로의 견해로 그 공백적 내용을 채워나기야 한다는 점에서 구조적 유사성이 있다는 이유로, 법률요건에 공익이라는 개념이 사용되는 경우에는 재량이 인정될 수 있음을 긍정하였다. 그러나 나머지 추상적·불확정 개념에 대해서는 재량수권을 인정하지 아니하였고, 법률해석의 방법을 통하여 원칙적으로 불확정개념은 일의적으로 그 의미가 확정될 수 있다고 보았다. 따라서 라운은 원칙적으로 법률요건 면에서는 재량을 인정하지 않는 견해를 취하였다.

엘리네크는 법률이 의도한 다의성의 의미에서 추상적·불확정 개념이 사용된 경우에는 법률요건의 측면에서도 재량이 인정될 수 있음을 원칙적으로 긍정하였다. 그러나 좀 더 구체적으로 들어가서는 법률요건에 추상적·불확정 개념이 사용된 경우에도 법률해석에 의해 일의적으로 그 의미의 확정이 가능하다면 이는 재량의 문제가 아니라고 보았다. 그러면서도 엘리네크는 일의적으로 확정이 되지 아니하는 불확정개념의 해석방법에 있어서 소위 '세 개의 영역 모델'(Drei-Sphären-Modell), 즉 긍정적 판단, 부정적 판단과 문제가 되는 판단의 세 개의 영역으로 나누어 접근하는 방법론을 제시하였고, 이때 극단적인 양 경계 사이에서 행정이 입법자의 영향 없이 자유롭게 개념형성을 할 수 있는 자유가 바로 재량이라고 보았다. 엘리네크는 '공익', '필요성 및 합목적성'이라는 개념은, 재량사건에 해당할 가능성이 적지 않지만, 당해 사안의 특성과 해당 법규범의 해석 등을 통해서 일의적으로 그 의미내용의 확정이 가능한 경우에는 재량수권에 해당되지 않는다는 견해를 제시하였다.

3. 분석 및 검토

앞서 살펴본 바와 같이 입법자에 의한 재량부여의 상황별로 각 학자들은 재량의 인정 여부에 관한 판단을 달리 하였다. 베르나치크는 요건재량이론의 선구자로서, 테츠너는 효과재량이론의 창시자로서 각각 학문적인 의의를 지닌 인물이다. 라운은 비록 베르나치크의 제자였지만 기본적으로는 효과재량이론에 동조하였으며, 옐리네크는 이론적으로는 요건재량이론과 효과재량이론의 중간에 서 있는 것처럼 보이지만, 그 실질에서는 법률요건에 사용된 추상적·불확정 개념에 대하여 해석을 통한 일의적 확정 및 구체화 가능성을 비교적 크게 열어 두었다는 점에서 오히려 효과재량이론에 더 근접한 태도로 이해된다. 즉, 옐리네크는 원칙적으로 효과재량을 인정하면서 예외적으로 요건재량을 인정하는 견해를 취한 것으로 이해된다. 이와 같은 재량의 인정영역과 재량의 유형에 관한 견해는 더 나아가 재량의 인정 범위의 넓고 좁음을 판단하는 문제와도 관련된다.

Ⅳ. 재량의 인정 범위

먼저 연구 대상 학자들이 각각 재량의 본질과 인정영역에 관해 서로 다른 견해를 취하고 있는 관계로 각 학자들이 인정하는 재량의 범위의 폭과 정도를 직접적으로 비교하는 것은 쉽지 않을 것이다. 그러나 해당 학자들의 재량행위 이론의 내용을 구체적으로 살펴보고, 그들이 자신의 재량행위 이론을 전개해 나가면서 예시로 들고 있는 사안들을 통해 간접적으로나마 각 학설별로 재량을 인정하는 정도의 차이는 일응 다음과 같이 살펴볼 수 있다.

우선 베르나치크의 요건재량이론은 법률요건에 사용된 추상적·불확정 개념의 존재로도 곧바로 재량수권을 인정하고 있다는 점에서 요건재량이론 중에서 가장 넓은 재량의 범위를 인정하고 있는 견해라고 생각한다. 이와 대비되어 효과재량이론을 취하고 있는 테츠너는 법률효과의 측면에서 특별히 제한을 두지 않고 재량을 인정하고 있고, 나아가 예외적으로 요건재량으로서 '기술적 재량'과 '공무원 임명'의 사안 등에서도 재량을 인정하고 있다는 점에서 단순히 효과재량이론만을 취한 경우보다도 디 넓은 재량의 범위를 인정하고 있다고 생각할 수 있다. 반면 라운은 재량의 본질을 파악함에 있어서 목적선택의 자유로 그 의미를 한정하고 있는 관계로, 수단이나 정도의 선택 자유는 '재량'의 범위에 포함시킬 수 없고, 또한 법률요건의 측면에서는 해석의 기능을 강조하면서 재량의 여지를 사실상 부정하고 있으며, 그 실질에서 법기속과 같이 취급하는 기속재량의 개념까지 제시하고 있기 때문에 효과재량이론 중에서도 그 재량의 인정 범위가 상대적으로 더 좁은 편에 속하는 것으로 보인다. 마지막으로 옐리네크는 법률요건과 법률효과 모두에서 재량의 성립 지점을 긍정하여 그 인정 영역 면에서는 가장 넓게 재량을 인정하고 있는 것처럼 보이지만, 그 실질은 앞서 본 바와 같이 법률요건의 측면에서는 추상적·불확정 개념이 사용된 경우에도 해석을 통한 의미의 일의적 확정 가능성을 통해 재량의 영역을 축소시키고 있고, 법률효과의 측면에서도 단순히 선택적인 법률효과가 규정된 경우가 아니라 법률효과 부분에 추상적·불확정 개념이 사용된 경우로 그 재량을 정의하고 있어 재량의 인정 범위가 그리 크다고 보기는 어렵다. 요컨대, 「베르나치크 → 테츠너 → 옐리네크 → 라운」의 순으로 재량의 인정 범위가 축소되었다고 할 수 있다.

다만 여기서 유의할 점은, 재량의 인정 범위가 좁다고 하여 재량에 대한 통제가 더 효과적으로 이루어지는 것이라고 단정할 수는 없다는 점이다. 이 당시에 베르나치크, 테츠너, 라운, 옐리네크에 의해 논의된 '재량'은 모두 오늘날과 같이 행정소송의 대상적격은 긍정되지만 본안판단에 있어서 심사강도가 완화되는 소위 '심사제한형 재량'이 아니라, 재량에 해당하면 행정재판소의 관할이 부정되어 행정소송 자체가 배제된다는 소위 '심사배제형 재량'을 전제로 하고 있다는 점을 유념해야 할 것이다. 물론 재량의 인정 범위 자체가 좁다면 그만큼 사법통제의 대상에서 배제되는 재량이 축소되는 것이라고 볼 수 있겠지만, 다른 한편으로는 사법통제의 확대라는 관점에서는 비단 재량의 인정 범위를 좁히는 경우뿐만 아니라, 사법통제를 확대할 수 있는 광범위한 재량하자의 인정이나 심사범위 및 심사척도의 확대 등의 방식으로도 재량 통제의 범위는 넓어지고 재량에 관한 효과적인 사법통제가 가능할 수도 있기 때문이다. 따라서 국민의 권리구제 확대의 실현이라는 관점에서는 재량에 대한 사법통제의 가능성의 정도 역시 재량의 인정 범위의 광협과는 또 다른 한 축으로서 검토가 될 필요가 있다.

V. 재량에 대한 사법통제 가능성과 재량하자

1. 학자별 주장과 근거

베르나치크는 어떤 재량 행사에 있어서 해당 공무원의 악의 또는 중과실의 주관적 요건이 충족되는 경우에는 행정재판소가 아닌 형사재판소나 징계재판소에서 그 재량행사의 직무상 의무위반 심사가 가능하다고 보았다. 여기서 베르나치크는 예외적으로 사법심사의 대상이 되는 재량의 하자 요소로 '주관적 요소', 즉 해당 공무원의 악의 또는 중과실만을 강조하였다는 점에 특색이 있다.

테츠너는 위와 같이 베르나치크가 주관적 요소만을 강조하는 것을 입증곤란의 문제 등을 근거로 들어 비판하면서, 해당 재량처분의 위법성과 하자 여부는 상대적으로 객관적 요소에도 중점을 두어야 한다고 보았다. 즉, 공무원

개인이라는 사람과는 분리된 재량처분 자체의 하자를 문제 삼아야 한다는 것이다. 이러한 객관적 하자가 인정되는 재량처분에 대해서는 재판심사가 가능하다고 보았다. 여기서 하자 있는 재량처분에 대한 심사의 주체를 행정재판소로 파악하였다.

라운은 재량의 한계로서의 재량하자 유형을 주관적 요소와 객관적 요소로 나누어 체계화를 한 대표적인 학자로 평가된다. 그의 분류방법에 대해 용어상의 혼란이나 복잡성을 근거로 비판을 하는 견해도 있지만, 적어도 라운은 재량한계와 하자를 상세하게 구별하고 체계화하였으며, 당시 독일보다 행정법이 상대적으로 더 발전한 것으로 평가되는 프랑스 행정법을 모범으로 삼아 '재량일탈'(Ermessensüberschreitung)과 '재량남용'(Ermessensmißbrauch)의 개념을 제시하였다. 이와 같이 재량일탈과 재량남용이 인정되는 재량처분에 대해서는 행정재판소에 의한 심사가 가능하다고 보았다.

엘리네크도 마찬가지로 재량하자의 유형을 세분하고 체계화하였는데, 이러한 내용은 민사법 이론에서 출발하여 축적된 하자 유형을 받아들여 수정하고, 자신의 창조적인 연구 결과를 종합한 것이었다. 그는 크게 9가지 유형의 재량하자를 제시하였고, 추후 이를 간소화하여 3가지로 재량하자의 유형을 대분류하였다. 마찬가지로 엘리네크는 재량처분에 대해 재량하자가 인정되는 경우에는 행정재판소에 의한 재판통제가 가능하게 된다고 보았다. 이와 같은 엘리네크의 재량하자 유형의 분류는 광범위한 것으로서 재량에 관한 사법심사가 실질적으로 확대될 수 있는 토대가 되었다고 평가할 수 있다.

2. 분석 및 검토

베르나치크의 재량하자론은 입증하기 어려운 주관적 요소를 중심으로 구성되었다는 점에서 재량행사에 대한 사법심사의 확대라는 방향성에 부합하

기에는 다소 부족한 것으로 보인다. 또한 테츠너가 적절히 지적하고 비판했
다시피 공무원의 개인적인 책임 여부와 당해 재량처분의 효력 여부는 반드
시 직결되는 것은 아니라는 점을 유의할 필요가 있다. 즉, 공무원이 형사 또
는 징계재판 과정에서 주관적 요소의 입증부족 등으로 무죄 또는 무혐의의
판단을 받았다고 하더라도 해당 재량처분에 관한 객관적 법위반이 중대한
경우에는 당해 재량처분의 효력을 유지시킬 수 없다는 예시를 보더라도 그
러하다.

라운과 옐리네크는 각자 재량의 한계 내지 재량하자를 체계적으로 정리하
고 발전시켜 나갔다는 점에서 재량하자론의 주류적 학자였다고 평가할 수
있다. 그러나 지나친 개념의 남발과 과도한 세분화는 당시 실무상 쉽게 활용
할 수 있는 유의미한 도그마틱을 형성하는 데 큰 도움이 되지는 못하였던
것으로 보인다. 하지만 재량하자의 범주를 넓게 포착함으로써 재량행사에
대한 사법심사의 확대라는 목표는 종전보다 수월하게 이행될 수 있었던 것
으로 이해된다.

한편 재량의 한계 내지 재량하자의 유형의 문제는 언제 재량의 위법성이
인정되는가 라는 '재량의 위법사유'의 문제이면서도, 다른 한편으로는 하자
있는 재량을 어떠한 척도로 심사할 수 있는가 라는 '재량에 대한 심사척도'
의 문제로도 이해될 수 있다. 이러한 점은 특히 비례원칙의 예를 통해 분명
해진다. 즉, 비례원칙에 위반한 사안은 초기에는 하자 있는 재량행사의 유형
으로서 재량사건의 '대상적격'의 문제를 극복하기 위한 재량하자론의 한 내
용을 구성하였다가, 이로부터 해방이 되어 점차 재량의 주요한 위법사유로
다루어졌고, 현재까지 비례원칙은 법적 통제의 일부로서 재량의 위법성을
심사하는 중요한 '심사척도'로 활용되고 있다.[13]

---

13) Held-Daab, Das freie Ermessen, 1996, S. 199-200 참조.

VI. 소결

1. 각 학설의 학문적 의의

지금까지 살펴본 독일의 초기 재량행위 이론은 행정, 특히 재량에 대한 통제를 요구하는 시민적 자유주의의 요청이라는 현실을 받아들여 재량에 대한 사법통제를 형성하고 확대해 나가기 위한 학문적 노력이자 시대의 사명을 수행하기 위한 역사적 산물이라는 점에서 의미가 적지 않다고 할 것이다. 이 논문에서 다룬 각 학자들의 연구 결과를 통해 재량에 관한 나름의 착안점과 논리구성을 가지고 다각도로 재량의 본질을 밝히고, 그 정당한 취급과 통제 방법에 관해 여러 모로 고민을 하였던 생생한 흔적을 엿볼 수 있었다. 이와 같은 각 연구의 학문적 성과는 현재의 재량행위 이론에 이르기까지 사상적 배경과 토대를 형성하고 있으며, 기본적인 사고의 틀과 쟁점별 주요 시각은 현재까지도 그 구조가 크게 변하지 않은 채 유지되고 있다. 따라서 이러한 재량에 관한 논의의 기초와 뿌리에 해당하는 독일 재량행위 이론의 형성시기에 관한 연구는 과거를 되돌아보는 회고적 의미뿐만 아니라, 이를 바탕으로 앞으로의 재량행위 이론의 발전방향을 조망해 보기 위한 기초적 연구로서 의미를 가진다고 할 것이다.

구체적인 쟁점별로 그 의의를 정리해 보자면, 베르나치크의 재량행위 이론은 법 바깥에서 맴돌던 '재량'의 문제를 본격적으로 학문의 무대로 올려놓았다는 점에서 적지 않은 의의를 가진다. 테츠너의 재량행위 이론은 시대정신에 부합하여 재량에 대한 재판통제의 확대를 요구하는 시민적 자유주의를 실현하기 위하여 행정재판소에 재량처분에 관한 심사권한을 강화하는 이론적 근거를 부여함으로써 실질적 법치주의의 발전에 기여하였다고 생각된다. 라운의 재량행위 이론은 재량의 문제를 법적용의 고정된 틀에서 벗어나게 하여 독자적인 합목적성 판단으로 구성함으로써 행정 현실을 보다 생생하게 반영하였고, 특히 재량의 한계를 체계적으로 정리하고 분석하여 재량에 대한 재판통제 확대의 기초를 다졌으며, 다원적 법비교 방법론을 통해 재량의 문제를 해결할 수 있는 실마리를 제공하였다는 점만으로도 적지 않은 의의가 있다고 할 것이다. 옐리네크의 재량행위 이론은 재량의 인정 근거가 다의적인 불확정개념의 사용에 있다는 점을 지적하면서, 재량하자론을 체계화하고 집대성함으로써 재량에 대한 재판통제의 길을 넓혔을 뿐만 아니라, 실질적인 재량통제의 심사척도까지 제공하였다는 점에서 주목할 만한 견해라고 할 수 있겠다.

이와 같이 살펴본 연구 대상 학자들의 견해를 종합하여 정리하면 아래의 표와 같다.

	베르나치크	테츠너	라운	옐리네크
재량의 본질	법률요건에 대한 제3자의 심사불가능성으로서의 재량	법률효과 선택의 자유로서의 재량	다양한 목적선택의 자유로서의 재량	불확정개념의 한계 안에서의 행정의 자유로운 개념형성의 자유
재량의 인정영역	①기술과 관련된 추상적·불확정 개념이 '법률요건'이 되는 사안 ②행정청에게 전적으로 '공익'에 관한 판단이 맡겨진 사안	①행위의 정도, 수단 등에 관한 '법률효과'에서의 선택의 자유 ②고도의 전문성이 요구되는 예외적인 '기술적 재량' ③공무원 임명	①행위의 동가치적 '목적' 중에서 '법률효과'에서의 선택의 자유 ②공익의 예외적 취급·재량 인정(구조적 유사성 주목)	- 법률요건이든 효과이든 구별 없이 '법률이 의도한 다의성'이 인정되는 경우(불확정개념이 사용된 경우) - '목적' 선택&'수단' 선택 모두 재량 긍정
재량하자 (사법통제 가능성)	악의, 중과실의 주관적 요건 충족시(다만, 형사법원과 징계법원의 심사만 가능)	객관적인 행정법 규범 침해·위반시(행정재판소는 그 타당성 심사만 가능)	- 예외적으로 주관적 권리 침해시 사법심사 대상 긍정 - 재량하자 유형별로 주·객관적 요건 심사	- 재량하자의 유형화 (9분류/3분류) - 재량하자 인정시 사법통제 가능
재량과 법적용의 관계	재량행사 역시 법적용의 일종으로 파악(동일한 논리적 추론과정)	자유재량을 법적용의 한 형태로 파악(∴'재량판단'에 대한 행정재판소 관할 긍정)	재량행사와 법적용을 별개로 취급	재량행사와 법적용을 별개로 취급

불확정 개념의 취급	자유재량 긍정(사법심사 불가)	자유재량 부정(사법심사 가능)	자유재량 부정(사법심사 가능)	제한적으로 자유재량 긍정(제한적 사법심사 불가)
공익의 취급	자유재량 긍정(사법심사 불가)	자유재량 부정(사법심사 가능)	자유재량 긍정(사법심사 불가)	자유재량 부정(사법심사 가능)
재량의 범위 大小	++++(요건면)	+++(효과면)	+(효과면/공익만 예외)	++(요건면/효과면)
학문적 의의	- 요건재량이론 창시 - 의무에 합당한 재량 개념 제시 - 재량의 본질·인정영역의 법학적 논증을 선구적으로 시도 - 재판소의 상대적 전문성 부족 인정	- 효과재량이론 창시 - 재량이론을 통한 행정재판권의 관할범위 확장 추구(∵행정에 대한 강한 불신) - 법률효과로 재량 중심축 이동 - 이상적 행정재판관상 제시	- 공익 이외의 불확정 개념에 대한 자유재량 부정을 통해 재량 범위를 실질적으로 축소함 - 기속재량 개념을 도입하여 사법심사 확대 - 다원적 법비교 방법론 전개 - 재량하자론의 체계화에 기여	- 재량의 상세한 의미 분석과 정의(定義)의 시도 - 불확정개념의 범위 한정&광범위한 재량하자론 도입을 통한 자유재량의 축소 시도 - 일의적 확정가능성 여부를 통한 불확정개념의 한정 노력(판단여지설과 연결점)
비판	- 요건에 불확정개념만 사용되면 모두 재량수권을 긍정하여 지나치게 재량인정 범위가 넓음 - 객관적 하자를 도외시하고, 주관적 의무위반에서 사법통제 근거를 찾는 것은 문제임(입증의 어려움)	- 법률효과에 대해 전면적으로 자유재량을 긍정하여 실질적으로 재량을 지나치게 확대하는 효과를 가져옴 - 재판통제 근거로서의 주관적 하자의 중요성을 부당하게 부정함 - 개념 구체화를 위한 해석의 한계 간과	- 지나친 세분화로 인한 이론의 복잡성 - 기속재량과 자유재량 또는 법기속 사이의 구별기준 미제시	- 여전히 복잡한 이론 체계 - 필요성과 합목적성 자체도 입법자가 설정한 목표에 해당할 수 있다는 비판

2. 독일 재량행위 이론의 변천 방향

베르나치크, 테츠너, 라운, 옐리네크의 각 재량행위 이론을 연구한 결과를 통해 다음과 같은 재량행위 이론의 변천 내용을 도출할 수 있다. 첫째로, 재량의 행사를 바라보는 시각이 변화하였다. 베르나치크와 테츠너는 재량의 행사를 모두 법질서의 지배를 받는 '법적용'으로 보았으나, 라운과 옐리네크는 재량의 행사를 정치적·행정적 편의에 의해 지배되는 '합목적성 판단'으로 파악하게 되었다. 둘째로, 행정청이 법률요건에서 사용된 추상적·불확정 개념을 구체화 할 수 있는 권능을 처음에는 재량의 문제로 보아 요건재량이론이 성립되었으나, 점차 효과재량이론이 득세하면서 이는 법률해석의 문제로 취급되었다. 셋째로, 이러한 법률요건에서의 해석 기능의 확대에 따라 재량의 인정영역이 법률요건에서 법률효과로 이동하게 되었다. '어떠한 경우에 재량이 인정되는 것으로 볼 것인가'라는 재량의 인정영역의 문제는 베르나치크와 테츠너의 재량에 관한 논쟁에서 두드러졌다. 베르나치크는 입법자가 법률요건에 추상적·불확정 개념을 사용하면서 행정청으로 하여금 이를 구체화할 수 있도록 수권을 한 경우에 재량이 성립된다고 본 반면, 테츠너는 법률요건에서의 불확정개념의 구체화는 법해석의 문제로서 행정청의 재량을 인정할 수 없고, 단지 법률효과에서 행정청에게 선택의 자유가 주어진 경우에 재량이 성립된다고 보았던 것이다. 넷째로, 국가공권력으로부터 시민의 자유와 재산을 보호해 달라는 시민적 자유주의의 요청은 행정재량에 대한 사법통제의 확대 요구로 이어지게 되었고, 이에 따라 재량행위 이론은 한편으로는 법률요건 측면에서 법해석을 통한 추상적·불확정 개념의 일의적 확정가능성을 근거로 하여 요건재량의 성립 여지를 점차 줄여나갔고, 다른 한편으로는 재량을 소송대상으로 포착할 수 있는 근거가 된 '재량하자론'을 발전시키는 방향으로 나아가게 되었다.

또한 한 가지 잊지 말아야 할 점은, 이와 같은 주요 학자들은 자신의 재량행위 이론을 전개해 나감에 있어서 어김없이 그때까지의 학설의 논의를 정리하고 비판적으로 검토하는 것에서 한 걸음 더 나아가, 당시의 실무상의 재량 문제에 대한 고민의 산물이자 집적물이라 할 수 있는 행정재판소의 판례에 대해 주목을 하였다는 점이다. 다시 말해서, 각 학설에서는 자신의 견해의 정당성을 밝히기 위해 당시의 재량에 관한 행정재판소의 판례를 단순히 소개하였던 것이었다기보다는, 실무상 문제가 되었던 재량 사안을, 심지어 오스트리아, 독일의 국내 판례뿐만 아니라 프랑스 등 외국의 사례까지도 유형적으로 분석하고 거기서 추출되는 법이론적 명제를 바탕으로 자신들의 가설과 견해를 수정·보완하면서 최종적인 재량행위 이론을 구축해 나갔다는 점이다. 이러한 현상의 원인은 한편으로는 그때까지 행정의 '재량'에 관한 논의가 활발하지 못하였기 때문에 이론적인 논란의 폭이 상대적으로 좁았던 측면도 짐작해 볼 수 있겠다. 그러나 더 나아가 특히 앞서 설명한 바와 같이 행정재판소의 설립과 더불어 재량사건에 대해 관할을 배제하는 내용의 행정재판소법이 제정됨에 따라, '재량'의 본질과 그 인정영역에 관한 문제가 학문적 관심의 차원을 넘어서서 '관할의 결정'이라는 실무적인 문제와도 직결되었던 시대적인 특수성이 있었기 때문이라고 생각한다.

3. 논의의 한계

하지만 이 논문에서 다룬 네 명의 학자 모두는, 사법심사의 배제 내지 불가성을 특징으로 하는 자유재량의 관념을 유지하였던 시대적 상황의 전제 하에서 논의를 전개하고 있다. 당시는 재량의 문제가 현재와 같은 '심사강도'의 문제가 아니라, 여전히 '심사대상의 배제' 내지는 '대상적격'의 문제에 머물렀다는 한계점을 드러내고 있다. 즉, 재량의 취급이 소송요건 측면에서의 심사대상의 문제로부터 탈피하여 본안심사 측면에서의 심사강도의 문제로 나아가지 못하였다. 그러나 이는 당시 구 오스트리아 행정재판소법 등에서 인정되던, 재량사건에 대한 사법심사를 배제하되 나머지 영역에서는 행정소송 대상에 제한을 두지 않는 소위 '유보적 개괄주의'의 관할규정에서 비롯된 현상으로 이해할 수도 있을 것이다.

그리고 효과재량이론은 법률요건 측면에서 추상적·불확정 개념이 규정되어 있더라도 해석을 통해 일의적인 확정이 가능하므로 법률요건에는 재량이 성립될 수 없고 법률효과 측면에서만 재량이 성립된다고 주장한다. 그러나 과연 추상적·불확정 개념에 대해 법률해석의 방법을 통해 일의적으로 의미 확정을 할 수 있는 가능성이 실제로 얼마나 될 것인지에 대해서는 의문이 제기될 수 있다고 생각한다. 위의 효과재량이론이 전제로 하는, 해석을 통한 불확정개념의 일의적 확정 가능성은 그 실질이 문제의 해결이라기보다는 문제의 회피에 가깝기 때문이다.[14] 위 효과재량이론은 해석의 가능성과 능력만을 맹신한 채 추상적·불확정 개념이 개별사안에 있어서 해석 방법론에 의해 쉽게 일의적으로 확정될 수 있는 것처럼 여기지만, 현실상의 법실무에서는 상대적으로 크게 추상적이거나 불확정적이지 않은 개념에 관해서조차도 그 해석 방향과 의미 확정을 두고 소송당사자 간에 치열하게 분쟁이 벌어지는 상황을 쉽게 목격할 수 있다. 또한 일의적 확정 가능성이라는 표현 자체도 매우 추상적일 뿐더러, 효과재량이론에 있어서 법률해석에 의해 일의적 의미 확정에 이르기까지의 구체적인 법률해석 방법론이나 그 과정에 관하여 상세히 논증을 하고 있는 것도 아니기 때문이다.

---

14) 이와 같이 불확정개념의 적용이 문제되는 개별사안에 있어서 해석을 통해 원칙적으로 일의적 확정이 가능하다고 보는 견해는 해석의 한계를 고려하지 않은 채 문제의 본격적인 해결을 회피하는 전략적인 방책에 불과하다고 보는 견해로는 Held-Daab, Das freie Ermessen, 1996, S. 172-180 참조.

제2절 우리나라 재량행위 이론과 판례

앞서 본 바와 같은 독일 재량행위 이론의 형성기의 각 주요 이론을 살펴
보는 비교법적 연구방법은 종국적으로는 우리나라의 재량행위 이론의 문제
점을 검토하고 해결하기 위한 실마리와 계기를 제공하고, 더 나아가서는 우
리나라의 문제해결과 재량이론의 발전을 위한 시사점을 제공해 줄 수 있다
는 점에서 의미가 있다고 할 것이다. 아래에서는 이러한 목적과 논의에 필요
한 범위로 한정하여 주로 재량의 본질과 인정영역에 관한 우리나라의 재량
행위 이론과 대법원 판례의 현황과 문제점을 간략히 살펴보고자 한다.[15]

I. 학설의 현황

본 연구의 목적이 독일 재량행위 이론의 형성기의 주요한 견해를 검토함
으로써 재량의 본질과 인정영역을 밝히는 것에 있다는 관점에 기초하여, 우
리나라의 현재까지의 재량행위 이론을 살펴보고자 한다. 요약적으로 말하자
면, 기존의 우리나라의 재량행위 이론은 본격적으로 '재량이 무엇인가?' 또
는 '어떠한 경우에 재량이 인정되는가?'라는 '재량의 본질'이나 '재량의 인정
영역'을 다루는 방식으로 전개된 것이 아니다. 주로 먼저 현대 행정법에서의

---

15) 즉, 재량행위 이론 전반에 대한 학설을 정리하는 것이 아니고, 또한 재량에 관련된
대법원 판례 전반을 다루는 것도 아니며, 본 논문의 주제와 관련된 범위 내에서 주
로 재량의 본질과 재량의 인정영역에 관한 학설과 판례를 검토한다는 의미이다.

재량의 필요성을 살펴보고, 다음으로 재량행정이 법기속과 대립된다는 것을
당연한 전제로 삼아 기속과 재량의 구별 실익을 언급한 다음, 기속과 재량의
'구별기준'에 관한 학설로서 일본을 통해 도입·수정된 독일의 재량행위 이
론의 상태로 또는 독일의 후기입헌주의 시대의 학설상의 논의를 크게 수정
하지 아니한 채로 요건재량설과 효과재량설의 대립을 논하는 방식으로 그
논의가 이루어져 왔다.16)

그러나 이러한 기존의 재량행위 이론에 대하여, 독일의 최근 학설과 판례
의 변화에 따른 새로운 움직임을 반영하여 우리나라의 전통적 재량행위 이
론에 관해서도 새로운 방향을 모색하려는 견해가 등장하고 있다. 이하 차례
로 살펴보기로 한다.

1. 전통적 재량행위 이론

우리나라의 학설은 대체로 재량의 본질과 인정영역에 관한 견해대립임을
분명히 밝히지는 아니한 채, '기속과 재량의 구별기준'이라는 표제 하에 아
래와 같이 전통적으로 요건재량설, 효과재량설 및 판단여지설을 언급하고
있다. 그리고 대체로 이와 같은 견해의 정리 후, 실제로 기속과 재량을 구별
하는 구체적인 기준에 관해서는 위 세 가지 학설 중 하나로 해결을 하는 것
이 아니라, 당해 행정법규의 규정방식, 그 취지·목적 및 행정행위의 성질 등
을 함께 고려하여 개별적으로 판단해야 한다는 식의 소위 '개별적 기준론'

---

16) 김남진·김연태, 행정법 Ⅰ, 2010, 198-207면; 김도창, 일반행정법론(상), 1989, 354-
   359면; 김철용, 행정법 Ⅰ, 2009, 219-223면; 박균성, 행정법총론, 2001, 225-230
   면; 박윤흔, 기속행위와 재량행위, (새)법정 제3권 제12호, 1973, 32-35면; 변재옥,
   행정법강의(Ⅰ), 1989, 280-284면; 석종현·송동수, 일반행정법(상), 2009, 208-216
   면; 이상규, 신행정법론(상), 1988, 280-283면; 홍정선, 행정법원론(상), 2011,
   321-325면 등 다수.

내지 '종합적 판단설'로 결론을 내고 있다.[17) 아래에서는 종래 우리나라의 학설에서 기속과 재량의 구별기준으로서 소개되고 있던 각 견해의 내용을 간략히 살펴보기로 한다.

(1) 요건재량설

행정청의 재량이 행정행위의 요건에 관한 사실인정과 인정사실의 요건 해당 여부에 관한 판단인 '요건인정' 또는 '포섭'(包攝; Subsumtion)에 있는 것으로 보는 견해이다.[18) 이러한 요건재량설은 재량을 행정행위의 요건의 인

---

17) 김철용, 행정법 Ⅰ, 2009, 221-222면; 홍정선, 행정법원론(상), 2011, 323-325면 등. 반면 법의 규정 형식을 강조하면서 헌법상의 기본권과의 관련성을 고려하여 기속행위와 재량행위의 구분기준을 찾는 견해로는 김남진·김연태, 행정법 Ⅰ, 2010, 205-207면 참조. 또한 재량행위와 기속행위의 구별이 행위 자체의 성질로부터 규정적으로 주어지는 것이 아니고, 일차적으로는 관계법규정의 해석문제이지만, 법규정의 문언상의 표현은 일응의 추정을 가능케 하는 단서일 뿐 절대적인 기준이라고 할 수 없으므로 법령이 가능규정의 형식을 취한다거나 공백규정 또는 법문의 표현이 불분명할 경우라고 하여 일률적으로 재량행위로 볼 수는 없으며 입법자의 의도를 고려해야 한다는 견해로는 홍준형, 행정법총론, 1997, 162-163면 참조.

18) 김도창, 일반행정법론(상), 1989, 354-355면; 김철용, 행정법 Ⅰ, 2009, 220면; 변재옥, 행정법강의(Ⅰ), 1989, 281면; 석종현·송동수, 일반행정법(상), 2009, 214면; 홍정선, 행정법원론(상), 2011, 321면 등의 '요건재량설'에 대한 설명 부분 참조. '요건재량설'에 대한 설명 중에는 특별히 '포섭'을 구별하여 기술하지 아니하고 단순히 '법률요건인 사실인정(의 부분)'이라고 총칭하거나(이상규, 신행정법론(상), 1988, 281면), '요건사실의 존부의 인정'(박균성, 행정법총론, 2001, 227면; 박윤흔, 기속행위와 재량행위, 법정 제3권 제12호, 1973, 33면) 또는 '법이 정한 요건에 해당하는가 아닌가의 판단'(김남진·김연태, 행정법 Ⅰ, 2010, 204면)으로 기술하는 견해도 있다. 또한 '사실인정' 면은 제외한 채 '사실의 법률요건에의 포섭에 있어 선택 또는 판단의 여지'를 요건재량설의 내용으로 설명하면서 자신의 요건재량설에 관한 설명은 종래의 그것과는 어느 정도 내용을 달리하고 있다고 지적하는 견해로는 김동희, 행정법 Ⅰ, 2011, 265면과 각주 1)의 요건재량에 관한 설명 부분 참조.

정에 있는 것으로 보아 효과에 대해서는 재량을 인정하지 않는다. 요건인정의 결과로 법률효과가 도출되는 것이므로 법률효과 자체에는 재량이 인정되지 않는다는 발상에서 이러한 설이 나왔다고 설명하는 견해도 있다.[19] 이러한 전제에서, 행정법규가 처분을 할 수 있다고 하는 수권규정만 두고 처분의 요건에 관하여 아무런 규정을 두지 아니한 경우(공백규정), 또는 공익상 필요만을 요구하는 경우(종국목적)에는 그 처분은 공익재량에 속하고, 개개의 행정활동에 특유한 중간적인 직접목적을 처분의 요건으로 규정하고 있을 때(중간목적)에는 기속행위 내지 기속재량행위라는 것이다.[20] 그러나 현재 이와 같은 내용의 순수한 '요건재량설'을 인정하는 우리나라의 학자는 없고, 이를 종래의 또는 과거의 학설로 설명하고 있을 뿐이다.

(2) 효과재량설

행정청의 재량을 어떠한 법률효과를 발생시킬 것인가의 선택에 있다고 보는 견해이다.[21] 즉, 재량은 법규의 효과부분에만 인정될 수 있고, 요건부분에서는 재량이 존재할 수 없으며 전부 기속의 문제라고 보는 견해라고 할 수 있다. 재량은 단지 법률효과 부분, 즉 행위 여부(결정재량) 또는 다수 행

---

19) 김도창, 일반행정법론(상), 1989, 354면; 이상규, 신행정법론(상), 1988, 281면.
20) 김남진·김연태, 행정법 Ⅰ, 2010, 204면; 김도창, 일반행정법론(상), 1989, 354-355면; 변재옥, 행정법강의(Ⅰ), 1989, 281면; 석종현·송동수, 일반행정법(상), 2009, 214면; 박균성, 행정법총론, 2001, 227면; 이상규, 신행정법론(상), 1988, 281면; 홍정선, 행정법원론(상), 2011, 321면; 홍준형, 행정법총론, 1997, 161면 등의 '요건재량설'에 대한 설명 부분 참조.
21) 김남진·김연태, 행정법 Ⅰ, 2010, 205면; 김도창, 일반행정법론(상), 1989, 355-357면; 김철용, 행정법 Ⅰ, 2009, 220-221면; 석종현·송동수, 일반행정법(상), 2009, 214-215면; 박균성, 행정법총론, 2001, 227-228면; 이상규, 신행정법론(상), 1988, 281-282면; 홍정선, 행정법원론(상), 2011, 321-322면; 홍준형, 행정법총론, 1997, 161-162면 등의 '효과재량설'에 대한 설명 부분 참조.

위 중 선택(선택재량)에 관해서만 재량이 인정될 수 있고, 행위의 종류·정도·방법의 선택에 있어서 재량을 가진다고 본다.[22] 특히 우리나라에서 전개된 효과재량설은 그 실질은 '성질설'로 볼 수 있는바, 당해 행위의 성질, 즉 그것이 국민의 권리·의무에 어떻게 작용하는가에 따라 재량행위 여부를 결정하는 견해이다.[23] 즉, ① 개인의 자유·권리를 제한·침해하거나 의무를 부과하는 행위는, 법령상 재량을 인정하는 것으로 보이는 경우에도 그것은 기속행위이고, ② 개인에게 새로운 권리를 설정하거나 기타 이익을 부여하는 행위는, 특히 법률이 개인에게 그 권리·이익을 요구할 수 있는 지위를 부여한 경우를 제외하고는 원칙적으로 자유재량행위이며, ③ 직접 개인의 권리·의무에 영향을 미치지 아니하는 행위는 법률이 특히 제한을 두고 있는 경우를 제외하고는 원칙적으로 자유재량행위로 본다.[24] 이러한 효과재량설은 일본 및 우리나라에서 오랫동안 지배적인 이론으로 통용되어 왔다고 한다.[25] 그러나 현재 우리나라의 학자들은 이와 같은 내용의 순수한 '효과재량설'을 지지하고 있지는 않은 것으로 이해되고, 아래에서 언급하는 판단여지에 관한 설명도 함께 하고 있다.

(3) 판단여지설

일부 견해는 재량행위와 기속행위의 구별기준과 관련하여 판단여지설을

---

22) 변재옥, 행정법강의(Ⅰ), 1989, 281-282면의 '효과재량설'에 관한 설명 부분 참조.
23) 김남진·김연태, 행정법 Ⅰ, 2010, 205면; 김동희, 행정법 Ⅰ, 2011, 265-266면.
24) 김도창, 일반행정법론(상), 1989, 355면; 김동희, 행정법 Ⅰ, 2011, 266면; 변재옥, 행정법강의(Ⅰ), 1989, 282면; 석종현·송동수, 일반행정법(상), 2009, 214-215면; 박균성, 행정법총론, 2001, 227면; 이상규, 신행정법론(상), 1988, 281-282면; 홍정선, 행정법원론(상), 2011, 321-322면; 홍준형, 행정법총론, 1997, 161면 등의 '효과재량설'에 대한 설명 부분 참조.
25) 김남진·김연태, 행정법 Ⅰ, 2010, 205면.

언급하기도 한다. 판단여지설에서는 행정행위의 요건에는 원칙적으로 재량이 인정되지 아니하고, 행정행위의 효과에만 재량이 인정된다고 보지만, 불확정개념으로 요건을 정하고 있는 경우 — 재량이 인정될 수는 없다고 하더라도 — 극히 제한된 일정한 경우에는 행정재판소가 자신의 판단보다 행정청의 판단을 우선시켜야 한다는 견해이다.26) 다시 말해서, 불확정개념의 적용은 유일한 정당한 결정을 내려야 하는 법적용이 됨이 원칙이지만, 일정한 경우에 불확정개념에 대한 행정청의 판단에 대해 사실상 사법심사가 배제되거나 자제되는 경우를 인정하는 학설이 바로 판단여지설이다.27) 그러나 일부 학설은 판단여지설이 — 효과재량설을 원칙으로 하면서도 — 법률요건 부분에서 극히 예외적인 경우에 한하여 '재량' 개념을 인정한 것에 다름 아니라는 점을 기술하고 있다.28)

그러나 최근에는 재량과 유사한 개념 중 구별되어야 할 것으로서 또는 불확정개념에 대한 취급의 문제로서 '판단여지'를 다루는 견해가 등장하고 있다.29) 다시 말해서, 판단여지설을 기속행위와 재량행위의 구별기준으로 보는 것이 아니라, 재량의 본질과 연결되는 논의로 이해하는 견해로 파악된다. 이러한 학설은 주로 법률요건 중 불확정개념에 대한 행정청의 최종적·자율적 판단권한을 '요건재량'으로 파악할 것인지, 아니면 '판단여지'로 파악할 것인지에 관하여 다룬다. 여기서는 요건부분의 불확정개념에 관한 판단여지는 효과부분의 재량과 본질적으로 다르다는 구별설(이원설)30)과 요건부분의 불

---

26) 김철용, 행정법 Ⅰ, 2009, 221면의 '판단여지설'에 대한 설명 부분 참조.
27) 김도창, 일반행정법론(상), 1989, 357-359면; 변재옥, 행정법강의(Ⅰ), 1989, 282-283면; 이상규, 신행정법론(상), 1988, 282면 등의 '판단여지설'에 대한 설명 부분 참조.
28) 변재옥, 행정법강의(Ⅰ), 1989, 282면; 이상규, 신행정법론(상), 1988, 282면.
29) 김남진·김연태, 행정법 Ⅰ, 2010, 200-201면; 김철용, 행정법 Ⅰ, 2009, 215-217면; 박균성, 행정법총론, 2001, 224-225면; 홍정선, 행정법원론(상), 2011, 312-317면.
30) 김남진·김연태, 행정법 Ⅰ, 2010, 201-202면; 김해룡, "행정재량론고 —행정재량 인식 관련 판례에 대한 비판적 고찰", 공법연구 40집 제3호, 2012, 199-200면; 박

확정개념에 관한 판단여지는 효과부분의 재량과 구별할 필요가 없고 양자 모두 '재량'이라는 동일한 범주에 속한다고 보는 비구별설(일원설)[31]로 견해가 나뉜다고 설명하고 있다.[32] 한편, 독일 판례에 의해 판단여지가 인정된 사안으로서 우리나라 학설은 일반적으로 비대체적 결정, 구속적 가치평가, 예측결정, 형성적 결정을 판단여지가 인정되는 사안으로 들고 있다.[33]

균성, 행정법총론, 2001, 224-225면; 홍정선, 행정법원론(상), 2011, 322면; 홍준형, 행정법총론, 1997, 169-175면 등의 '판단여지설'에 대한 설명 부분 참조. 본 논문에서는 판단여지설을 본격적으로 다루지는 않으므로 자세한 설명은 생략하지만, 구별설(이원론)의 논거는 ① 법인식의 문제인 요건판단과 법률효과를 결정·선택하는 의지의 문제는 개념상 서로 구별될 수밖에 없고, ② 법치국가원리상 요건충족의 판단은 예견가능한 것이어야 하므로 요건부분에 재량을 부여할 수는 없으며, ③ '재량'은 입법자에 의해 주어진 것이지만, '판단여지'는 사법부에 의해 인정되는 것이라는 점을 들고 있다고 한다. 조원경, 재량과 판단여지의 구별, 행정판례평선, 2011, 213면 참조.

31) 서원우, 전환기의 행정법이론, 1997, 647-650면; 김동희, 행정법 Ⅰ, 2011, 268-270면; 김철용, 행정법 Ⅰ, 2009, 215-217면; 류지태, 행정법신론, 2004, 71면; 류지태, "재량행위론의 재고", 고시연구 제17권 제12호, 1990, 100-107면; 선정원, "행정재량의 법적 통제에 관한 몇가지 쟁점의 검토", 재판실무연구(4) 행정소송(Ⅰ), 2008, 563-567면 등의 '판단여지설'에 대한 설명 부분 참조. 마찬가지로 본 논문에서는 판단여지설을 본격적으로 다루지는 않으므로 자세한 설명은 생략하지만, 비구별설(일원론)의 논거는 ① 요건재량과 판단여지 모두 입법자의 명시적·묵시적 의사에 의해 부여되는 것으로 볼 수 있고, ② 요건규정에 대한 행정청의 판단을 법인식작용으로 보면서도 이에 대해 예외적으로 사법심사의 가능성을 부정하는 것은 모순이며, ③ 현대행정에 있어서 요건판단과 효과결정 양자 모두에 인식적, 의지적, 평가적 요소가 함께 작용하는 것으로 보아야 하고 따라서 법이론적으로 반드시 양자를 인식의 문제와 의지의 문제로 양분할 수 있는 것은 아니며, 실무적으로도 행정소송에 있어서의 대상적격, 원고적격이 확대될 경우 본안판단 단계에서 일정한 경우 법률요건 판단에 대한 행정의 '재량'을 인정하고, 그에 맞는 심사강도를 설정하는 것이 바람직하다는 점 등을 들고 있다고 한다. 조원경, 재량과 판단여지의 구별, 행정판례평선, 2011, 213면 참조.

32) 박정훈, "불확정개념과 판단여지", 행정작용법, 2005, 263-265면; 조원경, 재량과 판단여지의 구별, 행정판례평선, 2011, 213면 등.

33) 판단여지설에 관하여 보다 상세한 내용으로서 박정훈, "불확정개념과 판단여지",

(4) 소결

우리나라의 전통적 재량행위 이론은 앞서 본 바와 같이 기속과 재량의 구별기준이라는 표제 하에 전통적인 요건재량설, 효과재량설 및 판단여지설을 언급하고 있다. 다만, 다수의 견해는 이러한 전통적인 견해 중 어느 하나만을 취하고 있지는 않고, 효과재량설 내지 판단여지설로 귀착되는 듯하다. 다시 말해서, 법률요건에서 사용된 추상적·불확정 개념의 취급에 대해서는 적어도 전통적인 요건재량설을 취하고 있는 견해는 쉽게 찾아보기 어렵고, 대부분이 효과재량설의 기본적인 시각을 전제로 하되,[34] 이를 판단여지로 볼 것인지 아니면 '재량'의 일환으로 볼 것인지에 관한 구별설(이원설)과 비구별설(일원설)의 대립에 있어서는 구별설이 일응 다수의 견해로 파악되고 있다.[35] 이러한 상황에서 대체적으로 학설은 독일의 이론·판례에 입각하여 법령상의 요건부분에 사용된 추상적·불확정 개념의 해석·적용은 규범인식의 문제로서 의지의 자유인 재량이 인정될 수 없다는 전제 하에서,[36] 법률요건 부분에서도 재량을 인정하는 우리나라 대법원 판례에 대하여 비판을 가하고 있다.[37]

그러나 전통적 재량행위 이론이 소개하는 내용의 요건재량설, 효과재량설

행정작용법, 2005, 255-258면 참조.

34) 김도창, 일반행정법론(상), 1989, 359면; 박균성, 행정법총론, 2001, 228면; 변재옥, 행정법강의(Ⅰ), 1989, 283-284면; 석종현·송동수, 일반행정법(상), 2009, 215-216면; 이상규, 신행정법론(상), 1988, 282-283면; 홍정선, 행정법원론(상), 2011, 323-325면 등.

35) 선정원, "행정재량의 법적 통제에 관한 몇가지 쟁점의 검토", 재판실무연구(4) 행정소송 (Ⅰ), 2008, 563면 등.

36) 이는 곧 위에서 살펴본 '판단여지설'을 취하는 학설의 태도와도 연결되는 것으로 보인다.

37) 김해룡, "행정재량론고 ―행정재량 인식 관련 판례에 대한 비판적 고찰", 공법연구 제40집 제3호, 2012, 199-200면 등.

및 판단여지설이 엄밀히 말하여 기속과 재량의 '구별기준'에 관한 논의인지는 의문의 여지가 없지 않다. 앞서 살펴본 독일 재량행위 이론의 형성기 논의에서 알 수 있는 바와 같이 요건재량이론과 효과재량이론은 모두 '재량이란 무엇인가', '어떠한 경우에 재량이 인정되는가'라는 '재량의 본질' 또는 '재량의 인정영역'에 관한 학설이다. 재량을 기속과 구별할 수 있는 구체적인 기준은 당해 행정법규의 규정방식, 그 취지·목적 및 행정행위의 성질 등을 통해 판단해야 한다는 취지로 앞서 언급한 소위 '개별적 기준론' 내지 '종합적 판단설'과 같은 견해가 기속과 재량의 '구별기준'에 관한 논의라고 할 것이고, 이는 요건재량이론과 효과재량이론의 대립과는 무관하다. 요건재량이론을 제시한 베르나치크나 효과재량이론을 주장한 테츠너 모두 재량이 인정되는 경우를 판단함에 있어 당해 법규범의 문언과 내용에 주목하되, 단지 재량의 인정영역을 법률요건에서 포착했는지 또는 법률효과로 보았는지에서만 차이가 있다는 점을 상기해보면 이는 더 분명해진다. 더군다나 요건재량설과 효과재량설의 대립을 기속과 재량의 '구별기준'의 논의와 등치시키는 전통적 재량행위 이론의 태도는 기속과 재량이 분명하게 일도양단적으로 구별되고 판단될 수 있다는 것을 전제로 하는 것으로 이해된다. 그러나 하나의 행정행위에 얼마나 많은 재량적 요소를 포함하고 있느냐에 따라 행정행위는 엄격한 기속행위로부터 광범위한 자유재량행위까지 양 극단 사이에 여러 다양한 스펙트럼을 형성하고 있다고 볼 수 있으므로 어느 행정행위가 기속인지 또는 재량인지를 일도양단으로 판단하는 것은 적절하지 않다고 할 것이다.38) 어떠한 행정행위를 기속행위와 재량행위 중 어느 하나에 속하는 것으로 구분하려는 태도는 이와 같이 법이론적으로도 타당하지 않을 뿐만 아니라 실정법에도 부합하지 않는다.39) 따라서 우리나라의 전통적 재량

---

38) 이원우, "허가·특허·예외적 승인의 법적 성질 및 구별", 행정작용법, 2005, 128면.
39) 이원우, "허가·특허·예외적 승인의 법적 성질 및 구별", 행정작용법, 2005, 127-128면. 이 글에서는 실정법상 하나의 행정행위에 기속의 성격과 재량의 성격이 혼재하고 있는 경우가 많이 있다고 하면서, 그 예로 건축허가는 종래 기속행위

행위 이론이 기속과 재량의 구별기준으로서 요건재량설, 효과재량설 및 판
단여지설을 설명하고 있는 태도는 타당하다고 보기 어렵다.[40]

로 파악함이 통설이지만, 숙박시설이나 위락시설에 대한 건축허가는 건축법 제8조
제5항의 규정 등을 종합하여 볼 때 그 전체를 기속행위라고 볼 수 없고, 건축허가
라는 하나의 행정행위를 함에 있어서 재량적 요소와 기속적 요소가 복합적으로 개
입하고 있다고 봄이 타당하다고 지적하고 있다. 또한 다양한 건축허가의 개념을 강
조하면서 도시계획법상의 건축허가와 건축법상의 건축허가의 관계를 분석하고, 이
질적인 성격의 도시계획법상의 건축허가가 건축법상의 건축허가에 포함되는 경우
에도 이를 전체로서 항상 기속행위라고 하는 것은 문제의 현실을 외면하는 것이고,
재량행위 이론은 집중효가 인정되는 최근의 건축허가의 사례와 같이 하나의 행위
에 수많은 행위들이 통합되는 경우에 대비하여 무력한 것임을 지적하면서 건축허
가 속의 재량을 제시하는 글로는 김종보, "건축허가에 존재하는 재량문제", 행정법
연구 제3호, 1998, 158-171면 참조.

40) 이와 같은 우리나라의 전통적 재량행위 이론의 종래 논의 구조를 개선할 수 있는
대안으로서 私見으로는 다음과 같은 논의방식을 생각해보았다. 먼저 전통적 재량
행위 이론에서 재량문제를 다루던 전형적인 항목인 '기속행위와 재량행위의 구별
의 실익 또는 필요성', '기속행위와 재량행위의 구별기준' 및 '재량행위의 통제'를
각각 ① 재량의 본질, ② 재량의 인정영역, ③ 재량의 인정 기준, ④ 재량의 효과,
⑤ 재량의 한계와 통제로 그 항목을 세분하고 개선하여 서술하는 방안이다. 먼저,
우리나라의 전통적 재량행위 이론은 '재량이란 무엇인가'라는 재량의 본질 문제,
'어떠한 경우에 재량이 인정되는가'라는 재량의 인정영역 문제, '무엇을 기준 내지
근거로 삼아 재량 여부를 판단할 것인가'라는 재량의 인정기준 문제를 세분하지
않은 채로 단순히 '기속행위와 재량행위의 구별기준'이라는 항목으로 서술하고 있
었다. 물론 재량의 본질과 인정영역의 문제는 서로 관련성이 큰 문제로서 구별이
쉽지 않다는 반론이 충분히 가능하지만, 적어도 개념적으로는 구분이 될 수 있다고
생각한다. 앞서 독일 재량행위 이론의 형성기 논의에서 본 바와 같이, 예를 들어
베르나치크의 요건재량이론에서 '재량이 무엇인가'라는 재량의 본질에 관한 대답
은 '법률요건에 대한 제3자의 심사불가능성'이 되고, '어떠한 경우에 재량이 인정
되는가'라는 재량의 인정영역에 관한 대답은 '법률요건에 추상적·불확정 개념이
사용된 경우와 행정에게 전적으로 공익에 관한 판단이 맡겨진 경우'가 되어, 양자
의 문제는 서로 구별이 가능하다고 볼 수 있을 것이다. 그러한 의미에서 우리나라
의 전통적 재량행위 이론은 재량의 인정영역에 관한 요건재량설과 효과재량설을
다룰 뿐, '재량의 본질'이 무엇인지에 관해서는 거의 다루고 있지 않다. 다음으로
전통적 재량행위 이론과 같이 재량의 본질과 인정영역의 문제와 뭉뚱그려져서 논

또한 앞서 본 바와 같이 학설은 법률요건에 사용된 추상적·불확정 개념의 본질에 관하여 이를 요건재량으로 볼 것인지, 아니면 별도의 '판단여지'로 파악할 것인지에 관한 독일의 학설인 '판단여지설'을 도입하되, 대부분은 판단여지설을 위와 같은 기속과 재량의 구별기준에 관한 학설과 나란히 언급하고 있다.[41) 이와 같은 설명방식이 논의의 편의를 위해서인지 아니면 판단여지설이 법률요건에서의 재량을 부정하는 효과재량설의 일종이라는 전제하에서 나란히 기술을 한 것인지는 분명하지는 않다. 그러나 적어도 판단여지설은 어디까지나 재량의 본질과 인정영역에 관해 효과재량이론을 인정하는 전제에서 다만 법률요건 부분에 사법심사가 자제되는 현상을 설명하기

의가 되는 것보다는 '재량의 인정 기준'이 별도의 항목으로 구별되어 논의가 이루어지는 것이 바람직하다고 할 것이다. 그 근거는 위 본문에서 설명한 바와 같다. 마지막으로 — 단순한 표현방식의 차이라고 할 수도 있겠지만 — 전통적 재량행위 이론이 '기속행위와 재량행위의 구별 실익 또는 필요성'으로 설명하는 부분은 '재량의 효과'라는 항목으로 설명하는 것이 더 타당하다고 생각한다. 일단 재량의 인정 기준에 따라 어떠한 행위가 재량으로 인정된다면 사법심사의 방식이나 부관의 가부 등에서 기속행위와는 차이가 있을 수 있다는 것은 '실익'이나 '필요성'이라는 사실적 차원에 가까운 표현보다는 재량의 '효과'로 설명하는 것이 더 자연스럽고, 재량 논의를 보다 법적인 성격의 것으로 규정짓고 적절히 설명할 수 있어서 타당하다고 생각한다. 또한 행정소송에서의 입증책임은 법률요건분류설에 따라 그 권한행사의 필요 또는 적법성을 주장하는 처분청이 입증책임을 부담하는 것이 원칙이지만, 재량처분이 재량권을 일탈·남용함으로써 위법하다고 행정소송에서 다투어지는 경우에는 그 재량의 일탈·남용에 관한 입증책임은 원칙적으로 이를 주장하는 원고에게 있다고 보는 것이 대법원 1987. 12. 8. 선고 87누861 판결 등의 태도이므로, 이에 비추어 보면 '입증책임의 차이' 역시 재량의 효과로 추가하여 설명이 될 수도 있을 것이다. 이와 같은 재량행위 이론에 관한 새로운 구조의 제시는 차후의 연구과제로 맡겨두기로 하고, 본 논문에서는 이러한 생각의 단초를 밝히는 정도에 그치기로 한다.

41) 김도창, 일반행정법론(상), 1989, 354-359면; 김철용, 행정법 Ⅰ, 2009, 219-223면; 박종국, "기속행위와 재량행위에 관한 연구", 현대공법과 개인의 권익보호, 1994, 193-197면; 변재옥, 행정법강의(Ⅰ), 1989, 280-284면; 이상규, 신행정법론(상), 1988, 280-283면 등.

위한 이론이라는 점에 비추어 볼 때, 재량의 본질 내지 인정영역에 관한 논의를 포함하는 '기속과 재량의 구별기준'에 그 논의의 위치가 놓여서는 안될 것이다. 이러한 설명 방식은 개념의 혼란을 야기할 위험성이 있다고 생각된다.[42)]

2. 변화의 시도

이와 같은 종래의 재량행위 이론의 다수설이 효과재량설에 기초하여 논의를 전개하고 있는 것에 대하여, 적어도 행정의 정책적·전문기술적 영역에 있어서는 요건재량을 승인하려는 시도가 있다. 이와 같은 견해는, 민·형사재판은 물론이고 행정재판에 있어서도 '사실의 인정'에 관해서는 재판소가 완전한 심사권을 가지고 있다는 것이 지금까지의 정설이었으나, 예를 들어 원자력발전시설의 허가에 있어서 '안전성 유무'라는 사실문제에 대하여 과연 재판소가 이를 전적으로 올바르게 판단할 수 있을 것인가는 별개의 문제라는 점을 지적한다.[43)] 즉, 민사상 손해배상청구의 경우와는 달리 이와 같은 문제는 결과에 관한 인과관계의 문제가 아니고, 장래 발생할 현상에 대한 예측의 성격이 강하며, 법률은 그에 대한 일차적 판단권을 행정에게 위임한 셈이고

---

42) 홍준형, 행정법총론, 1997, 162, 173면에서도, 일부의 학자들이 불확정개념의 사법심사에 관해 주장된 독일의 이론, 특히 바호프(Bachof)나 울레(Ule)의 견해를 판단여지설이란 이름하에 재량행위와 기속행위의 구별을 위한 학설의 하나로 소개하고 있으나, 재량과 불확정 법개념이 서로 구별된다는 이유에서 이는 타당하지 않다고 지적하고 있다. 또한 오준근, "재량행위의 판단기준과 재량행위의 투명화를 위한 법제정비방안", (순간) 법제 제570호, 2005, 9면에서는 판단여지설은 재량행위와 기속행위를 구분하는 기준 그 자체로서 기능을 발휘한다고 보기는 어렵다고 지적하고 있다.

43) 서원우, "행정의 기속과 재량", 현대공법이론의 발전, 1993, 320-328면; 배영길, "재량이론의 현대적 정리", 공법연구 제26집 제1호, 1998, 170-172면.

따라서 재판소는 행정청의 판단을 사후에 심사하는 구조를 취할 수도 있기 때문이라고 한다.44) 따라서 이와 같은 정책적·전문기술적 사항에 관한 행정판단은 그 나름대로의 합리성이 있고 그것을 시인할 수 있는 범위 내에 있다고 인정되는 경우에는 재판소는 자신의 독자적인 판단을 강요하는 것을 자제하고 전문기관과 행정청의 추론 내지 판단을 일응 존중하며 그 책임은 행정의 정치적 책임에 맡기는 식으로 요건재량을 인정할 수도 있다고 한다.45)

또한 오늘날의 재량에 관한 행정법학의 논의의 중심축이 재량행위의 인정 여부에 대한 논의보다는 행정청에게 부여된 재량권과 그 행사의 통제에 대한 논의로 옮겨져야 한다는 견해가 제시된다.46) 현대국가의 행정현실에 비추어 행정에게 재량을 부여하는 것이 불가피하고 바람직하면서도 동시에 재량권행사가 행정기관의 비리와 연결될 가능성을 차단할 필요성도 상존한다는 점에 비추어, 기속행위와 재량행위를 엄밀히 구분하는 것을 중심으로 하였던 종래의 논의는 그 실효성이 감소하였고, 오히려 행정청의 재량권 행사에 대한 유효적절한 통제장치를 발굴함이 보다 더 강조되어야 한다고 보는 것이다.47) 따라서 기속행위와 재량행위의 구분은 상대적인 문제로서, 결국 법령의 '규율밀도'에 따라 판단해야 할 것이라고 한다.48)

---

44) 배영길, "재량이론의 현대적 정리", 공법연구 제26집 제1호, 1998, 171면.
45) 서원우, "행정의 기속과 재량", 현대공법이론의 발전, 1993, 322-323면.
46) 오준근, "재량행위의 판단기준과 재량행위의 투명화를 위한 법제정비방안", 법제 제570호, 2005, 10면; 서원우, "행정의 기속과 재량", 현대공법이론의 발전, 1993, 313-314면. 특히 김도창, 일반행정법론(상), 1989, 365면에서는 "기속행위와 재량행위의 구별, 그리고 기속재량과 공익재량의 구별은 그 명분이 없어지거나, 최소한 도 극히 상대적인 것이 될 수밖에는 없는 것이 오늘날의 이론추세라 하겠다. 그러한 의미에서 행정재량론의 중점은 그 개념구별론에서 오히려 재량통제론으로 이동하고 있다는 느낌이다"라고 서술하고 있어 위 논의와 맥을 같이 한다.
47) 오준근, "재량행위의 판단기준과 재량행위의 투명화를 위한 법제정비방안", 법제 제570호, 2005, 10면.
48) 오준근, "재량행위의 판단기준과 재량행위의 투명화를 위한 법제정비방안", 법제

3. 검토

이상으로 재량의 본질과 인정영역에 관한 우리나라의 재량행위 이론의 논의상황을 살펴보았다. 물론 행정에게 재량이 언제, 어느 범위에 걸쳐 어느 정도로 주어지는지에 관한 문제는 우리나라 재량행위 이론의 체계에 결정적으로 영향을 준 독일에 있어서도 계속해서 논쟁이 되어 왔고, 현재도 계속되고 있다.[49] 그러나 우리나라의 재량행위 이론은 독일에서 100년 이상 과거에 통용된 것에서부터 비교적 최근에 적용되고 있는 논의에 이르기까지 재량행위 이론들이 전체적인 연관성을 가지고 도입되었다기보다는 단편적으로 산만하게 소개되고 설명되고 있는 실정이어서 용어의 통일을 해칠 뿐만 아니라 개념적인 혼동과 체계의 혼선[50]이 적지 않게 존재하고 있는 것이 사실이다.[51] 이러한 상황은 행정법에서 '재량행위 이론'이라는 난제(難題)의 본성에서도 기인하지만, 무엇보다도 우리나라의 경우에는 재량행위 이론이 독일과 일본[52]을 거쳐 도입되는 과정에서 불가피하게 발생한 개념상의 혼란으로 보인다.[53] 우리나라의 재량행위 이론은 외국과 같은 역사적 발전 경험이

제570호, 2005, 10면.

49) 정하중, "행정법에 있어서 재량과 판단여지 그리고 사법심사의 한계", 행정법의 이론과 실제, 2012, 192면; Held-Daab, Das freie Ermessen, 1996, S. 13-18.

50) 특히 앞서 지적한 요건재량과 효과재량에 관한 내용의 이해나 판단여지설의 취급 등에서 이러한 점이 잘 드러난다고 할 것이다.

51) 정하중, "행정법에 있어서 재량과 판단여지 그리고 사법심사의 한계", 행정법의 이론과 실제, 2012, 192면; 배영길, "재량이론의 현대적 정리", 공법연구 제26집 제1호, 1998, 151-152면.

52) 특히 베르나치크가 주장한 요건재량설은 일본에 전래되어 경도대학 계열의 학자를 중심으로 지지되었고, 테츠너가 주장한 효과재량설은 일본의 동경대학 계열의 학자를 중심으로 도입·발전되었다는 점을 지적하는 견해로는 김용섭, "기속행위, 재량행위, 기속재량", 판례연구 제15집 하권, 2001, 34-35면 참조.

53) 배영길, "재량이론의 현대적 정리", 공법연구 제26집 제1호, 1998, 152면. 특히 해방 후 50여 년이 경과하는 과정에서 그 동안 우리 공법학계에는 학설의 주류를 형성해 왔던 일본의 재량이론을 비롯하여 최근에는 일부 학자들을 중심으로 독일로

없었던 관계로 그 논의 방향이 외국, 특히 독일에서의 학설 대립을 그대로 국내에서 재현하는 수준을 넘지 못하였다고 평가된다는 견해[54] 역시 위와 같은 학설의 상황과 궤를 같이 한다. 따라서 비록 행정법과 재량행위 이론의 생성과 발전의 원류가 되는 프랑스·독일 등과 같은 역사적 경험이나 공법적 전통을 획득할 수는 없지만, 지금부터라도 우리나라의 재량행위 이론의 기초를 형성했던 초기의 논의에서부터 비판적·발전적인 관점에서 연구 성과를 차근차근 다지고 쌓아올릴 필요가 있다. 이는 특히 법이론이나 법도그마틱은 어디까지나 우리의 실제적 문제들을 소재로 하여 그에 대한 가치판단과 이익형량의 결과 정립된 것이어야 하지 외국이론의 직수입에 의존해서는 아니 되기 때문이기도 하다.[55] 이러한 노력 여하에 따라 그 동안의 다소 성급했던 외국 이론의 도입에 따른 부작용을 해소할 수 있고, 우리 스스로의 재량행위 이론에 대한 이해를 굳건하게 함으로써 지금까지의 개념 혼란과 체계의 혼선을 해결할 수 있으며, 더 나아가 이와 같은 공법적 전통의 부족을 극복할 수도 있을 것으로 기대한다.

또한 법이론이나 법도그마틱이 경직화되어 변화하는 실제와 유리되어서는 안 된다는 본연의 기능과 임무[56]에 비추어 보더라도, 위와 같은 전통적 재량행위 이론에 대한 변화의 시도에 학계는 귀 기울일 필요가 있다. 특히 원류(源流)라 할 수 있는 독일의 재량행위 이론의 발전 과정과 역사적 맥락에 비추어 보더라도, 어느 한 시대를 풍미했던 다수의 견해가 시대의 흐름과 현실의 변화에 따라 소수설로 전락하거나 자취를 감추는 경우가 허다하였다. 따라서 기존의 재량행위 이론이 절대적인 것이라고 할 수 없으며, 변화를 시도하고 반대하는 목소리를 경청할 수 있어야만 우리나라 재량행위 이론의

부터 직수입된 재량이론이 여과 없이 소개되고 있어 매우 혼란스러운 양상이 연출되고 있는 실정이라고 한다.

54) 류지태, "재량행위이론의 이해", 행정법의 이해, 2006, 59면.

55) 박정훈, "행정법에 있어서의 이론과 실제", 행정법의 체계와 방법론, 2005, 6면.

56) 박정훈, "행정법에 있어서의 이론과 실제", 행정법의 체계와 방법론, 2005, 1-8면.

진정한 발전이 가능할 것이다.

II. 우리나라 판례의 태도

학설의 검토에서와 마찬가지로 재량의 본질과 인정영역에 관련된 대법원 판례만을 살펴보고자 한다. 요약적으로 언급하면, 우리나라 대법원 판례는, 첫째로 기속과 재량의 구별기준에 관해서는 종합적 판단 기준을 제시하고 있고, 둘째로 기속재량의 개념을 여전히 사용하고 있으며, 셋째로 (요건)재량과 판단여지를 구별함이 없이 주로 정책적·전문기술적 영역에서 요건재량을 인정하고 있고, 넷째로 구체적 사안으로는 허가를 제외한 수익적 행정행위, 과징금 부과 등과 같은 침익적 행정행위, 징계 등 인사상 처분 등에서 주로 재량을 인정하고 있다. 본 논문의 논의에 필요한 범위 안에서 대표적인 주요한 판례를 선별하여 유형화를 시도해 본다면 다음과 같이 정리를 할 수 있을 것이다.[57)]

1. 기속과 재량의 구별기준

대법원 판례는 초기에는 근거법규의 규정형식에 따라 기속행위인지 또는 재량행위인지 여부를 판단하여 오다가(대법원 1997. 12. 26. 선고 97누15418 판결 등), 더 나아가 대법원 2001. 2. 9. 선고 98두17593 판결 이래로 법규의

---

57) 재량행위에 관한 대법원 판례를 비교적 상세하게 체계를 갖추어 정리한 글로 대표적인 것은 조용호, "판례의 측면에서 본 재량처분의 취소", 주석 행정소송법, 2004, 841-893면 참조.

체계·형식 및 문언과 문제되는 행정행위의 성질과 목적 등 제반사정을 종합적으로 고려하여 양자를 판정해야 한다는 분명한 구별기준을 제시하기에 이르렀다.

> "어느 행정행위가 기속행위인지 재량행위인지 나아가 재량행위라고 할지라도 기속재량행위인지 또는 자유재량에 속하는 것인지의 여부는 이를 일률적으로 규정지을 수는 없는 것이고, 당해 처분의 근거가 된 규정의 형식이나 체재 또는 문언에 따라 개별적으로 판단하여야 한다"(대법원 1997. 12. 26. 선고 97누 15418 판결)[58]

> "행정행위가 그 재량성의 유무 및 범위와 관련하여 이른바 기속행위 내지 기속 재량행위와 재량행위 내지 자유재량행위로 구분된다고 할 때, 그 구분은 당해 행위의 근거가 된 법규의 체재·형식과 그 문언, 당해 행위가 속하는 행정 분야 의 주된 목적과 특성, 당해 행위 자체의 개별적 성질과 유형 등을 모두 고려하 여 판단하여야 하고, …"(대법원 2001. 2. 9. 선고 98두17593 판결)[59]

이와 같은 대법원 판례의 태도는 기속과 재량을 구별하는 기준에 관하여 종합적인 기준에 따라 개별사안별로 판단해야 한다는 취지의 다수의 학설과 견해를 같이 하는 것으로 볼 수 있다. 따라서 학설은 대체로 위 대법원 2001. 2. 9. 선고 98두17593 판결의 견해에 찬동하고 있는 것으로 보인다.[60]

---

58) 밑줄은 필자에 의한 것. 이하 동일.
59) 동 판결은 종래의 학설과 판례의 태도에서 진일보하여 기속행위와 재량행위의 구별기준에 관하여 종합적이면서도 다각적인 척도를 세분하여 제시하고, 그 사법심사 방식의 차이점을 명시적으로 밝혀 구분한 최초의 판결이라는 점에서 우선적인 의의가 있다고 보는 견해로는 안동인, "기속행위와 재량행위의 구별기준", 행정판례평선, 2011, 199면.
60) 반면, 이와 같은 대법원의 견해가 굳이 논리적으로 잘못된 것이라고 할 수는 없지만, 법규범이 행정에게 부여한 재량의 존재를 법의 집행자인 공무원이 쉽게 그리고 명확히 인식할 수 있는 기준이 되지 못한다는 데에 문제가 있으므로, 대법원의 판례는 법을 집행하는 공무원이 쉽고 명확하게 재량권의 존재를 알 수 있는 기준을 제시하기 위하여 일차적으로는 법적 규율의 형식과 내용에 따라 일정한 판단의 기

2. 기속재량의 취급

종래 대법원 판례는 '기속재량행위'라는 용어를 사용하면서 이를 재량행위의 일종으로 구분하였는데(대법원 1997. 12. 26. 선고 97누15418 판결 등), 그럼에도 부관의 허용성에 관한 사례 등에 비추어 볼 때 그 취급 면에서는 기속행위와 같이 보았다(대법원 1988. 4. 27. 선고 87누1106 판결 등). 그러다가 위의 대법원 2001. 2. 9. 선고 98두17593 판결에 의하여 기속재량행위와 기속행위를 같은 것으로 보고, 기속재량행위에 대해서는 기속행위와 마찬가지로 사법심사 방식 면에서도 재판소의 전면적인 재판통제가 가능하다는 점을 분명히 밝혔다.

> "일반적으로 기속행위나 기속적 재량행위에는 부관을 붙일 수 없고 가사 부관을 붙였다 하더라도 이는 무효의 것이다"(대법원 1988. 4. 27. 선고 87누1106 판결)

> "행정행위가 그 재량성의 유무 및 범위와 관련하여 이른바 기속행위 내지 기속재량행위와 재량행위 내지 자유재량행위로 구분된다고 할 때, … 이렇게 구분되는 양자에 대한 사법심사는, 전자의 경우 그 법규에 대한 원칙적인 기속성으로 인하여 법원이 사실인정과 관련 법규의 해석·적용을 통하여 일정한 결론을 도출한 후 그 결론에 비추어 행정청이 한 판단의 적법 여부를 독자의 입장에서 판정하는 방식에 의하게 되나, 후자의 경우 행정청의 재량에 기한 공익판단의 여지를 감안하여 법원은 독자의 결론을 도출함이 없이 당해 행위에 재량권의 일탈·남용이 있는지 여부만을 심사하게 되고, 이러한 재량권의 일탈·남용 여부에 대한 심사는 사실오인, 비례·평등의 원칙 위배, 당해 행위의 목적 위반이나 동기의 부정 유무 등을 그 판단 대상으로 한다"(대법원 2001. 2. 9. 선고 98두17593 판결)

준을 우선적으로 제시하고, 그러한 대상이 불명확할 경우에 제2차적으로 고려해야 할 요소를 참작하여야 한다는 '단계적 판단과정'을 제시하는 것이 더 바람직했을 것이라고 비판하는 견해로는 김해룡, "행정재량론고 ─행정재량 인식 관련 판례에 대한 비판적 고찰", 공법연구 제40집 제3호, 2012, 211-213면 참조.

　종래 다수의 학설은 기속재량 개념에 대해 비판적인 견해를 취하면서, 오늘날에는 재량행위라 할지라도 그 일탈·남용의 경우에는 일반적으로 재판통제의 대상이 되고 있으므로 사법심사의 범위를 확대하기 위한 측면에서의 기속재량행위는 그 기능적 의의를 상실하였다고 보고, 사실상 기속재량행위와 기속행위의 구별 실익이 없음을 강조하고 있다.61) 그러나 소수설로서 기속재량사항과 자유재량사항에 대한 법원의 심사방식에는 차이가 있다는 점에서 양자의 구별이 부분적으로나마 의미가 있다고 보는 견해가 있었다.62) 최근에는 기속행위와 재량행위의 중간에 위치하는 독자적인 기속재량 개념을 인정하는 것이 바람직하다고 주장하면서, 기속재량 개념을 독일의 '의무규정'(Soll-Vorschrift)나 '의도된 재량'(intendiertes Verwaltungsermessen)과 연결 짓는 견해도 제기되고 있다.63) 또한 기속재량행위는 국민의 행정에 대한 예측가능성을 보장하기 위하여 원칙상 기속행위로 보면서도 중대한 공익상 필요가 있는 경우 공익을 보호하기 위하여 예외적으로 재량으로 보는 것으로서 예측가능성과 공익의 보장 사이에 조화를 이루고자 하는 제도라고 정의하면서, 입법자가 입법에 의해 기속재량행위를 인정하는 경우에 허용될 수 있다고 보고, 입증책임, 이유제시 정도, 사법심사방식, 부관의 가부 면에서 기속재량을 기속행위 또는 재량행위와 구별할 실익이 있다고 보는 견해도 유력하게 제기되고 있다.64) 대법원 판례가 기속재량행위 개념을 계속적

---

61) 김남진·김연태, 행정법 Ⅰ, 2010, 201면; 김동희, 행정법 Ⅰ, 2011, 259-260면; 김동희, "판례상의 기속행위에 관한 일고", 행정판례연구, 2003, 44면; 김철용, 행정법 Ⅰ, 2009, 218-219면; 선정원, "행정재량의 법적 통제에 관한 몇가지 쟁점의 검토", 재판실무연구(4) 행정소송 (Ⅰ), 2008, 561-562면; 안동인, "기속행위와 재량행위의 구별기준", 행정판례평선, 2011, 194면; 이상규, 신행정법론(상), 1988, 277-278면; 홍준형, 행정법총론, 1997, 157-158면 등.

62) 박윤흔, 최신행정법강의(상), 2004, 335면.

63) 김용섭, "행정재량의 재검토—기속재량의 새로운 방향모색을 중심으로", 경희법학 제36권 제1호, 2001, 66-68면.

64) 박균성, 행정법론(상), 2013, 285-290면. 이 책에서는 기속재량행위의 필요성과 인

으로 사용하여 왔던 이유를 명백히 설시하고 있지는 아니하나, 관계법규의 규정형식만에 의할 때에는 재량행위와 기속행위의 한계선상에 있어서 기속행위인 것처럼 볼 여지도 있지만, 기속행위로 인정할 경우 공익 실현에 지장이 있거나 사익의 부당한 침해가 발생된다고 인정되는 사안에서 행정재판소가 공·사익의 비교형량에 따른 재량통제를 가능하도록 하기 위해 '기속재량'의 개념을 인정한 것이라는 견해가 있다.[65] 또한 대법원 판례는 기속재량행위를 요건을 충족하면 원칙적으로 법적 효과를 부여하여야 하는 기속행위이지만 예외적으로 요건을 충족한 신청을 인용하는 처분을 하는 것이 중대한 공익에 배치되는 경우 거부처분을 할 수 있는 행위로 보고 있다는 견해도 존재한다.[66]

생각건대, 라운에 의해 제시된 기속재량의 개념은 재량행위에 대해 사법심사가 배제되던 시기에 재량행위의 인정범위를 축소하여 사법심사가 가능한 영역을 확대·강화하는 긍정적 기능을 하였다는 연혁적인 의미가 있다.[67] 이러한 기속재량 개념은 기속행위와 재량행위가 명확히 구별될 수 있고 재량행위의 범위 안에서 다시 기속재량을 포착해 낼 수 있음을 전제로 하고 있으나, 앞서 본 바와 같이 하나의 행정행위가 재량적 요소의 포함 정도에

정근거, 구별실익 및 구별기준, 기속재량에서 거부처분의 적법요건에 관하여 상세하게 서술하고 있다.

65) 조용호, "판례의 측면에서 본 재량처분의 취소", 주석 행정소송법, 2004, 850-851면.
66) 박균성, 행정법론(상), 2013, 287면.
67) 같은 취지에서 기속재량의 개념은 재량행위의 발전과정과 관련해서 재량행위이론의 초기적 단계에서 재량에 대한 재판통제의 범위를 확대하기 위한 목적에서 주장되었다는 점에서 의미가 있다는 견해로는 김동희, 행정법 Ⅰ, 2011, 259면 참조. 또한 소위 '기속재량행위'라는 개념은 재량행위에 대한 사법심사를 확대하기 위한 이론적 노력의 第一步로서 주장된 것으로서, 재량이 사법심사의 소송요건에서 '대상적격'이 없는 것으로 배제되던 초기적 논의에서 재량행위 중 일부에 대해 사법심사가 가능하도록 한 도구적 개념이 곧 '기속재량행위'라고 보고 있는 견해로는 박정훈, "기부채납부담과 의사표시의 착오", 행정법의 체계와 방법론, 2005, 293면 각주 14 참조.

따라 엄격한 기속행위로부터 광범위한 자유재량행위까지 다양한 스펙트럼을
형성하고 있다고 볼 수 있으므로 어느 행정행위가 기속인지 또는 재량인지
를 일도양단으로 판단하는 것은 생각만큼 용이하지 않을 뿐만 아니라 적절
하지도 않다고 할 것이다.68) 다시 말해서, 기속행위와 재량행위의 구별은 여
전히 그 실익이 있다고 할 것이지만, 그 구별은 엄격하고 절대적인 것이 아
니라 상대적인 것으로 이해된다. 따라서 재량하자론이 반영되어 우리나라
행정소송법 제27조에서 모든 재량행위가 행정소송의 '심사대상'이 됨에 의
문이 없는 현재로서는 재량에 대한 사법심사의 범위를 확장하기 위하여 고
안된 도구개념으로서 기속과 재량 사이에 놓인 중간적 성격의 '기속재량' 개
념은 더 이상 필요한 것으로 보기 어렵다.69) 또한 기속재량행위에 관한 위와
같은 일련의 대법원 판례는, 기속재량행위라는 개념 자체를 사용하는 것에
관해서는 별론으로 하더라도, 그 성질과 효과 및 사법심사 방식 면에서는 모
두 다수의 학설의 입장과 배치되지 않고 오히려 학설의 입장을 수용한 것으
로 보인다.70)

3. 요건재량의 인정

대법원 판례는 각종 시험의 채점기준과 관련한 사안에 있어서 행정청이
요건규정에 관하여 한 판단을 존중하고 그 판단권한은 행정청의 자유재량에
속한다는 태도를 밝혀 왔다(대법원 1972. 11. 28. 선고 72누164 판결 등). 또
한 교과서 검정에 관한 사안에서 대법원은 고도의 학술상·교육상의 전문적
인 판단을 요하는 교과서 검정의 특성을 근거로 제시하면서 행정청의 판단

---

68) 이원우, "허가·특허·예외적 승인의 법적 성질 및 구별", 행정작용법, 2005, 128면.
69) 결론에 있어서 같은 취지로 박정훈, "기부채납부담과 의사표시의 착오", 행정법의
   체계와 방법론, 2005, 293면 각주 14 참조.
70) 안동인, "기속행위와 재량행위의 구별기준", 행정판례평선, 2011, 194면.

을 존중하여 그 교과서 검정에 관한 요건재량을 인정하였다(대법원 1992. 4. 24. 선고 91누6634 판결 등). 다만, 판례는 이와 같은 행정청의 교과서 검정에 대하여 행정청의 '재량'을 인정할 뿐, 그 전문성, 대체불가능성을 이유로 '판단여지'가 인정된다는 취지의 설시를 하고 있지는 않다.

> "(원심은) 즉 공무원임용시험령 제12조 제4항이 규정한 3급을류 공개 경쟁 채용방법에 있어서 제3차 시험은 면접시험 또는 실기시험에 의하여 전문지식과 그 응용능력 및 적격성을 검증하게 되어 있는데 이 면접시험에서 위에서 본 바와 같은 지식 또는 적격성의 판단은 그 <u>시험위원의 고도의 교양과 학식, 경험에 기초한 자율적 판단에 의존</u>하는 것이며, 전문지식의 유무 내지 적격성의 적부 판단은 오로지 <u>시험위원의 자유재량</u>에 속하는 것이라고 보았(는데) … 원심이 한 이러한 판단은 정당하고, …"(대법원 1972. 11. 28. 선고 72누164 판결)

> "<u>교과서검정이 고도의 학술상, 교육상의 전문적인 판단을 요한다</u>는 특성에 비추어 보면, 교과용 도서를 검정함에 있어서 법령과 심사기준에 따라서 심사위원회의 심사를 거치고, 또 검정상 판단이 사실적 기초가 없다거나 사회통념상 현저히 부당하다는 등 현저히 재량권의 범위를 일탈한 것이 아닌 이상 그 검정을 위법하다고 할 수 없다"(대법원 1992. 4. 24. 선고 91누6634 판결)

4. 재량행위 사례

대법원은 또한 예외적 허가 내지 특정인에게 권익을 부여하는 행위에 대해서 '상대방에게 수익적'임을 이유로 들면서 대체적으로 재량행위로 보고 있다(대법원 2004. 3. 25. 선고 2003두12837, 2007. 5. 10. 선고 2005두13315 판결 등). 또한 공정거래법상 과징금 부과처분, 징계 등 인사상 처분과 같은 상대방에게 침익적인 처분의 경우에도 재량행위성을 인정하고 있는데(대법원 2002. 5. 28. 선고 2000두6121, 1991. 11. 22. 선고 91누2144 판결 등), 이는 공·사익 비교형량에 따른 재량통제를 통해 국민의 권리구제를 가능하게 할 여지를 제공해 준다는 측면도 포함하고 있는 판단으로 보인다.

"구 도시계획법(2000. 1. 28. 법률 제6243호로 전문 개정되기 전의 것) 제21조와 같은 법시행령(2000. 7. 1. 대통령령 제16891호로 전문 개정되기 전의 것) 제20조 및 같은 법시행규칙(2000. 7. 4. 건설교통부령 제245호로 전문 개정되기 전의 것) 제7조, 제8조 등의 규정을 종합해 보면, 개발제한구역 내에서는 구역지정의 목적상 건축물의 건축 및 공작물의 설치 등 개발행위가 원칙적으로 금지되고, 다만 구체적인 경우에 이러한 구역지정의 목적에 위배되지 아니할 경우 예외적으로 허가에 의하여 그러한 행위를 할 수 있게 되어 있음이 그 규정의 체제와 문언상 분명하고, 이러한 <u>예외적인 개발행위의 허가는 상대방에게 수익적인 것</u>이 틀림이 없으므로 그 법률적 성질은 재량행위 내지 자유재량행위에 속하는 것이고, 이러한 재량행위에 있어서는 관계 법령에 명시적인 금지규정이 없는 한 행정목적을 달성하기 위하여 조건이나 기한, 부담 등의 부관을 붙일 수 있고, 그 부관의 내용이 이행 가능하고 비례의 원칙 및 평등의 원칙에 적합하며 행정처분의 본질적 효력을 저해하지 아니하는 이상 위법하다고 할 수 없다"(대법원 2004. 3. 25. 선고 2003두12837 판결)

"구 주택건설촉진법(2003. 5. 29. 법률 제6916호 주택법으로 전문 개정되기 전의 것) 제33조에 의한 주택건설사업계획의 승인은 상대방에게 권리나 이익을 부여하는 효과를 수반하는 이른바 <u>수익적 행정처분</u>으로서 법령에 행정처분의 요건에 관하여 일의적으로 규정되어 있지 아니한 이상 <u>행정청의 재량행위</u>에 속하므로, 이러한 승인을 받으려는 주택건설사업계획이 관계 법령이 정하는 제한에 배치되는 경우는 물론이고 그러한 제한사유가 없는 경우에도 공익상 필요가 있으면 처분권자는 그 승인신청에 대하여 불허가 결정을 할 수 있으며, 여기에서 말하는 '공익상 필요'에는 자연환경보전의 필요도 포함된다. 특히 산림의 훼손은 국토 및 자연의 유지와 수질 등 환경의 보전에 직접적으로 영향을 미치는 행위이므로, 법령이 규정하는 산림훼손 금지 또는 제한 지역에 해당하는 경우는 물론이고 금지 또는 제한 지역에 해당하지 않더라도 허가관청은 산림훼손허가신청 대상토지의 현상과 위치 및 주위의 상황 등을 고려하여 국토 및 자연의 유지와 환경의 보전 등 중대한 공익상 필요가 있다고 인정될 때에는 허가를 거부할 수 있고, 그 경우 법규에 명문의 근거가 없더라도 거부처분을 할 수 있다"(대법원 2007. 5. 10. 선고 2005두13315 판결)

"구 독점규제및공정거래에관한법률(1999. 2. 5. 법률 제5813호로 개정되기 전의 것) 제6조, 제17조, 제22조, 제24조의2, 제28조, 제31조의2, 제34조의2 등 각 규정을 종합하여 보면, 공정거래위원회는 법 위반행위에 대하여 과징금을 부과할 것인지 여부와 만일 과징금을 부과한다면 일정한 범위 안에서 과징금의 부과액수를 얼마로 정할 것인지에 관하여 재량을 가지고 있다 할 것이므로 공정거래위원회의 법 위반행위자에 대한 과징금 부과처분은 재량행위라 할 것이나, 이러한 과징금 부과의 재량행사에 있어서 사실오인, 비례·평등의 원칙 위배 등의 사유가 있다면 이는 재량권의 일탈·남용으로서 위법하다"(대법원 2002. 5. 28. 선고 2000두6121 판결)

"행정소송의 대상이 되는 행정처분이란 행정청이 행하는 구체적 사실에 관한 법집행으로서의 공권력의 행사 또는 그 거부와 그 밖에 이에 준하는 행정작용을 말하는 것인바, 국립 교육대학 학생에 대한 퇴학처분은, 국가가 설립·경영하는 교육기관인 동 대학의 교무를 통할하고 학생을 지도하는 지위에 있는 학장이 교육목적실현과 학교의 내부질서유지를 위해 학칙 위반자인 재학생에 대한 구체적 법집행으로서 국가공권력의 하나인 징계권을 발동하여 학생으로서의 신분을 일방적으로 박탈하는 국가의 교육행정에 관한 의사를 외부에 표시한 것이므로, 행정처분임이 명백하다. … 학생에 대한 징계권의 발동이나 징계의 양정이 징계권자의 교육적 재량에 맡겨져 있다 할지라도 법원이 심리한 결과 그 징계처분에 위법사유가 있다고 판단되는 경우에는 이를 취소할 수 있는 것이고, 징계처분이 교육적 재량행위라는 이유만으로 사법심사의 대상에서 당연히 제외되는 것은 아니다"(대법원 1991. 11. 22. 선고 91누2144 판결)

법률요건에서 '불확정개념'이 사용되어 규정이 되어 있다는 이유에서 당해 행정행위가 재량행위라는 점을 명시적으로 판시한 대법원 판례가 있다(대법원 2005. 7. 14. 선고 2004두6181 판결 등). 이에 따르면 대법원 판례는 법률요건에 추상적·불확정 개념이 사용된 경우에 그 구체화의 문제를 학설의 다수설과 같이 '판단여지'로 보지 아니하고, (요건)'재량'의 문제로 파악하고 있음을 알 수 있다.

"국토의계획및이용에관한법률에서 정한 도시지역 안에서 토지의 형질변경행위를 수반하는 건축허가는 건축법 제8조 제1항의 규정에 의한 건축허가와 국토의계획및이용에관한법률 제56조 제1항 제2호의 규정에 의한 토지의 형질변경허

가의 성질을 아울러 갖는 것으로 보아야 할 것이고, 같은 법 제58조 제1항 제4
호, 제3항, 같은 법시행령 제56조 제1항 [별표 1] 제1호 (가)목 (3), (라)목 (1),
(마)목 (1)의 각 규정을 종합하면, 같은 법 제56조 제1항 제2호의 규정에 의한
<u>토지의 형질변경허가</u>는 그 금지요건이 **불확정개념**으로 규정되어 있어 그 금지
요건에 해당하는지 여부를 판단함에 있어서 행정청에게 재량권이 부여되어 있
다고 할 것이므로, 같은 법에 의하여 지정된 도시지역 안에서 토지의 형질변경
행위를 수반하는 건축허가는 결국 **재량행위**에 속한다"(대법원 2005. 7. 14. 선
고 2004두6181 판결)[71]

5. 검토

이상으로 재량의 본질과 인정영역에 관한 우리나라 대법원의 판례의 태도
를 개관해 보았다. 학설은 기속과 재량에 관한 구별기준에 관한 판례의 견해
에 대체로 수긍을 하고 있지만, 효과재량설 내지 판단여지설을 취하는 전제
하에서 대법원 판례가 요건재량을 인정하는 위 3.의 사안에 대해 특히 강도
높은 비난을 하고 있다.[72] 그러나 법이론 간의 대립은 대상을 바라보는 관점
내지 세계관의 차이에서 비롯되는 것으로서 어느 하나로 절대적이고 선험적
인 해답이 주어진 것이 아니라고 할 것이다. 따라서 법학자들은 자신의 견해

---

71) 굵은 글씨는 필자에 의한 것.
72) 김해룡, "행정재량론고 —행정재량 인식 관련 판례에 대한 비판적 고찰", 공법연구
제40집 제3호, 2012, 205-208면에서는, 법률요건에서 재량을 인정하는 견해는 행
정의 엄격한 법적용과 책임을 체크하는 사법부의 행정통제 시스템에 큰 구멍이 나
게 될 가능성이 크다는 이유를 제시하면서, 우리나라의 경우 입법자가 법규범에서
불확정개념을 사용하고 있는 사안에서 사법부는 단지 재량 결과만을 두고 비례성
의 원칙에 비추어 남용과 일탈 여부만을 심사하는 매우 느슨한 통제에 머물고 있
는 점을 부인할 수 없다고 지적하면서, 벌써 60여 년의 학문적 발전과 법리적 논의
를 거쳐 현재 매우 유력한 행정재량론의 위치를 점하고 있는 효과재량설 내지는
판단여지 법리에 관해 대법원 판례가 이를 도외시하는 것은 행정법학의 발전에 한
축을 담당하고 있는 사법부가 취할 자세가 아니라고 비판하고, 판단여지 관련 법리
를 적극적으로 도입하고 활용할 것을 주문하고 있다.

만을 반복적으로 주장하면서 판례를 비판해서는 안 될 것이고, 그 이전에 판
례에 숨어 있는 실무상의 문제 상황과 이해관계의 대립 상태를 제대로 이해
하기 위해 노력을 해야 할 것이다.[73] 입법자가 행정에게 재량을 부여하는 방
식은 비단 법률효과 측면에서의 선택의 여지를 열어주는 것뿐만 아니라, 법
률요건 부분에 추상적·불확정 개념을 사용함으로써 행정에게 독자적·자율
적인 판단권한을 부여하는 것도 가능하다고 볼 수 있고,[74] 이때 효과재량을
부여하는 입법자의 의도와 요건재량을 수권하는 의사는 본질적으로 구별된
다고 보기 어렵다는 반론이 가능하다.[75] 이러한 점에 착안하여 대법원 판례
는 요건과 효과 면에서의 재량의 성립 가능성을 대등하게 열어 두고 있는
것으로 이해할 수도 있을 것이다. 그리고 법이론적인 면에서 볼 때, 판단여
지를 인정하는 학설의 태도 역시 불확정개념의 해석·적용을 법의 인식문제
로 보면서도 그에 대한 전면적 사법심사를 부정하는 것은 논리적 모순일 수
있다. 실무적인 면에서 볼 때도, 근래의 독일 연방헌법재판소의 일련의 결정
에서 행정재판소에 의하여 인정된 행정청의 판단특권 내지 판단여지를 행정

---

73) 박정훈, "행정법에 있어 판례의 의의와 기능", 행정법학(창간호), 2011, 56면. 같은
　　글 64면에서는 특히 판례가 요건부분의 판단에 관해서도 '재량'을 인정하고 있는
　　점은 타당하다고 하더라도, 요건재량과 효과재량 사이에 그 재량권남용의 심사기
　　준은 동일하다고 보아서는 안 될 것이고, 요건재량에 대한 사법심사의 강도 내지
　　밀도는 효과재량에 대한 그것보다 강해야 한다는 견해를 제시하고 있다. 또한 같은
　　글 55면에서는 위 4.에서 수익처분에 대한 재량행위성을 인정한 사안에서는 주로
　　수익처분의 발급요건에 관한 법령규정이 충분하지 않은 경우 효과부분에 관하여
　　거부재량을 인정하고 있으며, 특히 법률요건상의 불확정개념을 들어 재량행위성을
　　인정한 토지 형질변경허가 사안의 경우는 그 토지형질변경 허가의 발급 여부에 관
　　하여 공공성 또는 사회적 위험성이라는 실질적 판단요소가 강하고, 또한 법령상 발
　　급요건이 자세히 규정되어 있는 관계로 효과부분에 관한 거부재량을 상정하기 어
　　려운 특성이 있다는 점에 착안하여 대법원 판례는 행정청의 공익적 판단의 가능성
　　을 확보해 주기 위해서 요건부분에 관한 재량을 인정할 수밖에 없었던 것으로 분
　　석을 하고 있다.
74) Held-Daab, Das freie Ermessen, 1996, S. 229.
75) 조원경, 재량과 판단여지의 구분, 행정판례평선, 2011, 213-214면.

결정의 기본권관련성의 관점에서 위헌으로 판결하였고, 이를 반영하여 독일 연방행정법원에서도 종래의 판단여지의 인정 범위를 축소·제한하고 있는 추세이다.76) 따라서 대법원 판례가 판단여지설을 받아들이지 않는 것을 두고 무조건적인 비판을 하는 것은 타당하지 않다.

그러나 한편 판례는 개별적 사안을 전후 논리의 모순 없이 해결할 수 있는 결론에 이르렀다고 하여 그 판시와 반대되는 취지의 학설의 견해를 백안시해서는 안 된다. 대법원 판례의 견해 역시 절대·유일의 만고불변의 진리가 아님을, 학설의 반대 견해를 통해 자각해야만 할 것이다.77) 학설의 비판을 통하여 판례의 논리구성에 문제가 없는지를 되돌아보고, 이를 수용하고 변화·발전하기 위한 열린 태도를 가지는 것이야말로 대법원 판례의 건설적이고 미래지향적인 발전을 가능하게 할 수 있는 중요한 덕목이 될 것임에 틀림없다. 위 판례 사안에서 대법원이 기속재량행위에 대한 학설의 견해를 점진적으로 수용한 점과, 학설을 감안하여 기속과 재량에 관한 구별기준 및 심사방식에 관한 판례이론을 종합적으로 정리·발전시킨 것은 긍정적으로 평가되어야 할 것이다.

---

76) 정하중, "행정법에 있어서 재량과 판단여지 그리고 사법심사의 한계", 행정법의 이론과 실제, 2012, 216-220면; 박정훈, "불확정개념과 판단여지", 행정작용법, 2005, 256면 각주 10의 1990년 및 1991년의 연방헌법재판소의 결정에 의한 판단여지설의 수정·제한에 관한 설명 부분 참조. 위 각 논문에 의하면, ① 독일 연방헌법재판소는 1990. 11. 27.자 결정을 통해 행정재판소가 저자나 출판사의 예술의 자유와 청소년의 보호라는 법익을 상호 형량할 의무가 있고, 청소년 유해도서 심사위원회가 판단여지를 갖는다는 이유만으로 유해성 판정이 예술의 자유와 합치하는지 여부의 심사를 포기해서는 안 된다고 판시하였고(BVerfGE 83, 130), 또한 ② 1991년에 독일 연방헌법재판소는 문제해결의 논리성·성실성 등 시험에 특유한 가치평가에 대해서는 판단여지가 인정되지만, 전문지식의 평가에 관해서는 기본법상 포괄적 권리구제조항에 의할 때 판단여지가 인정될 수 없고, 재판소는 필요한 경우 감정을 통해서라도 이에 관한 평가기관의 판단을 전면적으로 심사해야 한다고 결정하였다고 한다(BVerfGE 84, 34; 84, 59).

77) 박정훈, "행정법에 있어 판례의 의의와 기능", 행정법학(창간호), 2011, 56-57면.

제3절 시사점

본 연구의 범위는 앞서 살펴본 바와 같이 독일 재량행위 이론이 형성되던 무렵의 초기적인 행정재량에 관한 논의, 즉 재량의 본질과 인정영역에 관한 논의로 한정되었다. 이와 같이 과거의 법이론을 논의하고 연구하는 것으로부터 기대할 수 있는 성과는 어느 정도 일반적으로 파악할 수 있을 것이다 (아래 Ⅰ. 역사적 관점). 나아가 행정법이론 중에 가장 난해하다고도 할 수 있는 재량행위 이론 중에서 특히 독일 재량행위 이론의 형성기의 초기적 논의를 연구하는 의의 내지 가치를 반성적 관점(아래 Ⅱ.)과 건설적 관점(아래 Ⅲ.)으로 나누어 살펴보고자 한다.

Ⅰ. 역사적 관점

인간은 과거의 경험을 통해 현재를 바라볼 수 있는 실마리를 찾게 되고, 현재의 올바른 인식과 문제 해결을 통해 미래의 발전을 추구한다. 이와 같은 과거와 현재 그리고 미래를 연결지어 관통하는 개념이 바로 역사이고, 인류는 역사적 연구를 통해 과거를 반성하고 현재를 인식하며 미래를 개척해 나갈 수 있는 것이다. 이러한 일반적인 역사의 관점을 행정법의 연구, 특히 본 논문의 연구 주제인 독일 재량행위 이론의 형성기 논의에 관한 연구와 연결지어 본다면 다음의 맥락을 포착할 수 있을 것이다.

첫째로, '과거'의 차원에서 볼 때, 이와 같은 독일 재량행위 이론의 형성기 논의가 비록 현재적 관점에서는 시대적 상황과 일치하지 아니하여 낡고 극복되어야 할 견해라고 하더라도, 그 초기적인 논의의 성과 없이는 현재의 재량행위 이론의 발전 역시 불가능했다는 점을 명심해야만 한다. 예를 들어, 베르나치크의 요건재량이론이 테츠너와의 논쟁 이후에 효과재량이론에게 다수설의 자리를 내주었다고 하여 요건재량이론을 백안시해서는 안 될 것이다. 베르나치크의 요건재량이론의 기초 위에서 테츠너의 효과재량이론이 정립될 수 있었고, 이것이 발전하여 로이스의 효과재량이론을 거쳐 현재 독일의 다수설·판례가 형성될 수 있었던 것이다. 따라서 이러한 독일 재량행위 이론의 형성기 논의에 관한 연구는 현재의 재량행위 이론을 올바로 이해하기 위한 중요한 '기초학문적' 성격을 가진 것으로서 제대로 그 가치를 인정받아야만 할 것이다.[78]

둘째로, '현재'의 차원에서 볼 때, 독일 재량행위 이론의 형성기 논의에 관한 연구는 현재의 다수 견해가 역사적 관점과 맥락에서 정체되거나 경직된 것인지 여부를 알 수 있게 해주고, 그 견해가 절대불변의 것이 아님을 자각(自覺)하도록 해준다. 다시 말해서 그 초기적인 논의의 내용을 살펴보면서 현재의 재량행위 이론이 어느 정도로 발전한 것인지 또는 그 발전이 멈추거나 더디어진 것인지를 가늠할 수 있고, 학설의 변천사를 통해 현재의 재량행위 이론도 얼마든지 변화하고 후퇴될 수 있는 것임을 인식할 수 있게 된다. 앞선 연구 결과를 통해서 볼 때, 재량행위 이론은 요건재량이론에서 효과재량이론으로 변천되어 왔지만, 최근의 유력한 견해가 요건재량이론적 시각 내지는 과거 소수설이었던 실증주의적 관점의 재량이론과 연결되어 제기되

---

78) 유사한 취지에서, 역사적인 인식은 현재의 개별 현상들에 대한 이해, 해명과 그에 따른 올바른 취급을 위해 절대적으로 필요하다고 보면서, 역사적 원인과 그 발전방향을 발견해 가는 것이 중요하며, 특히 재량이론에 대한 역사적 연구는 향후 재량을 연구하려는 다른 학자들에게 반복된 고생을 하게 되는 것을 방지함으로써 학문적 기여도가 클 것이라는 견해로는 Schindler, Verwaltungsermessen, 2010, S. 1-2, Fn. 7 참조.

고 있다. 이러한 현상에 터잡아 독일의 재량행위 이론은 과거의 쟁점으로 회귀하여 그 틀 안에서만 돌고 도는 '나선'(螺線)운동만을 하고 있다는 평가는 이러한 역사적 고찰 없이는 불가능한 것이다.[79] 이러한 현재적 차원의 관점은 아래에서 논의하는 현재의 재량행위 이론에 관한 '소극적인 반성적 관점'과도 연결될 수 있다.

셋째로, '미래'의 차원에서 볼 때, 독일 재량행위 이론의 형성기 논의에 관한 연구는 재량행위 이론의 중심축이 어떻게 이동해 왔으며, 논의의 초점이 어디로 옮겨가고 있는지의 흐름과 방향성을 읽을 수 있도록 도움을 준다.[80] 이러한 미래적 차원의 관점은 아래에서 상술하는 장래의 재량행위 이론의 발전을 위한 '적극적인 건설적 관점'과도 관련성을 찾을 수 있을 것이다.

II. 반성적 관점

현재의 우리나라 재량행위 이론을 살펴보면, 그 기초가 되는 재량행위 본질론 내지는 재량의 인정영역에 관한 논의는, 앞서 기속과 재량의 구별기준에 관한 학설의 논의에서 살펴본 바와 같이, 19세기 후반의 후기입헌주의적인 재량행위 이론, 즉 본 논문에서 다루었던 네 명의 학자의 견해들에서 크게 벗어나지 못하고 있는 것으로 보인다. 이러한 현상은 독일의 재량행위 이론에서도 크게 다르지 않은바,[81] 한편으로 이는 근본적으로 재량행위 이론

---

79) Held-Daab, Das freie Ermessen, 1996, S. 16.
80) 같은 취지에서, 역사적 시각에서 재량에 관한 논의를 시간적·공간적으로 그 위치를 파악해 보는 연구방식은 오늘날의 재량 도그마틱과 그 발전 맥락을 이해하는데 도움을 준다는 견해로는 Schindler, Verwaltungsermessen, 2010, S. 1-2 참조.
81) Held-Daab, Das freie Ermessen, 1996, S. 13-15에서는 독일에서도 현재까지의 재

자체가 해명하고 논증하기 쉽지 않은 주제이기 때문이다.[82] 그러나 다른 한 편으로는 이러한 결과가 우리나라의 행정법학자들이 독일의 연구성과를 무비판적으로 수용한 채 그 자리에 머물러 있기 때문은 아닐지를 진지하게 생각해 볼 필요가 있다. 즉, 우리나라의 현재 재량행위 이론이 독일의 이론 단계에 지나치게 좌표가 맞추어진 채로 경직되어 있거나 정체된 것은 아닌지 깊이 고민을 하고 반성을 해 보아야 할 것이다. 앞서 언급한 바와 같이 행정법의 연원이 되는 프랑스·독일 등과 같은 유럽국가와는 달리 공법적 전통이 일천한 우리나라의 경우에는 지금부터라도 재량행위 이론의 전통을 형성하기 위한 기초를 다진다는 의미에서도 재량행위 이론의 초기적 논의부터 연구를 해나가는 것이 바람직하다고 할 것이다. 이와 같은 초기적 논의의 연구가 제대로 이루어지기 위해서는 그 전제로서 현재까지 굳게 유지되고 있는 효과재량설 내지 이를 근간으로 하는 판단여지설을 고수하는 태도가 완화되는 것이 필요하다. 이를 실천할 수 있는 현실적 방안이 바로 기존의 재량행위 이론에 대한 변화를 시도하고 반대적 학설에 귀를 기울이는 것이며, 이러한 반성적 고찰을 위한 중요한 도구가 되는 것이 바로 재량행위 이론의 초기적 논의라고 할 수 있다. 다시 말해서, 예를 들어 법률효과에만 재량이 성립될 수 있다는 효과재량설을 비판적으로 검토하기 위해서는, 그와 반대되는 요건재량설의 등장배경과 이론적 근거가 어떠했으며, 요건재량설에서 효과재량설로 이론이 변천되기까지의 과정이 어떠하였는지를 살펴보는 것이 필수적이라고 할 것이다. 특히 우리나라의 기존의 재량행위 이론에 대한 반

량행위 이론은 후기입헌주의 당시의 행정법 도그마틱에 머물러 있다고 평가하고 있다.

82) Hofer-Zeni, Das Ermessen im Spannungsfeld von Rechtsanwendung und Kontrolle, 1981의 '서문'(Vorwort)에서는 "재량은 종국적으로 해결될 수 없는 테마에 속한다"라고 기술하고 있다. 또한 이미 멩어(Menger)와 포르스트호프(Forsthoff)는 재량이라는 테마는 행정법학 중 가장 혼란스러운 부분이라고 표현하였다는 점을 지적하는 것으로는 Rode, § 40 VwVfG und die deutsche Ermessenslehre, 2003, S. 1 참조.

대적 학설이 주장하는 내용을 살펴볼 때, 초기적 논의였던 베르나치크의 요건재량설의 착안점이나 옐리네크의 요건과 효과를 불문한 통일적인 재량개념의 제시 또는 이와 연결되는 법실증주의적인 대안적 견해들[83])과 근본적인 시각을 같이 하고 있다는 것은 우연이라고 할 수 없을 것이다.

이러한 관점에서, 우리나라의 재량행위 이론이 테츠너로부터 주창되어 발전한 효과재량이론의 강한 지배를 받고 있는 것은 다시 한 번 생각해 볼 여지가 있다고 할 것이다. 이는 특히 학설과 대응되는 위치에서 우리나라 재량논의의 또다른 중심축을 담당하고 있는 대법원 판례가 사안의 유형과 특성에 따라서는 요건재량에 대해서도 개방적인 태도를 취하고 있다는 점에 비추어 보더라도 그러하다. 주지하다시피 테츠너의 효과재량이론은 법률요건면에서 군주와 행정청이 공익, 필요성 등을 명분으로 하여 자의적인 행위를 하던 지나친 폐해를 막을 목적으로 사법심사의 범위를 의도적으로 확장하기위해 등장한 이론이다. 테츠너의 효과재량이론에는 그 근저에 행정에 대한 강한 불신(不信)이 자리잡고 있으며, 이를 역으로 표현하면 사법부에 대한 지나친 과신(過信)이 있었다는 점을 파악할 수 있다. 행정재판소에 의하여 추상적·불확정 개념이 전면적으로 심사될 수 있다는 것은 어디까지나 행정재량에 대한 사법부의 재판통제를 강화하기 위한 일종의 '의제'(擬制, Fiktion)에 불과하며, 이러한 의제가 독일의 특유한 나치의 불법경험과 제2차 세계대전의 패전 이후에 도입된 독일 기본법 제19조 제4항의 포괄적 권리보호의 조항이 전면에 등장하면서 과도하게 강조되고 고착되었다는 점을 유의할 필요가 있다.[84]) 결국 독일에서는 효과재량이론을 고수하면서도 실무에서

---

83) 이는 켈젠(Kelsen), 메르클(Merkl) 등의 재량에 관한 법실증주의적인 대안적 견해를 말하는 것으로서, 이에 관하여 간략히는 Schindler, Verwaltungsermessen, 2010, S. 74-84; 상세히는 Held-Daab, Das freie Ermessen, 1996, S. 236-250 참조.

84) 유사한 취지에서 재량과 판단여지를 구별하는 입장은 독일의 독특한 이론으로서 2차대전 이후 행정부의 전횡을 방지하지 못한 법학계와 사법부가 행정통제를 강화하기 위해 나온 이론으로서 통합유럽속의 독일에서도 판단여지의 문제를 재량과

불확정개념이 사용된 영역에 대한 완전심사가 불가능한 현실을 인정하여 이를 담아낼 법적 도구로서 탄생하게 된 것이 바로 '판단여지'에 관한 견해인데, 이는 법률요건에 대한 완전심사의 의제와는 논리적으로는 전후(前後) 모순되는 것으로서 재량이론의 혼돈을 가중하는 결과를 초래하였다.

　이와 같이 독일에서의 특수한 역사적 상황 아래에서 강조되었던 효과재량이론을 그대로 수용하고 답습할 만한 유사한 역사적 계기나 배경이 우리나라에서는 없었다는 점을 간과해서는 안 된다. 물론 우리나라의 행정법 발전단계를 고려해 볼 때, 법률요건 심사를 철저히 할 것을 요구하는 효과재량설이 재량에 관한 사법심사의 정도를 강화하고 그 심사범위를 확대하는 결정적인 도구개념으로 사용되었던 것도 부정할 수는 없겠지만, 우리나라의 경우에 과연 독일에서와 같은 정도로 법률요건 면에서 행정의 독자적·자율적 판단권한을 전적으로 배제하는 것으로 이론을 구성할 만한 행정현실을 겪었던 것인지에 대해서는 의문이 든다. 인식작용으로서의 법률요건에 대한 판단과 의지작용으로서의 법률효과에 대한 판단의 차이가 인정되어야 한다고 하여 반드시 효과재량이론의 고수가 정당화된다고 보기는 어렵다. 요건재량을 효과재량과 함께 인정하면서도 다만 양자의 판단의 성질상 차이를 고려하여 그 사법심사의 범위와 척도 및 강도에서 차이를 두는 정도의 견해를 취하더라도 충분하다고 볼 수 있기 때문이다.[85] 또한 우리나라의 현재 행정

　함께 고찰해가는 흐름이 점점 강해지고 있음을 지적하는 견해로는 선정원, "행정재량의 법적 통제에 관한 몇가지 쟁점의 검토", 재판실무연구(4) 행정소송 (Ⅰ), 2008, 565면 참조.

85) 박정훈, "행정법에 있어 판례의 의의와 기능", 행정법학(창간호), 2011, 64면; 이원우, "허가·특허·예외적 승인의 법적 성질 및 구별", 행정작용법, 2005, 127-128면 참조. 또한 독일의 최근 재량행위 이론의 변화와 관련하여, 독일을 비롯한 유럽이 통합되어 유럽행정법이 형성되고 있는 현재 독일에서도 요건과 효과 양측면에서 재량개념을 사용하려는 입장이 확산되고 있는데, 그 이유는 유럽법원에서 프랑스의 영향을 받아 요건과 효과를 구별하지 않고 행정재량개념을 이용하기 때문이고, 이에 따라 행정재량은 법령에 의하여 행위요건과 효과 측면에서 행정청에게 인정

현실에 비추어 볼 때, 테츠너가 상정했던 상황과 같이 행정을 절대적으로 불신하고 사법부를 전적으로 신뢰할 만한 상태에 있는 것인지도 신중하게 생각해 보아야 할 것이다. 향후 행정의 독자성과 효율성을 존중하면서도 국민의 효과적인 권익구제를 위한 재량통제가 조화점을 찾아야 하는 행정법의 미래적 과제와 발전상에 비추어 보면, 현재의 효과재량설에 기초한 사법통제 우위적 행정재량의 인정은 바람직한 것이라고 보기 어렵다. 다른 한편으로 행정소송을 전담하는 재판관이 독일에서는 3,000명을 넘는 반면 우리나라에서는 100명 남짓이 될 뿐이라는 우리나라의 사법부의 인적 여건을 고려해 보더라도 법률요건에 대한 전적인 심사가능성의 의제가 현재 시점에서 타당한 것인지는 재고를 요한다.[86]

부가적으로 독일 재량행위 이론의 형성기 논의를 연구하는 것이 현재 재량행위 이론에 대해 소극적인 반성적 시정 기능을 발휘하여 우리나라 재량행위 이론이 보다 연성화(軟性化)되고 탄력적으로 변모할 수 있게 된다면, 대법원 판례와의 상호 이해와 존중을 통한 상호 소통[87]의 근본 바탕이 마련되는 효과도 간접적으로나마 기대해 볼 수 있을 것으로 생각된다. 이와 같이 독일 재량행위 이론 형성기의 논의에 관한 역사적 연구방법의 의의는 무(無)에서 유(有)를 창조한다는 의미가 아니라, 입장을 바꾸어 생각해 보라는 '역지사지'(易地思之)와 다른 사람의 오류를 통해 자신을 시정할 수 있다는 '타산지석'(他山之石)의 취지에서 현재의 재량행위 이론을 반성하고 수정할 수 있도록 해준다는 데에 있다.

된 결정의 여지, 판단의 여지 및 형성의 여지로 정의된다는 점을 지적하는 견해로는 선정원, "행정재량의 법적 통제에 관한 몇가지 쟁점의 검토", 재판실무연구(4) 행정소송 (Ⅰ), 2008, 558, 564-565면; Pache, Tatbestandliche Abwägung und Beurteilungsspielraum, 2001, S. 390-391 참조.

86) 박정훈, "행정법에 있어 판례의 의의와 기능", 행정법학(창간호), 2011, 56면 참조.
87) 행정판례와 학설 사이의 이해와 존중이 바탕 된 상호 소통기능을 강조하는 견해로는 박정훈, "행정법에 있어 판례의 의의와 기능", 행정법학(창간호), 2011, 54-57면 참조.

III. 건설적 관점

독일 재량행위 이론의 형성기 논의를 연구함으로써 우리는 재량의 문제가 재판소의 본안에서의 '심사강도' 문제로 전화(轉化)하기 이전까지의 재량의 본질과 인정영역, 그리고 재량에 관한 사법심사의 가능성 등에 관한 초기적인 논의 내용을 살펴볼 수 있었다. 그 연구 결과, 첫째로 재량의 행사를 법질서의 지배를 받는 법적용의 일부로 보다가 점차 그와 구별되는 정치적·행정적 편의의 지배를 받는 합목적성 판단으로 파악하게 되었고, 둘째로 재량의 인정영역이 법률요건에서 법률효과로 옮겨갔으며, 셋째로 재량사건에 관한 재판소의 관할을 배제하던 당시의 법상태로 인해 재량의 인정 범위를 줄여나가기 위한 노력으로부터 출발하여 재량행위 이론은 점차 재량에 대한 심사범위의 확대와 이를 실현하기 위한 재량하자론의 강화 내지 심사척도의 발전 방향으로 흘러가게 되었다는 점을 확인할 수 있었다.

이와 같은 재량행위 이론의 변천 과정과 발전 방향성은 앞서 언급한 행정의 재량권과 그 행사의 효과적인 통제장치의 발굴로 향후 재량행위 이론의 중심축이 이동해야 한다는 견해와도 연결될 수 있다. 다시 말해서, 처음에 베르나치크가 재량을 법학적 논의의 장(場)으로 끌어들인 후, 재량이 무엇인지 라는 재량의 본질에 관한 논의가 활성화되었고, 어디에서 재량이 인정될 것인지 라는 재량의 인정영역의 문제가 대두되었으며, 이와 같은 재량행위의 인정 여부에 관한 논의는 더 나아가 재량에 대한 사법통제 범위 확대라는 테마로 옮겨지게 되었다. 이는 곧 '총론의 문제에서 쟁송법의 문제로의 변천'이라 칭할 수 있다. 또한 사법통제의 문제도 당초 재량의 사법심사 대상성이라는 '대상적격'의 문제가 제기되었다가 이것이 극복되면서 재량의 특성을 고려한 '심사강도'의 문제로 변화하게 된 것이다. 향후에는 해당 재량행위의 성질과 특성을 감안하고, 그 행위가 속한 분야의 특수성 등을 감안하여 재량영역별로 심사강도가 어느 정도로 달리 설정되어야 할 것인지, 그리고 분야별로 유효적절한 통제장치와 방식은 어떻게 다양화될 수 있을 것인지의 문제로 재량행위 이론의 초점이 이동할 것임을 추론해 볼 수 있다. 이는 곧 '총론 및 쟁송법의 문제에서 각론의 문제로의 변천'으로 칭할 수 있을 것이다.

이러한 향후 재량행위 이론의 변화 방향성에 있어서 독일 재량행위 이론의 형성기의 초기적 논의가 곧바로 이에 대한 직접적인 해답을 제시해 줄 수는 없다고 하더라도, 적어도 간접적으로나마 해결의 단초를 제공하거나 시사점을 착안할 수 있는 계기를 마련해 줄 수는 있다고 생각한다. 이는 다음의 두 가지 예시를 통해 설명이 가능할 것이다. 첫째, 앞서 논의한 바와 같이, 적어도 행정의 정책적·전문기술적 영역에 있어서는 효과재량이론을 극복하고 요건재량과 계획재량을 승인하려는 변화의 시도가 있었다. 이러한 정책적·전문기술적 영역의 문제는 장래의 발생할 현상에 대한 예측적 성격이 강하고 입법자가 행정에게 그에 관한 일차적 판단권을 위임할 경우 그 근거는 행정이 재판소에 비하여 정책판단과 전문기술적 영역에 있어서 보다 우세하다는 점이라고 할 것이다. 그러한 근거의 착안점은 판단대상이 복잡하고 전문적인 기술적·전문적 영역에서 판단권자인 행정에게 사법부를 포함한 일반인인 제3자에 비하여 전문적 지식의 우위가 인정된다고 보았던 베르나치크의 생각의 단초와 다르지 않다는 점을 발견할 수 있게 된다. 둘째, 효과재량이론에 입각한 판단여지설을 반박하는 견해가 논증을 함에 있어서, 효과재량을 부여하는 입법자의 의도와 법률요건 부분에서 불확정개념을 사용함으로써 행정에게 독자적·자율적 판단권을 부여하려는 입법자의 의사는 본질적으로 구별되는 차이가 있다고 보기 어렵다고 주장하는 것은, 옐리네크가 재량의 본질로서 주장하는 법률요건·법률효과 양측에 모두 존재할 수 있는 입법자의 의도된 '다의성'으로서의 재량에 관한 주장과도 맞닿아 있다고 볼 수도 있다.

부가적으로, 종래 사법통제의 바깥에 놓인 재량의 범위를 축소하고 동시에 재량에 관한 사법심사의 범위를 확대하기 위해 '기속재량'의 개념을 인정했던 라운의 견해는 독일에서 제2차 세계대전을 거치면서 학계에서 심각한 비판을 받았고 오늘날 학계와 실무계에서 거의 그 자취를 찾아보기 힘들게 되었다고 한다.88) 이와 같은 사정을 떠올려 본다면, 기속재량이라는 용어를 반복적으로 사용하는 대법원 판례는 이러한 학설의 변천사를 고려한 때, 재량행위 이론의 건설적 발전을 위해서는 추후 기속재량이라는 개념을 더 이상 사용할 필요가 없게 될 수 있음을 깨닫게 될 것이다.

더 나아가 앞서 본 바와 같이 연구대상이 된 각 학설을 검토한 결과, 국내는 물론 비교법적으로 그 외연을 확대하여 실무상 실제로 문제가 되었던 재량사안을 유형적으로 분석하고 거기서 추출되는 법이론적 명제를 바탕으로 베르나치크, 테츠너, 라운, 옐리네크 모두 자신들의 가설과 견해를 수정·보완하면서 최종적인 재량행위 이론을 구축해 나갔다는 역사적 교훈과 발전 방향성을 파악할 수 있었다. 이러한 방향성을 고려한다면, 앞으로의 우리나라의 재량행위 이론과 판례의 발전은 서로가 상반되게 작용하여 그 효력을 떨어뜨리는 '길항작용'(拮抗作用)을 해서는 안 되고, 서로가 존중을 하고 이해를 하면서 발전적으로 전진하는 '상생작용'(相生作用)을 해야 한다는 장래의 목표점을 설정하도록 해야 할 것이다. 향후 재량행위 이론이 정당한 법도그마틱으로서 자리잡을 수 있기 위해서는 법학과 실무의 건설적이고 발전적인 공동협력 작업이 요구된다고 할 것이다.89) 이와 같이 독일 재량행위 이론 형성기의 논의에 관한 역사적 연구방법의 궁극적인 의의는 옛것을 통해 새 것을 익히게 된다는 '온고지신'(溫故知新)의 취지에서 현재의 재량행위 이론을 한 단계 발전된 장래의 재량행위 이론으로 나아갈 수 있게 하는 원동력

---

88) 정하중, "행정법에 있어서 재량과 판단여지 그리고 사법심사의 한계", 행정법의 이론과 실제, 2012, 198면.

89) 박정훈, "행정법에 있어 판례의 의의와 기능", 행정법학(창간호), 2011, 65면; 박정훈, "행정법에 있어서의 이론과 실제", 행정법의 체계와 방법론, 2005, 3-6면 참조.

이 된다는 데에 있다. 학설과 판례 사이의 상호 존중과 이해를 통한 발전적 상관관계가 형성될 수 있기 위해서, 본 연구가 재량행위 이론의 현재를 반성하고 미래를 계획하는 데에 조금이나마 보탬이 될 수 있기를 기대해 본다.

참고문헌

I. 국내문헌

1. 단행본

김남진·김연태, 행정법 I, 제14판, 법문사(2010).

김도창, 일반 행정법론(상), 제3전정판, 청운사(1989).

김동희, 행정법 I, 제17판, 박영사(2011).

김철용, 행정법 I, 제12판, 박영사(2009).

류지태, 행정법신론(제8판), 신영사(2004).

박균성, 행정법총론(제2판), 박영사(2001).

박균성, 행정법론(상)(제12판), 박영사(2013).

박윤흔, 최신행정법강의(상), 박영사(2004).

박정훈, 공법학의 형성과 개척자(행정판례연구 제11집 특별호), 한국행정판례연구
　　　회 편, 박영사(2007).

박정훈, 행정법의 체계와 방법론(행정법연구 1), 박영사(2005).

변재옥, 행정법강의(I), 초판, 박영사(1989).

서원우, 전환기의 행정법이론, 박영사(1997).

석종현·송동수, 일반행정법(상), 제12판, 삼영사(2009).

이상규, 신행정법론(상), 제6전정판, 법문사(1988).

홍정선, 행정법원론(상), 제19판, 박영사(2011).

홍준형, 행정법총론(제3판), 도서출판 한울(1997).

Martin Kitchen 저, 유정희 역, 사진과 그림으로 보는 케임브리지 독일사, 시공사
　　　(2006).

2. 단행논문

김동건, 대법원 판례상의 재량행위 ―기속행위와 재량행위의 구분과 그에 대한 사
　　　법심사방식을 중심으로―, 행정판례연구(제7집), 박영사(2002. 12.), 49-

78면.

김동희, 판례상의 기속재량에 관한 일고, 행정판례연구(제8집), 박영사(2003. 12.), 41-62면.

김용섭, 기속행위, 재량행위, 기속재량, 판례연구 제15집 하권, 서울지방변호사회 (2001. 12.), 18-47면.

_____, 행정재량론의 재검토 ―기속재량의 새로운 방향모색을 중심으로, 경희법학 제36권 제1호, 경희대학교 법학연구소(2001. 8.), 53-74면.

김종보, 건축허가에 존재하는 재량문제, 행정법연구 제3호, 행정법이론실무연구회 (1998. 10.), 158-171면.

김해룡, 행정재량론고 ―행정재량 인식 관련 판례에 대한 비판적 고찰, 공법연구 제40집 제3호, 사단법인 한국공법학회(2012. 2.), 191-222면.

김효전, 독일의 공법학자들 (4), 동아법학 제15호(1993. 7.), 400-401면.

_____, 독일의 공법학자들 (6), 동아법학 제18호(1995. 2.), 242면.

류지태, 재량행위이론의 이해, 행정법의 이해, 법문사(2006), 23-60면.

_____, 재량행위론의 재고, 고시연구 제17권 제12호(제201호), 고시연구사(1990. 11.), 99-118면.

박윤흔, 기속행위와 재량행위, (새)법정 제3권 제12호(제34호), 한국사법행정학회 (1973. 12.), 32-35면.

박종국, 기속행위와 재량행위에 관한 연구, 현대공법과 개인의 권익보호(균재 양승두 교수 화갑기념논문집 제1권), 홍문사(1994. 12.), 184-218면.

박정훈, 기부채납부담과 의사표시의 착오, 행정법의 체계와 방법론(행정법연구 1), 박영사(2005), 283-318면.

_____, 불확정개념과 판단여지, 행정작용법(중범 김동희 교수 정년기념 논문집), 박영사(2005), 250-270면.

_____, 행정법에 있어서의 이론과 실제, 행정법의 체계와 방법론(행정법연구 1), 박영사(2005), 1-57면.

_____, 행정법에 있어 판례의 의의와 기능 ―법학과 법실무의 연결고리로서의 판례(재량행위에 관한 대법원판례를 예시로 하여), 행정법학(창간호), 사단법인 한국행정법학회(2011. 9.), 35-69면.

배영길, 재량이론의 현대적 정리, 공법연구 제26집 제1호, 한국공법학회(1998. 5.), 151-176면.

백윤기, 재량행위에 대한 통제, 행정작용법(중범 김동희 교수 정년기념 논문집), 박영사(2005), 225-249면.

서원우, 행정의 기속과 재량, 현대공법이론의 발전(석정 허영민 박사 화갑기념논문집), 석정허영민박사화갑기념논문집 간행위원회(1993. 12.), 305-333면.

선정원, 행정재량의 법적 통제에 관한 몇가지 쟁점의 검토, 재판실무연구(4) 행정소송(Ⅰ)(편집대표 조해현), 한국사법행정학회(2008), 557-572면.

안동인, 기속행위와 재량행위의 구별기준 ─대법원 2001. 2. 9. 선고 98두17593 판결, 행정판례평선, 한국행정판례연구회, 박영사(2011), 190-200면.

오준근, 재량행위의 판단기준과 재량행위의 투명화를 위한 법제정비방안, (순간)법제 제570호, 법제처(2005. 6.), 5-31면.

우성기, 무하자재량행사청구권의 법리, 계명대 사회과학논총 제7집(1988), 계명대학교 사회과학연구소, 213-230면.

이원우, 허가·특허·예외적 승인의 법적 성질 및 구별, 행정작용법(중범 김동희 교수 정년기념 논문집), 박영사(2005), 120-143면.

이호용, 재량하자의 체계론 연구 ─알렉시의 이론을 중심으로─, 한양법학 제18집(2005. 12.), 한양법학회, 149-164면.

정하중, 무하자재량행사청구권의 의미와 그 효용, 행정작용법(중범 김동희 교수 정년기념 논문집), 박영사(2005), 271-288면.

_____, 행정법에 있어서 재량과 판단여지 그리고 사법심사의 한계, 행정법의 이론과 실제, 법문사(2012), 191-224면.

조용호, 판례의 측면에서 본 재량처분의 취소, 주석 행정소송법(편집대표 김용철·최광률), 박영사(2004), 841-893면.

조원경, 재량과 판단여지의 구분 ─대법원 1988. 11. 8. 선고 86누618 판결, 행정판례평선, 한국행정판례연구회, 박영사(2011), 208-215면.

최송화, 행정재량의 절차적 통제, 법학 제39권 제2호(107호), 서울대학교 법학연구소(1998), 71-102면.

II. 외국문헌

1. 단행본

Bernatzik, Edmund, Rechtsprechung und materielle Rechtskraft ─ Verwaltungs-rechtliche Studien, Habil. Wien 1886.

Ehmke, Horst, „Ermessen" und „Unbestimmter Rechtsbegriff" im Verwaltungsrecht, Tübingen 1960.

Held-Daab, Ulla, Das freies Ermessen: Von den vorkonstitutionellen Wurzeln zur positivistischen Auflösung der Ermessenslehre, Berliner Dissertation 1995, Berlin 1996.

Hilgruber, Maunz/Dürig, Grundgesetz-Kommentar 66. Ergänzungslieferung 2012.

Hofer-Zeni, Herbert, Das Ermessen im Spannungsfeld von Rechtsanwendung und Kontrolle, Wien/New York 1981.

v. Laun, Rudolf, Das freie Ermessen und seine Grenzen, Leipzig/Wien 1910.

Ibler, Martin, Rechtspflegender Rechtsschutz im Verwaltungsrecht: Zur Kontrolldichte bei wertenden Behördenentscheidungen — vom Preußischen Oberverwaltungsgericht bis zum modernen Gerichtsschutz im Prüfungsrecht, Habil. Göttingen 1998, Tübingen 1999.

Jellinek, Walter, Verwaltungsrecht, 3. Aufl., Berlin 1931.

ders., Gesetz, Gesetzesanwendung und Zweckmäßigkeitserwägung — Zugleich ein System der Ungültigkeitsgründe von Polizeiverordnungen und -verfügungen, Habil., Leipzig/Tübingen 1913.

Maurer, Harmut, Allgemeines Verwaltungsrecht, 16. Aufl., München 2006.

Pache, Eckhard, Tatbestandliche Abwägung und Beurteilungsspielraum: Zur Einheitlichkeit administrativer Entscheidungsfreiräume und zu deren Konsequenzen im verwaltungsgerichtlichen Verfahren — Versuch einer Modernisierung, Habil. Hamburg, Tübingen 2001.

Rode, Lars-Henrik, § 40 VwVfG und die deutsche Ermessenslehre, Marburger Diss. 2002, Frankfurt a. M./Wien 2003.

Schindler, Benjamin, Verwaltungsremessen — Gestaltungskompetenzen der öffentlichen Verwaltung in der Schweiz, Habil. Gallen(2010).

Stolleis, Michael, Geschichte des öffentlichen Rechts in Deutschland, Zweiter Band: Staatsrechtslehre und Verwaltungswissenschaft 1800-1914, München 1992.

Tezner, Friedrich, Das freie Ermessen der Verwaltungsbehörden — Kritisch-systematisch erörtert auf Grund der österreichischen verwaltungsgerichtlichen Rechtsprechung, Leipzig/Wien 1924.

ders., Über das "freie Ermessen" der Verwaltungsbehörden als Grund der Unzuständigkeit der Verwaltungsgerichte, in: Grünhuts Zeitschrift 1892,

S. 327-411.

Wahl, Rainer, Herausforderungen und Antworten: Das Öffentliche Recht der letzten fünf Jahrzehnte, Berlin 2006.

Wolff/Bachof/Stober, Verwaltungsrecht Ⅰ, 10. Aufl., München 1994.

2. 단행논문

Bachof, Otto, Beurteiungsspielraum, Ermessen und unbestimmter Rechtsbegriff im Verwaltungsrecht, JZ 1955, S. 97-102.

Jabloner, Clemens, Verwaltungsgerichtsbarkeit in Österreich: 1867-2012 und darüber hinaus, Die Verwaltungsgerichtsbarkeit erster Instanz, Wien 2013, S. 15-23.

Jellinek, Walter, Rezension: Rudolf v. Laun, Das freie Ermessen und seine Grenzen, Leipzig/Wien 1910, AöR 27, 1911, S. 462-471.

Mayer, Otto, Rezension: Edmund Bernatzik, Rechtsprechung und materielle Rechtskraft, Verwaltungsgerichtliche Studien, AöR 1, 1886, S. 720-725.

Merkl, Adolf, Rezension: Friedrich Tezner, Das freie Ermessen der Verwaltungsbehörden(1924), in: ders., Gesammelte Schriften, Dritter Band, Erster Teilband, Berlin 2006, S. 233-237.

ders., Rezension: Walter Jellinek, Verwaltungsrecht, Berlin 1928, in: ders., Gesammelte Schriften. Dritter Band. Erster Teilband, Berlin 2006, S. 319-325.

Reuss, Hermann, Das Ermessen: Versuch einer Begriffsklärung, DVBl. 1953, S. 585-589.

Ule, Carl-Hermann, Zur Anwendung unbestimmter Rechtsbegriff im Verwaltungsrecht, in: Gedächtnisschrift für Walter Jellinek, München 1955, S. 309-330.

Ziekow, Jan, Die Einhelligkeit der Rechtsentscheidung — Zu Leben und Werk Walter Jellineks, AöR 111, 1986, S. 219-230.

人見 剛, 近代法治國家の行政法學 ─ヴァルター・イェリネック行政法學の研究─, 成文堂(1993), 66-112頁.

⟨Zusammenfassung⟩

Eine Studie über die Ausformung der deutschen Lehre des Ermessensaktes

RHEE, Eun-Sang

In dieser Dissertation geht es um die Analysen und die Bewertungen von den herrschenden Lehren über das Verwaltungsermessen von Bernatzik, Tezner, v. Laun und Jellinek, die von der zweiten Hälfte des 19. Jahrhunderts bis zum Beginn des 20. Jahrhunderts in Österreich und Deutschland hervorgetreten waren. Die heute noch herrschende Ermessenslehre im Verwaltungsrecht verdankt dieser spätkonstitutionellen Verwaltungsrechtsdogmatik ihre zentralen Begriffe und sie üben einen großen Einfluß auf unsere koreanische Verwaltungsermessenslehre aus. Diese Untersuchung über sog. die "Wurzel" der deutschen Verwaltungsermessenslehre zielt darauf ab, die Dogmatik vom Ermessen besser zu verstehen sowie der gegenwärtigen und zukünftigen Entwicklung der Verwaltungsermessenslehre in Korea zu dienen.

Diese Untersuchung besteht aus sechs Kapiteln. Erstens wird ein kurzer geschichtlicher Abriss über die traditionelle Ermessenslehre erarbeitet, soweit er für das Verständnis dieser Untersuchung erforderlich ist (Kapitel 1). Zweitens geht es um die Theorie von Bernatzik, wer ein Vorläufer der Tatbestandsermessenslehre ist und sich bemüht hat, dem Ermessen eine rechtliche Grundlage zu geben. Für ihn war die Ermessensausübung der Verwaltung die Rechtsanwendung und er hat den Begriff von pflichtgemäßigem Ermessen betont. Er hat behauptet, dass der Grund für die Unüberprüfbarkeit in der Kompliziertheit der tatsächlichen Voraussetzungen liegt. In diesem Sinne hat er den Begriff des „technischen Ermessens" benutzt (Kapitel 2). Drittens handelt es sich um die Auffassung von Tezner, wer an der Theorie von Bernatzik Kritik geübt hat und aus rechtspolitischen Gründen eine Rechtsfolgeermessenslehre vertereten hat. Für ihn war das wichtige Kriterium des Ermessens die Mehrheit von Vollzugsmöglichkeiten, die Wahlfreiheit der Verwaltung, die auf der Rechtsfolgeseite einer Norm angesiedelt ist. Er hatte mit seiner Ermessenslehre die Absicht, von den Rechtsstaatserfordernissen her den Kompetenzbereich der Verwaltungsgerichtsbarkeit zu erweitern (Kapitel 3). Viertes Thema ist die Lehre v. Launs. Nach ihm besteht das Ermessen darin, dass die Verwaltungsorgane unbeeinflußt vom Gesetz handeln können. Das heißt, das Charakteristikum des Ermessens ist, dass die Verwaltung ermächtigt ist, Zwecke ihres Verhaltens frei zu wählen. Er hat zwar damit durch die Ausscheidung der unbestimmten Rechtsbegriffe aus dem Ermessensbereich diesen verkleinert, aber dort, wo das Ermessen geblieben ist, das Handeln der Verwaltungsbehörde ihrer politischen oder administrativen Opportunität überlassen (Kapitel 4). Fünftens wird die Theorie von Jellinek untersucht. Nach ihm war das Ermessen eine vom Gesetz gewollte Mehrdeutigkeit. Für ihn ist es gleichgültig, ob die Mehrdeutigkeit in dem Tatbestand oder in der Rechtsfolge einer Rechtsnorm liegt. Nach ihm besteht das Ermessen darin, dass der Gesetzgeber bei gewissen unbestimmten Begriffen das Verwaltungsorgan ermächtigt, Bedeutung und Inhalt dieses Begriffes frei zu bestimmen. Unbestimmte Begriffe sind aber nicht grenzenlos und nicht jede Unbestimmtheit bedeutet freies Ermessen. Zudem hat Jellinek eine Ermessensfehlerlehre entwickelt, durch die man Ermessensspielräume möglichst weitgehend einengen und auch innerhalb des gebliebenen Ermessensspielraums die gerichtliche Kontrolle ermöglichen kann (Kapitel 5). Letztens wird versucht, die in dieser Arbeit untersuchten Lehren überblickend zu analysieren und Ansatzpunkte für die Entwicklung der Ermessenslehre in Korea herauszuarbeiten (Kapitel 6).

Schlüsselwort: Verwaltungsermessenslehre, Dogmengeschichte des Ermessens, Tatbestandsermessen, Rechtsfolgeermessen, Ermessensfehler, Ermessensmissbrauch, Bernatzik, Tezner, v. Laun, Jellinek

이은상李殷相

학 력
2014	서울대학교 대학원 법학과 법학박사 (행정법)
2004	서울대학교 대학원 법학과 법학석사 (행정법)
2003	사법연수원 제32기 수료
2001	서울대학교 법과대학 졸업
2000	제42회 사법시험 합격

주요경력
2014~현재	법원행정처 전산정보관리국 정보화심의관 (판사)
2011~2014	대전지방법원 홍성지원 판사
2010~2011	독일 프랑크푸르트대학 장기연수
2010	부산지방법원 동부지원 판사
2008~2010	서울행정법원 판사
2006~2008	수원지방법원 판사
2003~2006	육군법무관

논문 및 저서
'독일 재량행위 이론의 형성에 관한 연구 ― 요건재량이론에서 효과재량이론으로의 변천을 중심으로 ―', 서울대학교 대학원 법학과 박사학위논문 (2014)
'최근 (2011) 독일 행정판례의 동향 및 분석 연구', 행정판례연구 17-2집, 한국행정판례연구회 (2012)
'독일의 민사1심 집중방안', 외국사법제도연구 (12), 법원행정처 (2012)
'최근 (2010) 독일 행정판례의 동향 및 분석 연구', 행정판례연구 16-2집, 한국행정판례연구회 (2011)
'국가배상법상 대외적 배상책임자', 행정판례평선, 한국행정판례연구회 (2011)
Die Justizorganisation und die Verwaltungsgerichtsbarkeit in Korea, BDVR-Rundschreiben, Heft 3 (2011)
'민주화운동관련자 명예회복 및 보상 등에 관한 법률에 따른 보상금의 지급을 구하는 소송의 형태에 관한 소고 : 대법원 2008. 4. 17. 선고 2005두16185 전원합의체 판결에 대한 실무적 관점에서의 검토를 중심으로', 행정법연구 27호, 행정법이론실무학회 (2010)
'온천에 관한 행정소송', 행정재판실무연구III (재판자료 제120집), 법원도서관 (2010)
대법원 판례상 북한 관련 행정 사례 연구, 북한 관련 법적 쟁점 사례별 연구, 사법발전재단 (2010)
'행정소송에서의 조정의 가능성과 한계', 행정법연구 17호, 행정법이론실무학회 (2007)
'독일법상 의도된 재량', 행정법연구 11호, 행정법이론실무학회 (2004)
'독일법상의 의도된 재량에 관한 연구', 서울대학교 대학원 법학과 석사학위논문 (2004)

독일 재량행위 이론의 이해

초판 인쇄 | 2014년 7월 10일
초판 발행 | 2014년 7월 17일

저　　자 | 이은상
발 행 인 | 한정희
발 행 처 | 경인문화사
등록번호 | 제10-18호(1973년 11월 8일)
주　　소 | 서울특별시 마포구 마포동 324-3
전　　화 | 02-718-4831~2
팩　　스 | 02-703-9711
홈페이지 | http://kyungin.mkstudy.com
이 메 일 | kyunginp@chol.com

ISBN 978-89-499-1030-7 93360

값 21,000원